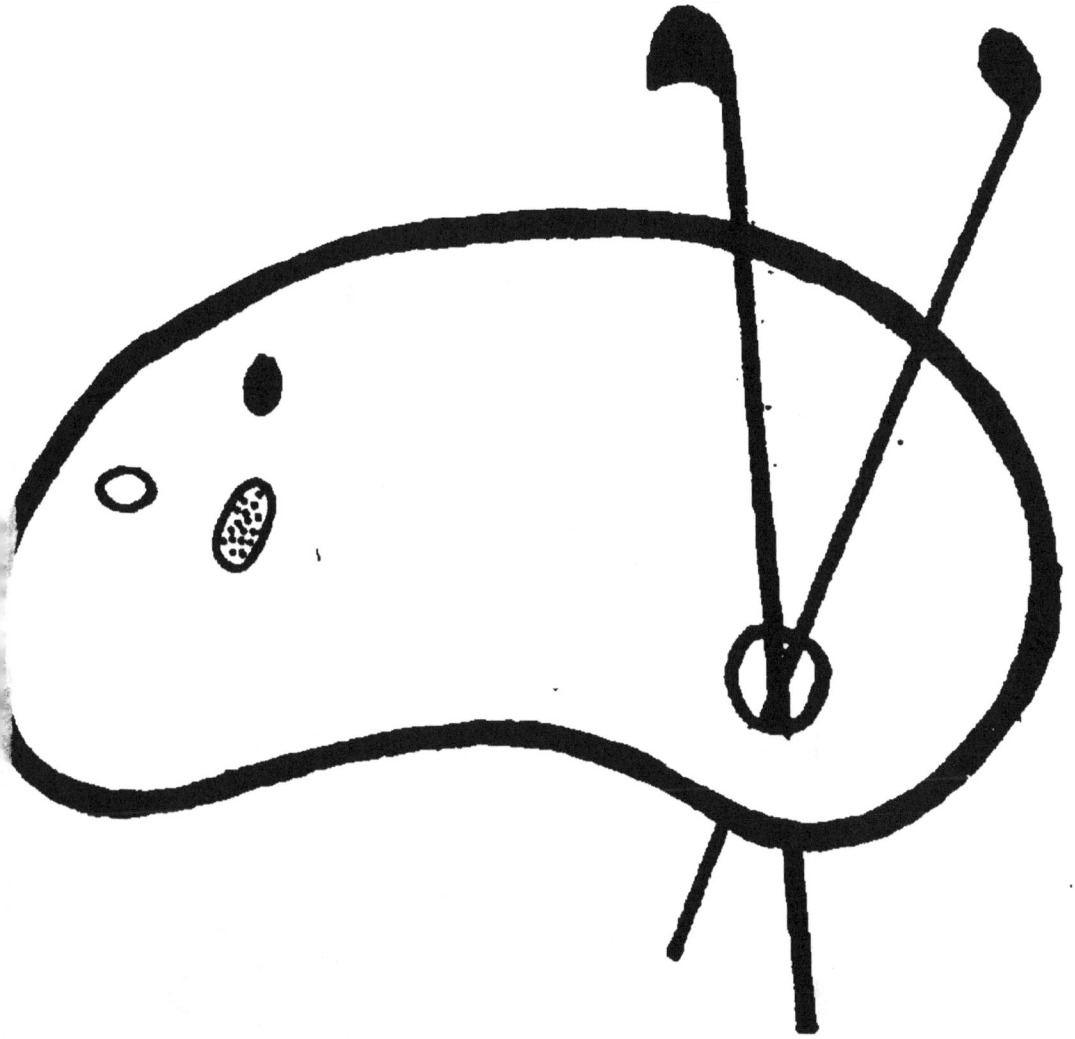

COUVERTURE SUPERIEURE ET INFERIEURE
EN COULEUR

EXPOSITION UNIVERSELLE DE 1867

ITINÉRAIRE
DANS PARIS

PRÉCÉDÉ DE

PROMENADES A L'EXPOSITION

PAR

M. DE PARVILLE

ACCOMPAGNÉ

D'UN BEAU PLAN DE PARIS EN 20 ARRONDISSEMENTS
ET 80 QUARTIERS

PARIS

FRÈRES, LIBRAIRES-ÉDITEURS

DES SAINTS-PÈRES, ET PALAIS-ROYAL, 215

PETITS DICTIONNAIRES EN DEUX LANGUES

Avec la prononciation figurée, format grand in-32 jésus, très-complets et exécutés avec le plus grand soin, contenant chacun la matière d'un fort volume in-8 à l'usage des écoles, des collèges, de la jeunesse des deux sexes et de toutes les personnes qui veulent savoir les langues étrangères.

NOUVEAU DICTIONNAIRE ANGLAIS-FRANÇAIS ET FRANÇAIS-ANGLAIS, par C. Clifton, 1 vol. grand in-32 . . . . 1 fr. 50

NOUVEAU DICTIONNAIRE ALLEMAND-FRANÇAIS ET FRANÇAIS-ALLEMAND, par Mme de la Bergerie, 1 vol. grand in-32 . . . . . . 1 fr. 50

NOUVEAU DICTIONNAIRE FRANÇAIS-ESPAGNOL ET ESPAGNOL-FRANÇAIS, par Vicente Salva, 1 fort vol. grand in-32 . . . . 3 fr.

NOUVEAU DICTIONNAIRE ITALIEN-FRANÇAIS ET FRANÇAIS-ITALIEN, avec la prononciation, par Ferrari. 1 vol. grand in-32 . . . . 3 fr. 50

NOUVEAU DICTIONNAIRE LATIN-FRANÇAIS, par L. Quicherat, chargé du cours de littérature française à la Faculté d'Aix. 1 fort vol. gr. in-32. 1 fr. 50

DICTIONNAIRE GREC-FRANÇAIS, rédigé sur un plan nouveau, par A. Chassang, agrégé de la Conférence de langue et de littérature grecques à l'École normale supérieure. 1 vol. . . . . 7 fr.

PETIT DICTIONNAIRE NATIONAL, par Bescherelle aîné, auteur du *Grand Dictionnaire national*. 1 fort volume grand in-32 . . . . 2 fr.

GUIDES POLYGLOTTES

Manuels de la Conversation et du Style épistolaire, à l'usage des voyageurs et des écoles, par MM. Clifton, Vitali, Corona Bustamante, Ferrari, Caballero Duarte. Grand in-32, format dit Cazin, papier satiné, élégamment cartonné. Prix du vol. . . . . 2 fr.

Français-Anglais, par Clifton. 1 v.

Français-Italien, par Vitali. 1 vol.

Français-Allemand, par Ferrari. 1 vol.

Français-Espagnol, par Corona Bustamante. 1 vol.

Español-Francés, par Corona Bustamante. 1 vol.

English-French, par Clifton. 1 vol.

Hollandsch Fransch, par A. Defrêche. 1 vol.

Español-Inglés, par Corona Bustamante et Clifton. 1 vol.

Español-Aleman, par Corona Bustamante et Sebelin. 1 vol.

Deutsch-English, par Lessing et Clifton. 1 vol.

Español-Italiano, par Corona Bustamante et Vitali. 1 vol.

Portuguez-Francez, par Caroline Duarte. 1 vol.

Portuguez-Inglez, par Duarte et Clifton. 1 vol.

GUIDE EN SIX LANGUES. Français-anglais-allemand-italien-espagnol-portugais. 1 fort vol. in-16 de 600 pages . . . . 5 fr.

GUIDE EN QUATRE LANGUES. — Français-Anglais-Allemand-Italien.

GUIDE FRANÇAIS-ANGLAIS, manuel de la conversation et du style épistolaire, avec la *prononciation figurée de tous les mots anglais*, à l'usage des voyageurs. 1 vol. in-16 . . . . 4 fr.

POLYGLOT GUIDES MANUAL OF CONVERSATION, with models of letters for the use of travellers and students. English and French, with the figured pronunciation of the French, by MM. Clifton and François Bustamante. 1 vol. in-16 . . . . 4 fr.

PARIS. — IMP. SIMON RAÇON ET COMP., RUE D'ERFURTH, 1.

ITINÉRAIRE DANS PARIS

PRÉCÉDÉ DE

PROMENADES A L'EXPOSITION

Le nouvel Opéra.

EXPOSITION UNIVERSELLE DE 1867

ITINÉRAIRE
DANS PARIS

PRÉCÉDÉ DE

PROMENADES A L'EXPOSITION

PAR

M. DE PARVILLE

ACCOMPAGNÉ

D'UN BEAU PLAN DE PARIS EN 20 ARRONDISSEMENTS
ET 80 QUARTIERS

PARIS
GARNIER FRÈRES, LIBRAIRES-ÉDITEURS
6, RUE DES SAINTS-PÈRES, ET PALAIS ROYAL, 215

PARIS. — IMP. SIMON RAÇON ET COMP., RUE D'ERFURTH, 1.

PROMENADES

A

L'EXPOSITION

I

COUP D'ŒIL GÉNÉRAL. — LE PALAIS DU CHAMP DE MARS.
EMPLACEMENT, SURFACE, CONSTRUCTION. — COMPARAISON AVEC LES PALAIS
DE LONDRES ET DES CHAMP-ÉLYSÉES. — DÉPENSES.
NOMBRE D'EXPOSANTS EN 1867. — ORDONNANCE GÉNÉRALE DU PALAIS.
CLASSIFICATION MÉTHODIQUE. — CLASSEMENT PAR PRODUITS SIMILAIRES
ET NATIONALITÉS. — LES DIX GROUPES.

Le palais de l'Exposition universelle de 1867 s'élève au milieu du Champ de Mars, en face l'École militaire.

Le monument couvre une surface de 146,000 mètres carrés. Le parc pris sur le terrain resté libre a une superficie de 300,000 mètres. Entre clôtures, le Champ de Mars a une contenance de 446,000 mètres carrés.

A l'Exposition de Londres, en 1862, la surface couverte par le Palais et les annexes était de 115,000 mètres carrés. Il y a une différence d'étendue en faveur du nouveau Palais d'environ 40,000 mètres, y compris les constructions accessoires du parc.

Le nombre des exposants était à l'Exposition de Londres de 27,000, il s'élève à l'Exposition de Paris à 43,000.

Le nouveau Palais n'a aucune analogie avec le palais de Cristal, le palais des Champs-Élysées ou le palais de Kensington. On a dressé son plan avec l'intention bien arrêtée de le plier aux exigences d'une classification méthodique des objets exposés. On a voulu grouper à la fois les produits par nationalité et par objets similaires, en adoptant pour atteindre ce but la disposition d'une table de Pythagore. Il suffisait en effet de placer tous les produits de même nature dans des cases transversales et de réserver les cases longitudinales à chaque nationalité pour que, suivant que le visiteur parcourra les unes ou les autres, il ait devant les yeux une exposition partielle d'objets identiques ou une exposition générale de tous les produits d'une même nation.

On a renoncé également à faire un ou plusieurs étages; ce qui crée des difficultés pour la manutention des produits et fatigue le visiteur. Le Palais, n'étant que temporaire, a été construit le plus économiquement possible. Ses limites principales ont été seules bâties en matériaux de choix, fers, fontes, briques. Les dépenses nécessitées par l'Exposition ne s'élèveront pas au delà de 18 millions fournis par l'État, par la ville de Paris et une compagnie particulière. Les recettes couvriront très-vraisemblablement ces avances.

Le monument actuel offre extérieurement l'aspect d'un immense cirque, d'un Colisée gigantesque dont le pourtour mesure 1,400 mètres de développement. Sa plus grande largeur, comprise entre le quai d'Orsay et l'École militaire, atteint 490 mètres, presque un demi-kilomètre; sa plus petite largeur, comprise entre les avenues de la Bourdonnaye et Suffren, n'a pas moins de 380 mètres. Sa façade principale est tournée vers le pont d'Iéna, en regard du magnifique amphithéâtre du Trocadéro.

Le Palais n'est ni elliptique ni circulaire, comme on l'a répété à tort; en réalité, son plan affecte la forme d'un grand rectangle de 110 mètres de longueur et de 384 mètres de largeur, se terminant à ses deux extrémités par des demi-cercles de 384 mètres de diamètre. Le grand axe est orienté du pont d'Iéna à l'École militaire ; mais le monument est plus rapproché de l'École militaire que du quai. On mesure du pont à l'entrée principale 256 mètres, et 229 mètres de la porte opposée à l'École militaire.

La surface entièrement de niveau de l'édifice est occupée par une série de galeries concentriques enfermant au centre un jardin d'un peu plus d'un demi-hectare. Les galeries circulaires, répondant aux cases transversales d'un damier, sont coupées de place en place par des galeries rayonnantes, allant de la circonférence au centre, et répondant de leur côté aux cases longitudinales du damier. On a placé dans les galeries circulaires les produits de même nature, dans les galeries rayonnantes, la série des produits appartenant à chaque peuple.

Quatre portes principales correspondent aux extrémités du grand axe et du petit axe du monument, et donnent accès à deux grandes voies qui se croisent au centre même du Palais. Chaque galerie rayonnante a d'ailleurs sa porte spéciale.

La porte d'honneur fait face au pont d'Iéna. Elle ouvre sur un grand vestibule qui se prolonge jusqu'au jardin central. Il a 25 mètres de largeur au début et près du jardin seulement 15 mètres.

L'édifice est parfaitement éclairé. La lumière entre partout à profusion. La grande galerie des machines porte, sur tout son pourtour et des deux côtés, d'immenses fenêtres de 7 mètres de hauteur et de 4 mètres de largeur. On en compte 260 environ de chaque côté. Les galeries intérieures sont éclairées par des lanterneaux multipliés à l'infini.

L'aération de l'édifice n'a pas moins préoccupé l'ingénieur. Au-dessous des voies rayonnantes et des voies concentriques, circule tout un système de galeries souterraines, destiné à conduire l'air pur de l'extérieur dans toutes les parties du palais. Des machines aspirantes puiseront l'air au dehors, et les conduites iront le déverser à l'intérieur par des grilles disposées comme celles des calorifères dans les salles d'attente des chemins de fer. Il a fallu se préoccuper aussi de l'écoulement des eaux tombant sur cette surface énorme de 1,600,000 mètres carrés. Il a été nécessaire d'établir un système complet d'égouts. Il y avait lieu également de se réserver les moyens prompts et faciles de voirie, de distribution d'eau, etc., n'entravant pas la circulation des visiteurs ; on a dû pour cela avoir recours encore à des galeries souterraines. Le service des restaurants, de son côté, a entraîné la construction de caves qui s'étendent sous tout le développement de la galerie.

Les travaux sous terre sont considérables.

On jugera du reste de l'importance de cette œuvre immense, si lestement accomplie, par les quelques chiffres suivants.

Les seuls terrassements nécessaires pour niveler le sol du palais, les déblais et remblais pour caves, égouts, conduites et galeries souterraines s'élèvent à 370,000 mètres cubes.

La maçonnerie générale du palais comprend 52,000 mètres cubes, dont 37,000 pour fondations, 10,000 pour la galerie des beaux-arts et celle d'archéologie, et 5,000 pour les murailles formant les cloisons de la galerie des machines.

Les caves voûtées de la galerie des aliments ont un développement de 1,300 mètres sur 10 mètres de largeur. Les galeries creusées sous les seize voies rayonnantes allant des portes d'entrée au jardin central ont un développement de près de 2 kilomètres sur 5 mètres de largeur.

Les galeries circulaires souterraines, au nombre de trois, ont également 2 kilomètres de développement, ce qui, au total, forme une longueur de plus de 5 kilomètres de voies souterraines.

Les aqueducs d'égouts ont une longueur de près de 8 kilomètres.

La charpente en fer de l'édifice comprend 15,500,000 kilogrammes de fer et fonte, dont 10,000,000 de kilogrammes pour la galerie des machines et ses annexes, et 3,000,000 pour les autres galeries. La toiture des galeries d'archéologie et des beaux-arts a exigé 500,000 kilogrammes de fer.

Il entre dans la charpente totale environ 6 millions de rivets, pour le passage desquels il a dû être percé à peu près 15 millions de trous.

Le chevronnage des parties couvertes en zinc a employé 1,100 mètres cubes de bois. La surface de volige, recouverte en zinc, s'élève à 35,000 mètres. Les fenêtres de la grande galerie des machines ont employé 45,000 mètres carrés de verre, et les lanterneaux qui éclairent les autres galeries ont nécessité 20,000 mètres carrés de vitre.

Si l'importance de cette construction hors ligne est bien faite pour répondre au but de sa destination élevée, on ne saurait trop insister d'autre part, sur la rapidité extraordinaire de son exécution.

Aucun projet n'était définitivement arrêté le 1er août 1865. Les premiers marchés avec les entrepreneurs ont été conclus dans le mois de septembre 1865. Au mois d'octobre de l'année dernière, le Champ de Mars servait encore aux exercices militaires. Il n'aura fallu qu'une année pour la construction complète du palais, et dix-huit mois ne se sont pas écoulés entre la mise en étude des projets d'exécution et l'ouverture de l'Exposition. C'est un tour de force qui, à lui seul, suffit bien pour mettre en relief la puissance de notre industrie.

Pour bien se rendre compte de l'aménagement intérieur de l'édifice, il est indispensable de connaître la classification sur laquelle il a été fondé.

Les besoins qui sont communs à tous les peuples peuvent se définir comme il suit, en s'élevant des besoins physiques aux besoins intellectuels.

L'alimentation.

Le vêtement.

L'habitation.

Les matières premières et leur élaboration, c'est-à-dire le

travail et l'industrie dans leur acception la plus générale.

Les arts libéraux multipliant les forces de l'intelligence et du corps.

Les beaux-arts, dont le développement mesure jusqu'à un certain point le degré de civilisation d'un peuple.

Il suffit évidemment de réserver à chacun de ces groupes naturels une galerie circulaire pour que, passant de l'une à l'autre, on voie successivement se dérouler le panorama complet avec les perspectives les plus grandioses de la production universelle.

Certains produits eussent été trop nombreux ou dangereux pour pouvoir être placés dans l'édifice. Les industries exigeant l'emploi du feu ou des appareils ayant besoin d'eau sont de ce nombre. On les a transportées dans le parc ou sur les berges de la Seine.

Tous les produits du travail humain ont pu entrer ainsi dans les dix groupes suivants, utiles à connaître pour l'intelligence du classement dans le Palais.

Ier *Groupe.* Œuvres d'arts.

IIe *Groupe.* Matériel et application des arts libéraux.

IIIe *Groupe.* Meubles et autres objets destinés à l'habitation.

IVe *Groupe.* Vêtements et autres objets portés par la personne.

Ve *Groupe.* Produits bruts des industries extractives à divers degrés d'élaboration.

VIe *Groupe.* Instruments et procédés des arts usuels.

VIIe *Groupe.* Aliments (naturels ou conservés) à divers degrés d'élaboration et de cuisson.

VIIIe *Groupe.* Produits vivants et spécimens d'établissements de l'agriculture.

IXe *Groupe.* Produits vivants et spécimens d'établissements de l'horticulture.

Xe *Groupe.* Objets spécialement exposés en vue d'améliorer les conditions physiques et morales des populations.

A l'exception des groupes VIII et IX, relégués dans le parc, et du groupe X, réparti un peu partout, tous les autres occupent une galerie circulaire spéciale dans le Palais. Le groupe I des beaux-arts a été placé dans la galerie qui entoure le jardin; le groupe VII des aliments, dans la galerie extérieure qui termine l'édifice; les autres, dans les galeries intermédiaires. Cette classification très-logique et très-méthodique permet au visiteur de se retrouver sans difficulté dans le dédale d'objets de toute nature et d'expositions diverses. S'agit-il, par exemple, d'un objet d'ameublement, il le cherchera naturellement dans la galerie de l'ameublement; d'un objet d'habillement, dans la galerie correspondante. Autrefois, dans les expositions précédentes, les produits étaient classés à tout hasard un peu partout dans chaque partie de l'édifice, et il était à peu près impossible de se retrouver sans marcher un plan à la main : nous verrons, en nous orientant dans un instant dans le nouveau Palais, avec quelle remarquable ordonnance tout a été réglé et combiné. L'étude de l'Exposition se trouve ainsi facilitée par la méthode qui règne dans tout l'ensemble de l'organisation.

II

L'Exposition a été ouverte le 1er avril; elle sera fermée le 31 octobre. Les portes du Palais s'ouvrent à 8 heures et se ferment à 6 heures. Le public est admis néanmoins dans l'enceinte du parc jusqu'à minuit.

Les prix d'entrée dans le parc et le Palais ont été fixés à 1 franc. On ne paye qu'un supplément de 50 centimes pour visiter le jardin réservé à l'horticulture ou l'île de Billancourt, consacrée à l'exposition agricole. De 8 heures à 10 heures du matin, la taxe est doublée et portée à 2 francs.

On peut se procurer des billets valables pour la saison entière au prix de 100 francs. Les billets de dames coûtent seulement 60 francs. L'administration délivre, en outre, des billets de semaine, donnant droit d'entrée partout sans supplément, moyennant 6 francs. Le coupon ne peut servir que pendant la semaine pour laquelle il a été demandé.

Douze portes donnent accès dans l'enceinte du parc.

Dans l'avenue de la Bourdonnaye, les portes *Rapp*, la *Bourdonnaye* et *Saint-Dominique*, situées en face la rue Saint-Dominique-Saint-Germain, près du pavillon du commissariat général. Ces trois portes, les plus rapprochées de Paris, sont les plus fréquentées par les exposants et les étrangers. Les voitures de place s'y arrêtent généralement. Des stations et des remises sont aussi placées avenue Rapp et rue de Grenelle-Saint-Germain.

Au coin du quai et de l'avenue de la Bourdonnaye se trouve la porte de l'*Université*. Les bateaux-omnibus de la Seine s'arrêtent en face.

Au coin opposé, du côté de l'École militaire, existe la porte de *Tourville* desservie par les omnibus de la porte Saint-Martin à Grenelle et par la ligne du Panthéon. La porte de l'*École*, qui s'ouvre au milieu de l'avenue de la Motte-Piquet, et la porte *Dupleix*, qui fait l'encoignure opposée à la porte de Tourville, sont également desservies par les mêmes voitures.

Dans l'avenue Suffren, et à l'extrémité du petit axe du Palais, on trouvera les trois portes *Kléber*, *Suffren*, *Desaix*. Elles sont les moins fréquentées. A l'extrémité de la même avenue et sur le quai, faisant pendant à la porte Dupleix, sont situées les portes de Grenelle et de la Gare, où aboutit le chemin de fer du Champ de Mars. L'embarcadère est en communication avec le parc par deux passerelles construites au-dessus de l'avenue Suffren. Ce chemin de fer se relie au chemin de fer de ceinture.

C'est sur le quai, à l'extrémité du pont d'Iéna qu'est placée l'entrée principale conduisant à la porte d'honneur du Palais. C'est à cette *Grande Porte* que s'arrêtent surtout les équipages.

Les moyens de transport jusqu'au Champ de Mars sont nombreux: Le *Chemin de fer* que l'on prend à la gare Saint-Lazare, prix : 50 centimes. Les *Bateaux omnibus de la Seine* qui font le service de Bercy à l'île Billancourt, prix : 30 centimes pour un voyage entier, 20 centimes d'une station intermédiaire quelconque au point d'arrivée. *Omnibus*. Porte Saint-Martin à Grenelle. La Bastille à l'École militaire. Château d'eau au Champ de Mars. Panthéon à l'École militaire.

Palais-Royal à Passy et Auteuil, desservant le pont de l'Alma
et le pont d'Iéna. La Villette au pont de l'Alma. Saint-Laurent à Chaillot. Omnibus américains, place du Louvre, desservant le pont d'Iéna. *Voitures de place et fiacres.*

Un service télégraphique est installé aux diverses portes de
l'Exposition pour faciliter l'appel des voitures. Les postes sont
mis en communication avec les stationnements assignés aux
voitures, aux abords du Champ de Mars, par les ordonnances
de police ; les fils télégraphiques aboutissent à des kiosques
installés auprès de ces stationnements, et les appels, à mesure qu'ils parviennent à ces kiosques, sont transmis aux
voitures par des agents. Ce service permet au premier venu
de demander une voiture à une porte quelconque et de l'attendre à toute autre sortie qu'il désignera. Il est toutefois
une condition essentielle, particulièrement pour les voitures
gardées, c'est que les personnes qui les ont retenues exigent
des cochers de stationner sur les emplacements régulière-
ment déterminés, les seuls où puissent atteindre les com-
munications télégraphiques.

Il n'est pas indifférent, lorsque l'on veut juger du coup
d'œil d'ensemble de l'Exposition, d'entrer par une porte
quelconque. La préférence doit être donnée à la Grande
Porte du pont d'Iéna. En se faisant conduire par le Trocadéro, on voit se dérouler immédiatement à ses pieds un
magnifique panorama. A droite, dans le lointain, les collines
de Meudon, Sèvres, etc., à gauche le Paris monumen...', ...
face l'École militaire qui barre l'horizon, puis le palais de
l'Exposition, le parc avec toutes ses curiosités, à vos pieds
la Seine sillonnée par les bateaux-omnibus et dont les berges
présentent les types les plus remarquables des machines
hydrauliques, des moteurs de bateaux, etc.

On pénètre dans le parc par la grande avenue, à l'abri
d'un somptueux velum moucheté d'abeilles d'or, suspendu
à des mâts aux oriflammes de toutes couleurs. A droite et à
gauche, au milieu des arbustes rares et des parterres de

fleurs, s'élèvent des kiosques, des pavillons, des annexes renfermant quelque merveille industrielle, et sur lesquels nous aurons à revenir. A gauche, près de l'entrée d'honneur, se dresse le Pavillon Impérial.

Vous pénétrez dans le Palais. Un large vestibule s'offre aux regards. Il a 105 mètres de longueur, 25 mètres de hauteur, 15 mètres de largeur. Cet immense vaisseau, couvert d'un toit plein, reçoit sur ses côtés, comme la nef d'une cathédrale. des vitraux d'un caractère monumental, qui n'admettent qu'un jour discret.

Il coupe dans son trajet les galeries circulaires affectées à l'exposition spéciale de chaque groupe.

Le visiteur, en le suivant de la circonférence au centre, traverse la grande galerie des *Arts usuels*, groupe VI. Les machines en mouvement attirent vite son attention.

Quelques pas de plus, et il rencontre la galerie des *Matières premières*, groupe X. Puis ainsi successivement.

La galerie du *Vêtement*, groupe IV.

La galerie du *Mobilier*, groupe III.

La galerie des *Arts libéraux*, groupe II.

La galerie des *Beaux-Arts*, groupe I.

Sur le fronton de chaque galerie est inscrite la spécialité à laquelle elle est consacrée.

On traverse une dernière galerie, réservée aux âges antéhistoriques, aux outils de pierre, de bronze, etc., préface bien comprise, placée en tête des autres expositions, et qui montre avant les résultats acquis le point de départ. avant l'industrie contemporaine, l'industrie des premiers hommes.

Le visiteur est parvenu à l'extrémité du grand vestibule: il est sous le portique qui entoure le jardin central. Ce rapide coup d'œil jeté à droite et à gauche de la galerie d'entrée lui permet déjà de saisir au vol la clef de la classification. Il se rappellera désormais que s'il veut examiner les tissus, les vêtements, etc., il les trouvera pour toutes les nations dans

la IIIe galerie à partir de l'entrée, le mobilier, dans la quatrième, les machines dans la première, etc.

Chaque exposition nationale se trouvera avec la même
facilité.

En effet, le frontispice de la colonnade qui entoure le
jardin porte, gravés en lettres d'or, les noms suivants au-
dessus de chaque galerie rayonnante remontant du jardin à
la circonférence. Le visiteur lira en allant de gauche à droite
du grand vestibule :

France, Pays-Bas, grand-duché de Luxembourg, Belgique,
Prusse, Allemagne du Nord, Allemagne du Sud, Autriche,
Suisse, Espagne, Portugal, Grèce, Danemark, Suède, Norwége, Russie, Italie, États-Pontificaux, Principautés-Rou-
maines, Turquie, Égypte, Chine, Japon, Siam, Perse, Tunis,
Maroc, États-Unis, Brésil, Amérique Centrale, Grande-Bretagne et Irlande.

Au-dessous de chaque inscription existe une galerie ou *rue*.

Veut-on examiner l'exposition de Russie? Cherchez sur ce
tableau qui entoure le jardin, comme vous le feriez d'un mot
dans un dictionnaire, la *Russie*. Engagez-vous dans la rue de
Russie et en allant du centre à la circonférence du Palais,
vous trouverez successivement les beaux-arts, les arts libéraux, le mobilier, les vêtements et les machines.

S'agit-il de l'exposition égyptienne, et ne veut-on examiner que les meubles? Prenez la rue d'Égypte, arrêtez-
vous à la galerie III; là sont réunis tous les meubles exposés.
Et ainsi de suite pour un pays quelconque. Grâce à la classification adoptée, le premier venu pourra toujours trouver
du premier coup, et sans le secours du catalogue, l'exposition
qu'il désire examiner.

La France, qui occupe 63,000 mètres sur un total de
148,000, est sillonnée par plusieurs rues rayonnantes.
Pour faciliter les recherches, on a désigné chaque rue par
des noms distincts. Depuis le grand vestibule jusqu'à
l'extrémité de la section française qui est placée à sa gauche,

on trouve successivement les rues d'Alsace, de Normandie, de Flandre, de Paris, de Lorraine, de Provence. Ces noms servent d'autant de points de repère, car après un peu d'habitude on sait par quels objets spéciaux elles sont bordées.

L'étranger qui n'a à disposer que de peu de temps, fera bien, après avoir longé le grand vestibule, de jeter un coup d'œil rapide sur le jardin central, au milieu duquel s'élève le pavillon consacré à l'exposition des monnaies des différents peuples, et de suivre ensuite une à une chaque galerie circulaire, depuis la galerie archéologique jusqu'à la galerie des arts usuels. Chaque circonférence parcourue, et il aura visité tous les produits de chaque nation. La dernière est la plus longue, puisqu'elle mesure 1,200 mètres. C'est celle des machines, mais le mouvement, l'activité qui y règnent d'un bout à l'autre, sont bien de nature à occuper l'esprit et à faire oublier la fatigue.

Il existe en dehors du Palais, et formant sa ceinture extérieure, une dernière galerie dont nous n'avons pas parlé jusqu'ici, c'est celle qui est consacrée au VIIe groupe, aux aliments. Elle est occupée par des restaurants, des brasseries, des buffets, etc., etc.; dès l'arrivée du visiteur dans l'enceinte du parc, elle attire son attention. Un large promenoir couvert met le public à l'abri des intempéries du temps, et l'on peut s'y croire encore sur l'asphalte du boulevard des Italiens. Les cafés ont en effet leurs chaises et leurs tables rangées sous la marquise, les promeneurs fatigués s'y donnent rendez-vous, et l'exposition des aliments devient en même temps une exposition cosmopolite d'habitants de toutes les parties de la terre. L'observateur a une étude tout aussi intéressante à faire en longeant ce promenoir si fréquenté et où causent tant de personnes, qu'en parcourant les galeries intérieures. C'est là que l'étranger qui veut tout examiner rapidement vient déjeuner et dîner. Quand le palais est fermé, la galerie des restaurants, brillamment illuminée comme le parc, reste encore ouverte. On ne quitte le Champ de Mars qu'à la dernière heure, à minuit, quand on a été profiter encore des spectacles de la soirée.

A gauche du grand vestibule d'entrée, sont les restaurants français, le buffet Rouzé, le restaurant Gousset, etc. On trouve successivement, en longeant le promenoir, les restaurants des autres nationalités, cuisine belge, bavaroise, allemande, suisse, espagnole, russe, américaine, anglaise. Il y a des buffets à prix fixe, 3 fr. le déjeuner, 6 fr. le dîner ; libre à chacun de comparer les aliments de chaque contrée et de juger de la réalité des réputations établies. Aux heures de repas, la galerie extérieure est la plus fréquentée ; de onze heures à une heure surtout, la foule se porte sur le promenoir couvert et dans le parc. L'affluence diminue notablement à l'intérieur, c'est le meilleur moment pour l'étude ; les rues sont moins encombrées et les machines sont en mouvement depuis onze heures. Les plus pressés en profitent alors pour abandonner le parc et visiter les curiosités qui sont souvent inabordables dans l'après-midi.

III

PROMENADES DANS CHAQUE GALERIE SPÉCIALE.
LA GALERIE DES BEAUX-ARTS. LA GALERIE DES ARTS LIBÉRAUX.
IMPRIMERIE. PAPETERIE. PHOTOGRAPHIE. MUSIQUE. APPAREILS DE CHIRURGIE
INSTRUMENTS DE PHYSIQUE. CARTES GÉOGRAPHIQUES.
LA GALERIE DU MOBILIER : MEUBLES. TAPISSERIES. CRISTAUX.
PORCELAINES. COUTELLERIE. ORFÉVRERIE. BRONZES. HORLOGERIE.
CHAUFFAGE ET ÉCLAIRAGE. PARFUMERIE. MAROQUINERIE.
LA GALERIE DU VÊTEMENT :
TISSUS. CHALES. DENTELLES. BONNETERIE. HABILLEMENTS DES DEUX SEXES.
BIJOUTERIE. ARMES PORTATIVES. OBJETS DE VOYAGE.
LA GALERIE DES MATIÈRES PREMIÈRES :
PRODUITS DE MINES. INDUSTRIES FORESTIÈRES. CHASSE. PRODUITS
CHIMIQUES. BLANCHIMENT. TEINTURE. CUIRS ET PEAUX.
LA GALERIE DES ARTS USUELS : EXPLOITATION DES MINES. MOTEURS.
MACHINES. OUTILS. TISSAGE. FILAGE. COUTURE. CARROSSERIE.
BOURRELLERIE. MATÉRIEL DES CHEMINS DE FER. TÉLÉGRAPHIE.
GÉNIE CIVIL. NAVIGATION ET SAUVETAGE.

Profitons de ce moment de repos pour visiter rapidement chaque galerie. A droite du grand vestibule, c'est la section anglaise, à gauche, la France.

Entrons en France.

GALERIE 1. BEAUX-ARTS. — La galerie 1, qui tourne autour du jardin central, renferme le musée archéologique et les beaux-arts : on trouvera successivement, à partir du grand vestibule, les peintures à l'huile sur toiles, sur panneaux, sur enduits divers, miniatures, peintures sur faïence et porcelaine, la sculpture, les restaurations d'édifices, les gravures et lithographies.

La Commission Impériale a publié un *catalogue général* en deux volumes au prix de 6 francs, où le visiteur trouvera, groupes par groupes et classes par classes, les noms des exposants et l'émumération des produits exposés. Chaque groupe peut s'acheter isolément au prix de 1 franc. On peut donc se procurer à part le catalogue des beaux-arts, le catalogue des arts libéraux, du mobilier, du vêtement, des matières premières, des machines, etc.

La Commission anglaise a publié de son côté un très-beau catalogue général en trois langues, anglais, français, allemand. Il est vendu 3 francs seulement. Le catalogue spécial à l'Angleterre, également en trois langues, se vend 1 franc. Ces livrets, utiles aux personnes qui veulent étudier l'Exposition en détail, ne sauraient être que d'un secours illusoire pour celles qui ne peuvent que la visiter. L'acheteur se perd dans l'énumération des produits par groupes, par classes, par numéros d'ordre ; et le temps se passe sans que sa curiosité soit satisfaite. Il est plus simple le plus souvent de tirer le renseignement dont on a besoin du gardien de service, du représentant, ou de l'industriel lui-même. La plupart des objets exposés sont du reste accompagnés de prospectus en plusieurs langues, qui expliquent le but et les avantages du produit.

GALERIE II. ARTS LIBÉRAUX. — La galerie II est consacrée aux arts libéraux. On y rencontre tout d'abord dans la classe 6, qui borde le grand vestibule, les produits de l'imprimerie et de la librairie : spécimens de la typographie, épreuves de lithographie, livres nouveaux et éditions nouvelles, publications périodiques, dessins, atlas, publiés dans un but technique ou pédagogique.

La classe 7, qui est séparée de la précédente par la rue d'Alsace, est affectée aux objets de papeterie : reliures, matériel des arts du dessin et de la peinture : elle est limitée par la rue de Normandie. C'est la classe 9 qui vient ensuite ; elle est consacrée à la photographie : épreuves, émaux photographiques, épreuves de photo-lithographie, appareils d'optique et d'ébénisterie.

Au delà de la rue de Flandre, qui limite l'exposition précédente, sont placées en regard les classes 8 et 10 ; la première réservée aux applications du dessin et de la plastique aux arts usuels ; la seconde aux instruments de musique. Cette seconde classe, que le visiteur rencontre à sa droite, amène un grand nombre de désœuvrés. C'est là en effet que sont réunis les pianos, les orgues, les harmoniums, et plus d'un essayeur de talent captive la foule.

L'exposition musicale se prolonge au delà de la rue de Paris, située dans le petit axe du monument. Nous avons déjà parcouru un quart du Palais. En face est installée la classe 12, consacrée aux instruments de précision et au matériel de l'enseignement des sciences. Les appareils de physique y dominent. La rue de Lorraine limite cette classe.

Au delà, on rencontre à droite la classe 11, à gauche la classe 13, puis encore la classe 11. La classe 13, qui occupe un très-petit emplacement, renferme les cartes et appareils de géographie et cosmographie ; la classe 11, les appareils et instruments de l'art médical.

La rue de Provence sert de frontière. Un pas de plus et il ne faudra pas s'étonner de passer brusquement des classes du groupe II à celles du groupe X. A droite et à gauche du promeneur s'étendent les classes 89 et 90.

On se rappelle que le groupe X est affecté aux objets qui sont de nature à améliorer la condition physique et morale de la population. Il se subdivise en 6 classes.

Classe 89. Matériel et méthodes de l'enseignement des enfants.

Classe 90. Bibliothèque et matériel de l'enseignement donné aux adultes, dans la famille, l'atelier, etc.

Classe 91. Meubles, vêtements, aliments de toutes sortes distingués par les qualités utiles, unies au bon marché.

Classe 92. Spécimens de lectures populaires de diverses contrées.

Classe 93. Spécimens d'habitations caractérisées par le bon marché, uni aux conditions d'hygiène et de bien-être :

Classe 94. Produits de toutes sortes fabriqués par des ouvriers chefs de métiers.

Classe 95. Instruments et procédés de travail spéciaux aux ouvriers chefs de métiers.

Cette nomenclature suffit pour faire pressentir le but et la partie morale du X° groupe. On voit que chaque classe se rattache par un lien aux groupes de la classification générale : arts libéraux, mobilier, vêtement, arts usuels. C'est une exposition à part, complète comme une exposition nationale, c'est l'exposition appliquée tout spécialement à la classe ouvrière. On lui a accordé comme aux autres tout un secteur du Palais. Aussi retrouverons-nous dans chaque galerie circulaire une de ses classes distinctes.

Dans la galerie II des arts libéraux, se placent tout naturellement les classes 89 et 90, du matériel d'enseignement et des livres destinés aux adultes.

Cette exposition est limitée par la rue des Pays-Bas. Elle termine dans la galerie II la section française.

Chaque nation étrangère a adopté un classement analogue : aussi en pénétrant dans les Pays-Bas, en Belgique, en Prusse, etc., le visiteur retrouvera la même série de produits : imprimerie, photographie, instruments de musique, appareil de physique et instrument de chirurgie. C'est là et non ailleurs qu'il faut chercher ces différents produits. Après avoir longé toute cette galerie, il reviendra au point de départ par la section anglaise, dans le grand vestibule d'entrée.

Quelques pas faits en remontant, nous arriverons dans la galerie III, la galerie du mobilier.

Galerie III. Mobilier. — Ce sont les meubles de luxe qui commencent la galerie. Classe 14 : buffets, bibliothèques, billards. Au fond et à droite, sur la muraille, on a installé la classe 19, consacrée aux papiers peints. Au delà de la rue d'Alsace, le visiteur retrouve encore à droite les mêmes classes, meubles et papiers, mais à gauche la classe 18, affectée aux tapis, tapisseries et autres tissus d'ameublement. À l'extrémité du même secteur se trouvent à droite la classe 15, et à gauche la classe 22. La première comprend les ouvrages de tapissier et de décorateur, pâtes moulées, carton-pierre, encadrement, glaces et miroirs de toilette et de salon, décorations en faïence. La seconde renferme les bronzes d'art, fontes d'art, divers objets en métaux repoussés, etc. Ces deux classes très-importantes occupent encore le secteur qui suit et qui est séparé du précédent par la rue de Normandie. Au delà de la rue de Flandre, la classe 22 occupe le côté gauche ; en face et à droite, le visiteur trouvera la classe 16, des cristaux et verrerie de luxe, et par derrière, une nouvelle section de la classe 18 des tapis, tapisseries, etc.

La rue de Paris sépare la verrerie de la classe 17, des porcelaines-faïences de luxe. L'exposition de Sèvres est une merveille devant laquelle s'arrêtent tous les étrangers. En face, on a placé l'orfévrerie, classe 21.

La rue de Lorraine limite l'exposition d'orfévrerie. La porcelaine empiète un peu sur le secteur suivant, mais à gauche du visiteur sont installées la maroquinerie, la tabletterie, vannerie, etc., classe 26. A la suite, on trouvera à droite, la classe 20, coutellerie ; à gauche, la classe 24, des appareils et procédés de chauffage et d'éclairage. .

Après la rue de Lorraine, sont placées d'un côté la parfumerie, classe 25 ; de l'autre, l'horlogerie. Le même secteur se termine par deux classes du X° groupe, appartenant au mobilier, les meubles économiques, classe 91, et des produits de toute sorte, fabriqués par des ouvriers chefs de métiers, classe 94.

Le visiteur se trouve en face des colonies algériennes, et en continuant de longer la même galerie, il rencontrera successivement les produits que nous venons d'examiner dans chaque section étrangère. Les sections chinoise et égyptienne présentent des meubles originaux qui attirent le promeneur.

GALERIE IV. VÊTEMENT. — Le premier secteur de la galerie des vêtements est consacré aux habits d'hommes, de femmes, coiffures de femmes, fleurs artificielles, plumes de parure, chapeaux d'hommes, chaussures, ouvrages en cheveux (classe 35); puis viennent à droite et à gauche les tissus de lin et de chanvre (classe 28), et les tissus de coton (classe 17).

Le second secteur, au delà de la rue d'Alsace, comprend encore les tissus de coton, puis la classe 30, tissus de laine cardée.

Le troisième secteur au delà de la rue de Normandie renferme la classe 29, laine peignée, flanelles, etc.

Le quatrième secteur, qui commence à la rue de Flandre, est affecté à la classe 31, étoffes de soie.

Dans le cinquième secteur, on trouvera d'abord et en regard les classes 76 et 37, joaillerie, diamants, bijouterie et armes portatives, puis un peu plus loin les classes 35 et 33 habillements et dentelles, broderies, passementeries.

Ces deux dernières classes se prolongent dans le secteur suivant, et elles sont remplacées ensuite par les classes 32 et 34 en regard, châles, bonneterie et lingerie, etc. A droite et après la classe 32 se trouve la classe 39, consacrée à la bimbeloterie.

Le septième secteur au delà de la rue de Lorraine, le dernier renferme à droite la classe 38, à gauche les classes 91 et 92 du dixième groupe. La classe 38 contient les objets de voyage et de campement. Les classes 91 et 92 montrent les meubles et les vêtements remarquables par leur bon marché; la classe 92, les tissus populaires. La foule s'arrête beaucoup devant ces deux classes assurément très-intéressantes.

Au delà viennent l'exposition algérienne et les pays étrangers : parmi les curiosités à signaler dans cette galerie IV, il ne faut pas oublier les costumes et les types chinois que l'on trouvera dans le secteur de Chine.

GALERIE V. MATIÈRES PREMIÈRES. — Le visiteur en pénétrant dans cette nouvelle galerie, trouvera d'abord les produits des exploitations et industries forestières, classe 41 ; puis les semences, graines, plantes fourragères, huiles, miels et cires, les matières tinctoriales.

Dans le second secteur, les cuirs et peaux de la classe 46, les spécimens des procédés chimiques de blanchiment, teinture et impression d'apprêt, classe 45 ; enfin, les produits chimiques et pharmaceutiques, classe 44.

Le troisième secteur est encore consacré tout entier à la classe 44. Dans les secteurs suivants on trouvera les produits de la chasse, de la pêche, des cueillettes, peaux, fourrures et les produits de l'industrie houillère, mines et métallurgie. La section française se termine par la classe 91 des objets à bon marché du groupe X.

Galerie VI. Arts usuels. — La plus visitée est sans contredit la grande galerie qui entoure les autres, la plus longue, la galerie des *arts usuels,* la dernière avant de franchir les portes du monument.

En son milieu et dans toute sa longueur existe une plate-forme, élevée au-dessus du sol à 3 mètres 50 centimètres et ayant une largeur de 4 mètres. Cette plate-forme, à laquelle on parvient de place en place par des escaliers tournants, sert de promenoir et permet de planer sur les machines en mouvement.

On peut d'ailleurs avancer en outre dans deux longs chemins latéraux et sous la plate-forme elle-même.

Dans les expositions précédentes, on avait pris l'habitude de grouper ensemble toutes les machines en mouvement. Ici, il n'en est plus ainsi. La galerie renferme non-seulement des machines en activité, mais tout le panorama des arts usuels. Aussi ne faudra-t-il pas s'étonner de ne voir la vie se transmettre aux machines que de place en place dans chaque section. A l'Exposition de Londres notamment, l'annexe de Kensington était alimentée de force motrice par une conduite souterraine où la vapeur était envoyée par six belles chaudières.

On a renoncé à ce système dans le nouveau Palais. Chaque lot de machines en mouvement a son moteur spécial alimenté lui-même par une chaudière distincte, établie hors de l'édifice, à une trentaine de mètres environ, dans une construction accessoire. Partout où le visiteur rencontrera des appareils en pleine activité, il trouvera une machine motrice, et en jetant un regard dans le parc, il verra s'élever une cheminée de chaudière. La vapeur est transmise ainsi que l'eau de condensation par des conduites reliant le générateur à la galerie. Les générateurs et les machines motrices qui les desservent sont considérés comme appareils exposés, et on a cherché autant que possible à ce que chaque nation établisse sa chaudière et son moteur pour mettre en marche les machines de ses exposants. Quelques-unes ont cependant eu recours à des constructeurs français.

On a divisé toute la galerie en 15 lots : France, 8 lots, 305 chevaux; étranger, 277 chevaux. Les besoins mécaniques de l'Exposition y compris la ventilation, le service hydraulique et les annexes, s'élèvent bien à 1,000 chevaux.

Les transmissions de force sont aériennes et sont placées sur des supports en fonte qui longent la plate-forme centrale. On n'a pas rattaché les supports aux colonnes du promenoir pour éviter des trépidations désagréables aux promeneurs. Ce n'est que par exception que l'on a dans certains cas communiqué le mouvement par une transmission souterraine placée sous le plancher de la galerie.

Les moteurs qui fonctionnent se rattachent presque tous au type balancier de Watt ou au type horizontal avec volant denté attaquant directement par un engrenage métallique.

Le visiteur qui commence sa tournée en partant du grand vestibule a sur sa droite les machines anglaises ; sur sa gauche, les machines françaises.

Toutefois, la classification a été légèrement modifiée, car les premiers objets qui frappent le regard appartiennent à la classe 40, matières premières, produits métalliques. C'est un trophée magnifique de cuivres et fontes, élevé avec un très-bon goût.

On entre immédiatement ensuite dans la section du matériel et procédés de tissage, classes 55 et 56. Les machines y travaillent de 11 heures à 5 heures.

La fin du second secteur est occupée par les classes 59 et 51, consacrées aux appareils et procédés de la papeterie, des teintures, et aux procédés des arts chimiques, pharmacie, etc.

Les appareils des industries chimiques occupent le commencement du secteur suivant, et font bientôt place au matériel des usines agricoles et des industries alimentaires. Au delà de la classe 50 est installé le matériel des exploitations rurales et forestières; puis la classe 65, du génie civil avec ses beaux modèles.

Au delà de la rue de Flandre, dans le quatrième secteur, on trouve d'abord la classe 64, appareils de télégraphie, puis les classes 66 et 63, comprenant, la première, le matériel de la navigation et du sauvetage, avec des modèles très-curieux de vaisseaux cuirassés; la seconde, le matériel des chemins de fer, dont une grande partie a été reportée dans des annexes spéciales.

Au delà de la rue de Paris sont installées les classes 47 d'abord, matériel d'exploitation des mines; puis 62 et 61 ensuite, bourrelerie, sellerie, voitures, calèches de toutes sortes, charronnage.

Dans le secteur suivant, qui commence après la rue de Lorraine, se trouve la classe 55, celle des machines et de la mécanique générale. Le bruit recommence et les organes entraînés par la force motrice accomplissent leurs curieux travaux. La classe 54, qui leur est adjacente, montre aussi en pleine activité toutes les machines-outils.

Le secteur qui se présente après la rue de Provence, appartient encore à la classe 54 et aux classes 60, 58 et 57. La classe 60 répond aux instruments et procédés usités dans divers travaux; outils pour moulures, pour boucher les bouteilles, machines à fabriquer les boutons, à fabriquer les bouchons, les cigarettes, etc. La classe 58 contient le matériel nécessaire à la confection des objets de mobilier et d'habitation, scieries de toutes sortes, etc. La classe 57 est affectée au matériel de la couture et de la confection des vêtements, machines à coudre, à fabriquer les chaussures, etc. La section se termine par la classe 95, qui a le privilège d'attirer à toute heure une grande affluence de public. Elle appartient au groupe X, à cette petite exposition dans la grande exposition, si importante au point de vue économique et social. La classe 95 a pour spécialité : les instruments et procédés de travail spéciaux aux chefs de métiers. C'est la mise en relief du travail manuel. On y voit l'ouvrier travailler sous les yeux du public. Ici on fabrique des chapeaux, là des chaussures, plus loin des fleurs fines ; à côté on sculpte, on fait de la passementerie, des éventails, de la bijouterie, de la tabletterie d'ivoire, des dentelles, des broderies d'église, des peignes d'écaille ; ailleurs, des ouvriers en optique fabriquent des lorgnettes, d'autres taillent des diamants, tournent des pipes d'écume de mer. Les ateliers sont nombreux et variés. L'intérêt tout particulier de cette classe justifie la curiosité des visiteurs. Elle n'a malheureusement pas son pendant dans les sections étrangères ; on rencontre bien quelques ouvriers dans la galerie, section de Prusse, Autriche, Angleterre, etc., mais en France seulement le travail manuel a été assez complétement représenté. Les ouvriers chefs de métier figurent au catalogue, comme les patrons dont ils dépendent.

La classe 95 débouche dans la section des colonies françaises. Le visiteur pénètre ensuite dans les sections étrangères, pour revenir par la section anglaise à son point de départ. La haute pyramide dorée représentant le cube d'or fourni par les mines d'Australie, et qui a déjà figuré à l'Exposition de 1862, sert de point de repère. Elle termine la section anglaise, sur la lisière même du grand vestibule.

Le visiteur est arrivé au terme de sa course. Il a parcouru une à une chaque galerie circulaire et il se retrouve à la porte d'entrée, *à la porte d'honneur*.

Le groupe VII des aliments et boissons, comprenant les céréales, les produits de la boulangerie et de la pâtisserie, les corps gras alimentaires, le laitage, les œufs, les viandes, poissons, légumes, condiments, sucres, confiserie, boissons fermentées, est installé dans la galerie extérieure des restaurants, à gauche des portes Saint-Dominique, La Bour-donnaye et Rapp, dans le secteur compris entre les rues de Lorraine et de Provence. Une grande portion de ce groupe a des expositions spéciales dans le parc.

Le groupe VIII de la classification : produits vivants et spécimens d'établissements de l'agriculture, est représenté en majeure partie dans l'île de Billancourt, trois quarts d'heure du Champ de Mars par l'omnibus, une demi-heure par le bateau à vapeur. Il comprend les exploitations rurales, che-vaux, ânes, mules, bœufs, buffles, moutons, chèvres, porcs, lapins, oiseaux de basse-cour, chiens de chasse, insectes utiles, poissons, crustacés, mollusques. — L'exposition hip-pique est installée dans des constructions spéciales sur la place des Invalides.

Enfin le groupe IX, comprenant les produits vivants et spécimens d'établissements d'horticulture, est réparti un peu partout dans le parc et dans le jardin réservé. On y trouvera les serres et matériel d'horticulture, fleurs et plantes d'ornement, plantes potagères, fruits et arbres frui-tiers, graines et plants d'essence forestière, plantes de serres. — Jardin réservé, 50 cent. de supplément.

Quant au X⁰ groupe, objets spécialement exposés en vue d'améliorer la condition physique et morale de la population, nous savons qu'il occupe dans le salon tout un *secteur spé-cial*, compris entre la limite de la section française et l'ex-position d'Algérie, dans l'espace renfermé entre la rue de Provence et la rue des Pays-Bas.

IV

LE PARC. — QUART FRANÇAIS, QUART BELGE, QUART ALLEMAND.
QUART ANGLAIS. — CURIOSITÉS DE LA SECTION FRANÇAISE.
PAVILLON IMPÉRIAL. — MAISONS OUVRIÈRES. KIOSQUES AUX INDUSTRIES.
HANGARS AUX MACHINES. LA RIVIÈRE. LE CARILLON A VAPEUR. LE LAC.
LES PHARES. LA BERGE. ANNEXES DES MACHINES.
EXPOSITION DES MINISTÈRES. — PETITES VOITURES A BRAS.
POSTE ET TÉLÉGRAPHIE.
SECTION BELGE. — LE JARDIN RÉSERVÉ. — SECTION ALLEMANDE.
ANNEXE DE LA PRUSSE, DE LA BAVIÈRE, ETC.
EXPOSITION AGRICOLE. FERMES MODÈLES. — BEAUX-ARTS EN ESPAGNE.
EN PORTUGAL. — SALLE DES CONCERTS.
SECTION D'ORIENT. — TURQUIE. SIAM. CHINE. JAPON. TUNIS.
PALAIS DU VICE-ROI... DU BEY. — EXPOSITION ANGLAISE.
CERCLE INTERNATIONAL., ETC.

Le Palais parcouru, le visiteur est loin d'avoir vu toutes les expositions. Le parc mérite à son tour d'être examiné en détail, car chaque kiosque, chaque pavillon a été élevé dans un but spécial; il renferme une industrie que l'on a voulu représenter dans ses conditions normales d'exploitation, ou encore des types de machines qui exigaient l'emploi du feu et de l'eau et qui, pour cette raison, n'ont pas obtenu de place dans le Palais. L'étranger y a bâti des maisons avec leur caractère national, des reproductions des palais de chaque pays, des églises, des cafés, etc. Chaque région du parc a son exposition non moins intéressante que celle du Palais. Ici la classification a été abandonnée; le groupement n'est plus méthodique. Le curieux va de surprises en surprises en suivant les allées fleuries du parc.

Pour arriver à tout voir en peu de temps, il faut cependant adopter une marche moins capricieuse et un itinéraire régulier.

Nous supposerons le visiteur sortant de la porte d'honneur du Palais.

La grande avenue centrale qui se prolonge au delà de l'édifice jusqu'à l'École militaire partage le parc en quatre parties. Dans la portion comprise entre le quai et le Palais se trouve *le quart français* à gauche, correspondant aux sections françaises, à droite *le quart anglais* correspondant à la section anglaise du Palais.

Dans la portion qui regarde l'École militaire se trouve, à gauche *le quart belge*, avec le jardin réservé, l'aquarium et les serres. A droite est *le quart allemand*.

On visitera tout le parc en parcourant successivement le quart français, le quart belge, le quart allemand, le quart anglais. C'est la marche que nous adopterons.

QUART FRANÇAIS. La première construction qui frappe le regard en sortant du Palais, c'est le *Pavillon impérial*, isolé au milieu d'un parterre de fleurs rares, bordé devant par la grande avenue, derrière par l'allée de l'Ile-de-France. Sur le bord opposé de cette allée le visiteur trouve un type de maison à bon marché exposé par MM. Jappy frères, et un peu plus loin le pavillon consacré aux procédés d'électro-métallurgie de M. Oudry.

L'avenue centrale est coupée au delà par une large allée tournante concentrique aux galeries circulaires du monument et qui porte le nom de *Grand Boulevard*.

De l'autre côté du grand boulevard, et faisant encoignure avec la grande avenue, est placé le pavillon Maréchal (de Metz), renfermant une remarquable exposition de vitraux. A côté, sur le boulevard, est installée une crèche modèle, due à M. Marbeau.

Plus loin sur la grande avenue s'élève le pavillon de la photo-sculpture avec une exposition de statuettes fabriquées à la mécanique sur photographies.

Ce massif est compris entre la grande avenue et l'allée d'Artois. Il en existe un parallèle entre l'allée de Bretagne et l'allée d'Artois. On y remarquera une très-intéressante fabrique, la cristallerie de M. Monot, où l'on verra faire des verres, carafes, etc.

Un troisième massif, limité par l'allée de Bretagne et la grande Avenue succède, aux deux premières. Il s'aperçoit de loin, grâce au moulin de M. Lepaute, qui tourne ses ailes au gré du vent et élève de l'eau pour jardins. La Société protectrice pour les animaux a établi dans ce carré un pavillon avec exposition de tous les engins qui peuvent diminuer les souffrances des animaux. Sur le bord opposé, allée de Bretagne, on entrera avec curiosité dans la stéarinerie de M. Marane, où l'on fabrique des bougies.

A l'extrémité de l'avenue, s'élève une belle fontaine monumentale en bronze, exposée par M. Barbezat. L'allée de Bretagne que l'on traverse avant d'arriver à la fontaine est bordée par l'église affectée à l'exposition des objets du culte catholique. En face de l'église et sur le bord du quai, on a bâti des hangars où le visiteur passera successivement en revue les expositions des forges de Chatillon et Commentry, les compteurs à gaz, les bétons Coignet, puis les pompes Thirion et Coigniard qui puisent de l'eau dans la Seine pour les besoins du service hydraulique de l'Exposition.

Le terrain descend en pente jusqu'aux berges du fleuve. On passe sous un pont d'acier qui maintient la circulation sur le quai. On trouve à gauche les expositions des machines marines françaises, à droite des appareils de sauvetage et de plaisance, des yachts, des canots, tous les types d'embarcations modernes. A l'extrémité de la berge, côté français, on a établi un restaurant où les personnes qui cherchent le calme et la fraîcheur pourront prendre leur repos loin de la foule qui encombre les promenades circulaires du Palais.

Remontant de la berge sous le pont, le visiteur voit vis-à-vis de lui le phare élevé sur colonne en tôle qui indique au loin l'emplacement du Champ de Mars. Ce phare illumine chaque soir le parc et la Seine. On l'a établi sur un rocher tactice, jeté sur les bords d'un petit lac, dans lequel se perd une rivière qui prend son origine dans un des massifs voisins du Palais.

Le lac est compris entre les allées de Lorraine, du Limousin, d'Orléans et d'Angoulême. En prenant la rivière à son origine, on la voit courir au milieu de l'herbe d'un grand massif, sur les bords duquel on a installé, allée du Perche, un moulin à vent élevant de l'eau, un hangar pour appareils à dégraisser la laine, des machines pour cuirs, et plus loin, sur son bord opposé, allée du Maine, un élégant chalet construit par MM. Waser, Madin et Hermann.

La rivière coupe l'allée du Maine et l'allée de Bourgogne; elle entre dans un massif où le visiteur pourra admirer dans des constructions spéciales une belle collection de soieries et de cachemires, allée du Forez et du Lyonnais.

Elle passe sous le grand boulevard et on la retrouve à son origine dans le massif compris entre l'avenue de Bourgogne et l'allée du Languedoc.

L'eau s'échappe en cascade d'un rocher escarpé sur lequel résiste encore une vieille tour en ruine. Elle est amenée sous terre jusque-là par les pompes de la berge.

Autour de ce massif, on rencontrera l'exposition des bois découpés de M. Millet, des béliers hydrauliques et un carillon mû par la vapeur qui joue de temps en temps des airs nationaux. Les chaudières Lecouteux et Lagravrian, qui sont à quelques mètres, lui fournissent sa force motrice.

A droite de ce massif, sur l'allée de Franche-Comté, on trouvera la maison ouvrière des mines de Blanzy et, derrière, la maison de la Société coopérative immobilière, construite en briques et fonte.

Dans un carré voisin s'élèvent les pavillons de galvanoplastie de MM. Plazannes et Lyonnet, le pavillon de poteries et faïences de M. Darrimon, une stéarinerie et un bazar consacré à une exposition de cachemires.

En face, et de l'autre côté du grand boulevard, existe

un chalet renfermant différentes machines et appareils de blanchisserie.

Si, après avoir parcouru ces massifs du parc, on revient à la cascade pour retourner sur le quai, on s'arrêtera entre l'allée de Marche et l'allée du Languedoc, à l'établissement d'éclairage de M. Lacarrière, en face, sur l'autre côté de l'avenue, au hangar des meules et des presses typographiques. Il existe dans ce dernier hangar une petite machine qui attire le public toute la journée. C'est la machine à faire des cartes de visite à la minute, de M. Leboyer. Elle imprime des centaines de cartes, des factures, des menus de restaurant en quelques instants. L'appareil marche sans cesse avec un papier à composition chimique qui, pressé entre les lettres d'un composteur et le papier à imprimer, y laisse une trace très-nette.

Entre l'allée du Languedoc et l'allée de Forez se trouvent les appareils réfrigérants Rouart, qui fabriquent des masses de glaces.

Le théâtre international barre le chemin ; en prenant l'allée du Lyonnais qui longe sa façade latérale, puis l'allée de Bourgogne, le visiteur voit le pavillon des produits céramiques et la très-remarquable exposition du Creuzot. Derrière, on a construit le hangar de la manutention civile et militaire.

En face de ce carré, se trouve l'exposition du ministère de la guerre, canons, tentes, matériel de l'armée française ; à côté, l'exposition de la Société internationale de secours aux blessés. Des bannières blanches à croix rouges en indiquent l'emplacement.

Si vous franchissez l'allée de Saintonge, vous êtes à la porte de la photographie Pierre Petit. Derrière ce petit pavillon élégant, s'élève la photographie de Numa Blanc, longeant le quai. Si vous tournez à gauche, vous visiterez les pompes Dumont et Letestu, installées sur le bord du chemin creux qui mène à la berge, en face de celles de MM. Thirion et Coignard. Si vous tournez à droite, vous vous trouvez en face de la porte de l'Université.

Une longue allée fait face, dans le parc, à cette porte. C'est le boulevard du Nord. Il longe l'avenue de La Bourdonnaye. C'est là que le visiteur rencontrera sur sa gauche et successivement les annexes : chauffage et éclairage ; usines et métallurgie ; mécanique générale ; machines, outils, métallurgie, boulangerie, matériel de chemin de fer, génie civil et travaux publics. Le boulevard du Nord s'arrête aux marquises des portes Rapp, La Bourdonnaye, Saint-Dominique.

Le visiteur qui aura suivi exactement cet itinéraire aura vu les principales curiosités du quart français. Quelques expositions appartenant à la France ont été installées dans le quart anglais. Nous les retrouverons dans cette partie du parc.

QUART BELGE. — Au delà des portes de l'avenue de La Bourdonnaye commence le quart belge, qui n'est pas consacré, comme son nom pourrait le faire croire, uniquement à l'exposition de la Belgique.

Au commencement, au delà de l'allée de Nice, existe un petit pavillon où l'on trouvera en location ces petites voitures à bras, qui vous promènent dans le Palais et dans le parc, pour 2 francs l'heure. A côté, on a placé une exposition de filtres ; au delà, un kiosque avec stores et différents modèles de jalousies ; au delà encore l'annexe de la carrosserie.

A droite de ces différents massifs, s'élève une construction à plusieurs étages, sur l'avenue de La Bourdonnaye. C'est le *Pavillon du commissariat général, Administration, Jury*, etc.

Au rez-de-chaussée, et donnant sur le parc. les étrangers y trouveront les bureaux de poste et de télégraphie. Plusieurs autres boîtes sont réparties dans le Palais ; mais les lettres chargées ne peuvent être mises qu'à ce bureau central, et c'est là seulement que se fait la vente des timbres-poste.

A quelques pas du bureau de poste se dresse une grille qui limite le jardin réservé. La grille suit le grand boulevard, qui contourne le Palais comme dans l'autre quart du parc.

Le visiteur pourra s'arrêter successivement, en suivant cette grande avenue, à l'annexe des beaux-arts, à la métairie qui s'élève au centre du massif des Pays-Bas, à la taillerie de diamants, au matériel des chemins de fer belges, à un type de maison ouvrière belge coûtant sept cents francs, et, plus loin, à un autre type de maison ouvrière pour ville, à des chaudières belges alimentant des ventilateurs, et à l'annexe belge des beaux-arts.

L'avenue d'Europe, prolongement de la grande Avenue, limite le quart belge.

Avant de passer au delà, nous reviendrons sur nos pas pour jeter un rapide coup d'œil sur le jardin réservé.

JARDIN RÉSERVÉ. — L'entrée franchie, en face de vous court une petite rivière ; si vous prenez l'allée de gauche, vous visiterez successivement la galerie des fruits et légumes, des fleurs rares, des serres, un curieux diorama botanique et encore des serres et des kiosques.

Si vous prenez l'allée de droite, vous trouverez des pavillons rustiques, plusieurs serres d'un autre modèle; puis l'aquarium d'eau douce ; en face, une serre monumentale, un véritable salon de cristal. De l'autre côté se trouve l'aquarium marin. En face de la serre monumentale, on a creusé un petit lac sur les bords duquel s'élève la *tente de l'Impératrice*. Dans le lac se promènent les carpes de Fontainebleau.

Le long de l'avenue de la Motte-Piquet est établie l'exposition d'arboriculture. Entre deux massifs plantés de fleurs, on a placé un orchestre militaire, qui donne des concerts tous les jours, de trois heures à quatre heures. A quelques pas seulement, et peut-être trop près de l'orchestre, au gré de ses habitants, se trouve une volière d'un bel effet : le *palais des Colibris*. Nous ne pouvons qu'indiquer le plan général de ce jardin qui est le rendez-vous du monde élégant, et forme une exposition particulière au milieu du parc.

QUART ALLEMAND. — Le quart allemand correspond à six secteurs du palais, affectés à l'exposition des produits de l'Allemagne.

En le visitant à l'extrémité de l'avenue d'Europe, du côté de l'École militaire, on trouve devant soi un grand établissement destiné aux délégations d'ouvriers. C'est un restaurant dont les prix sont extrêmement modiques. Mais n'y entre pas qui veut ; il faut appartenir à la classe ouvrière pour y avoir droit d'hospitalité. En face et en allant de l'avenue à la porte Dupleix qui fait l'encoignure du Champ de Mars, on trouvera l'exposition du Comice agricole de Seine-et-Marne, des modèles de ferme, la basse-cour de M. le marquis d'Havrincourt, un grand espace consacré aux machines agricoles, les tentes et campements de la Douane, les spécimens des caves de Roquefort, un annexe de volières et meubles de jardin, des ruches ; et l'exposition agricole de l'Algérie. Le long de la clôture qui borde l'avenue de Suffren, sont placés des hangars pour machines agricoles, l'avenue de la Suisse et les écuries de la Russie. Ces constructions limitent le boulevard du Sud.

La portion du parc comprise entre le grand Boulevard, le boulevard du Sud, la grande Avenue et l'allée de Saxe, comprend les expositions accessoires de la Bavière, de la Prusse, de l'Autriche, du Wurtemberg, de la Saxe, de la Hesse, de l'Espagne, de Portugal et de la Suisse.

La Bavière est installée sur le bord de l'avenue d'Europe. Les deux grandes annexes qui sont construites sur le massif limité par l'allée de Westphalie renferment des machines agricoles. Le hangar suivant appartient à la Prusse ; un beau rond-point est affecté aux machines locomotives, et terminé par un pavillon consacré aux appareils balnéaires. Au delà, et en tournant un restaurant étranger, le visiteur trouvera des types très-intéressants de maisons de Styrie, de la basse Autriche, du Tyrol. Derrière ce pâté de maisons se trouvent les annexes de l'Espagne et du Portugal ; puis en longeant le boulevard du Sud, l'annexe des beaux-arts de la Suisse.

Reste une troisième portion du quart allemand, comprise entre le grand Boulevard et le Palais. Elle est surtout occupée par des plates-bandes, des pelouses et des massifs d'arbustes. La Prusse y a placé la statue du roi Guillaume, des types de maisons d'école. Plus loin en remontant vers le boulevard du Sud, l'Autriche y a bâti un cottage intéressant à visiter ; la Norwége, un annexe de beaux-arts ; la Suède, la reproduction de la maison de Gustave Wasa.

La Russie a élevé un type d'Isbah, entre le palais et ses écuries.

Le visiteur se trouve en face des portes Kléber, Suffren, Desaix. Il a devant lui la *salle des concerts* et une salle affectée aux travaux du jury. Au delà commence le quart anglais.

QUART ANGLAIS. — Deux grandes allées ferrées partagent cette partie du parc en trois lots principaux. Ces allées qui partent, l'une de la rue de Russie, *allée d'Orient*, l'autre du grand vestibule, *allée de Washington*, vont aboutir à l'extrémité du parc, porte de Grenelle, à la voie ferrée de Ceinture. Elles se raccordent aux deux points d'arrivée, à l'artère ferrée qui suit le promenoir des restaurants tout autour du Palais. C'est à l'aide de ces deux allées et de l'artère circulaire que s'est fait le transport des matériaux pendant la construction, puis celui des colis.

L'avenue d'Orient renferme, entre elle et le boulevard de l'Ouest, prolongement du boulevard du Sud, le long de l'avenue de Suffren, toute une partie du parc très-curieuse, car on y a établi des spécimens de constructions japonaises, chinoises, etc.

Le boulevard de l'Ouest est couvert dans toute sa longueur.
On y trouvera l'annexe des États-Unis, l'annexe de l'Angleterre, qui se prolonge jusqu'à la porte de la Gare. De l'autre
côté du boulevard, dans le parc, en s'avançant vers le quai,
on rencontrera successivement des constructions dont l'architecture est empruntée à celle du royaume de Siam, du
Japon, de la Chine. Dans le massif circulaire chinois, M. Hervé
de Saint-Denys, commissaire de la Chine, a élevé à ses frais
un théâtre et un pavillon très-original pour débit de thés et
boissons.

Là, comme partout ailleurs, ce sont des nationaux qui
l'occupent. Deux jeunes Chinoises, types bien choisis des environs de Pékin, vendent le thé au public.

Plus loin, on a bâti un palais pour le bey de Tunis ; vaste
construction dans le style mauresque, qui mérite toute l'attention du visiteur. En face, et près de la porte qui conduit
à l'embarcadère du chemin de fer, les curieux sont attirés par
une musique d'un rhythme particulier, c'est le café-concert
de Tunis. Plusieurs Mauresques y chantent les airs de leur
pays, de 2 heures à 5 heures.

La seconde portion du parc, comprise entre l'avenue
d'Orient et l'allée de Washington, peut être visitée en allant du
point de croisement des rails qui se fait au café de Tunis,
jusqu'au palais.

Le regard est attiré par un monte-charge hydraulique, par
un pavillon où l'on a exposé le dôme du nouvel Opéra, puis
par une construction appartenant au Maroc. L'avenue de
Washington passe ensuite devant le carré des Principautés-
Roumaines avec pavillon national; elle conduit, un peu plus
bas, devant l'exposition du plan et des travaux de l'isthme
de Suez. Tout ce pavillon a été affecté par le commissariat
égyptien à la représentation exacte du canal et de la topogra-
phie des régions qu'il traverse; tout le matériel employé pour
les travaux y a été figuré à l'échelle ; on se croirait transporté
sur les bords de la mer Rouge. En face, au delà de l'allée

d'Égypte, s'élève le *Salon d'été* du vice-roi, une des mer-
veilles du parc. Au delà, et près de l'avenue d'Orient, il faut
visiter *l'Écurie des dromadaires*, puis le *temple d'Edfou ;*
à côté un débit égyptien de boissons.

Le grand Boulevard sépare la portion égyptienne de la
section turque. On remarquera, en Turquie, un curieux musée, un type de maison d'école, la mosquée et un spécimen
d'habitation.

La mosquée turque est bâtie sur le bord de l'avenue des
États-Unis. Une grande avenue sépare la section turque de la
section américaine dans laquelle on aura à visiter des types
d'habitations, une maison d'école, une tente, etc., etc.
Dans le même massif se trouve une belle chaudière anglaise.

Le second lot a été parcouru. Il nous reste à voir toute
la partie du parc comprise entre l'allée de Washington et la
grande Avenue. Nous étions revenus près du Palais. L'allée
de Washington nous conduit aux appareils de chauffage de
la section anglaise et à un phare qui s'élève à une grande
hauteur et domine tout le Palais. On traverse le grand Boulevard, sur le bord duquel est situé la caserne-hôpital exposée
par la Grande-Bretagne. Au delà et un peu plus loin, on s'arrêtera dans une boulangerie.

Le massif suivant appartient au Mexique. On y visitera le
temple de Xochicalco.

Dans le carré opposé, nous sommes de nouveau en Angleterre : Exposition du ministère anglais ; canons, matériel
militaire, etc. Un autre hangar renferme des spécimens de
munitions de guerre.

En suivant l'allée de Canada, qui débouche dans la grande
Avenue, on remarquera un établissement de phares élec-
triques, qui appartient à la France.

Au delà, après avoir traversé l'allée du Maroc, qui est parallèle au quai, on a devant soi un grand hangar où MM. Petin
et Gaudet ont organisé leur magnifique exposition métallur-

gique, rails, fers, aciers, canons, boulets, etc. A côté, se trouve une élégante et vaste construction, au fronton de laquelle on lit, en lettres d'or : *Cercle international*. A sa gauche s'élève la *Salle des conférences*; plus loin encore un calvaire.

Le terrain descend entre la Salle des conférences et le Cercle international. Le visiteur se trouve en face d'un tunnel qui le conduit sur la berge. Un hangar, bâti sur la rive de la Seine, renferme les machines marines anglaises ; à côté, on a installé une petite usine à gaz ; à l'extrémité de la berge, on trouvera de ce côté aussi un restaurant étranger, qui fait pendant au restaurant français établi de l'autre côté du pont.

Les machines de la berge examinées, on revient par le tunnel, et il ne reste plus à voir que le massif situé en face, entre l'allée du Maroc et l'allée de Tunis. On y trouvera les pavillons ou petits temples élevés par les soins des missions protestantes , des missions étrangères, de la Société biblique, etc. Dans le temple protestant, plus d'une illustration de la littérature anglaise ou française s'y est déjà fait entendre à plusieurs reprises. Un grand nombre de protestants suivent ces conférences. La Société biblique, de son côté, distribue au public des quantités considérables de petits livres, d'évangiles, etc. Tout passant est prié d'accepter au moins une brochure : *Évangile selon saint Luc ; l'Enfant prodigue*, etc.

Le quart anglais visité, nous avons vu, section par section, toutes les expositions du Palais et du parc, et parcouru tout le Champ de Mars.

Après la journée, le spectacle de la soirée n'est pas sans attraits. Le parc est splendidement illuminé jusqu'à minuit. Les phares envoient de tous côtés leur lumière éblouissante. Les théâtres, les concerts du parc sont ouverts ; la grande galerie de restaurants et de cafés est envahie par la foule. Le cercle international a ses réunions, ses banquets, ses bals.

Il est bien rare que le visiteur, tout fatigué qu'il soit, ne se laisse pas tenter par les distractions du parc. Il ne regagne Paris qu'après la fermeture des portes. Et le plus souvent, quand il le peut, la journée suivante est encore consacrée à visiter le Champ de Mars.

L'Exposition de 1867 a certainement une supériorité marquée sur les expositions précédentes ; elle restera bien l'expression la plus complète des besoins et des aspirations des temps modernes.

MOYENS DE TRANSPORT

Les principaux moyens de transport pour l'Exposition sont les Bateaux à vapeur omnibus, le Chemin de fer de ceinture (gare Saint-Lazare), le Chemin de fer américain, rue du Louvre, 2, les Omnibus des lignes A, Y, Z, AC, AD, et l'Omnibus spécial que vient de créer la Compagnie générale entre la place du Palais-Royal et l'Exposition.

Bateaux à vapeur omnibus (Cie des). — Cette Compagnie a organisé pour l'Exposition un service de bateaux à vapeur qui sillonnent la Seine entre le pont Napoléon et le Point-du-Jour. Il y a onze stations à peu près également réparties sur les deux rives de la Seine. Les principales sont : pont d'Austerlitz (Jardin des Plantes); pont de la Tournelle ; quai de la Grève (Hôtel de Ville); pont des Saints-Pères; pont Royal; pont de la Concorde; Champ de Mars (Exposition); pont de Grenelle.

Le trajet s'effectue en une heure et demie à la descente, y compris les arrêts aux stations ; il faut 2 heures environ pour remonter la Seine d'aval en amont. — Le prix de transport pour les stations comprises entre le pont Napoléon et le pont de la Concorde et celles comprises entre le Point-du-

Jour et le pont d'Austerlitz est de 20 centimes. Le trajet soit complet, soit au delà de ces points, est tarifé à 30 centimes.

Quelques bateaux ont commencé à fonctionner depuis le 15 avril. — La flottille au complet se compose de 20 bateaux au moins.

PALAIS ET MONUMENTS

VISIBLES, PENDANT L'EXPOSITION

Par permission spéciale.

Par ordre de l'Empereur, le public sera admis, à partir du 1er avril et pendant la durée de l'Exposition universelle, à visiter sans permission et sans passe-port les palais impériaux, les musées, établissements et monuments de la Couronne et de l'État dont les noms suivent, et aux jours et heures ci-après indiqués, savoir :

Palais des Tuileries [1]. — Les lundis, mercredis et vendredis, de midi à trois heures.

Palais de Saint-Cloud. — Les mardis, jeudis et dimanches, de midi à quatre heures.

Palais et musée de Versailles. — Tous les jours. excepté le lundi, de onze à quatre heures.

Palais de Trianon. — Les mardis, jeudis et dimanches, de midi à cinq heures.

Palais de Fontainebleau. — Tous les jours, excepté le lundi, de midi à quatre heures.

Palais de Compiègne. — Tous les jours, excepté le lundi, de midi à quatre heures.

Château de la Malmaison. — Les mardis, jeudis et dimanches, de midi à quatre heures.

Manufacture impériale de Sèvres. — Les lundis, jeudis et samedis, de onze heures à trois heures.

[1] Le palais où résident l'Empereur et l'Impératrice ne sera pas visité pendant le séjour de Leurs Majestés.

Manufacture impériale des Gobelins. — Les lundis, mercredis et samedis, de deux à quatre heures.

Musée du Louvre. — Tous les jours, excepté le lundi, de midi à quatre heures.

Musée des Thermes et hôtel de Cluny. — Tous les jours, de onze heures à cinq heures.

École impériale des beaux-arts. — Tous les jours, de dix heures à quatre heures.

Édifice de la Sainte-Chapelle. — Les mardis, jeudis, samedis et dimanches, de onze heures à cinq heures.

Église impériale de Saint-Denis. — Les lundis, mercredis, vendredis et dimanches, de onze heures à quatre heures.

On rappelle au public que les règlements administratifs font défense aux gens de service de recevoir aucune rétribution des visiteurs, et que le dépôt des cannes et parapluies a été supprimé aux musées du Louvre et de Versailles.

———

Par ordre du ministre de la guerre, le plan en relief des places fortes de l'Empire, à l'hôtel des Invalides, sera ouvert au public pendant toute la durée de l'Exposition, à partir du 1er mai.

Le prince Napoléon ouvre au public les galeries et collections du Palais-Royal pendant toute la durée de l'Exposition. Il faut se munir d'une carte, qui se délivre sur simple demande chez le concierge du palais.

ITINÉRAIRE

DANS PARIS

DIVISION DE PARIS EN 20 ARRONDISSEMENTS
ET 80 QUARTIERS

ARRONDISSEMENTS et MAIRIES.	QUARTIERS	COMMISSARIATS de POLICE
1er **LOUVRE** Place du Louvre	1 St-Germ.-l'Auxerrois 2 Des Halles. 3 Du Palais-Royal. 4 De la place Vendôme.	Cour de la Ste-Chapelle R. Poter.-des-Halles, 2 R. Nve-des-B.-Enf., 19. R. Saint-Honoré, 247.
2me **BOURSE** Rue de la Banque, 8.	5 Gaillon. 6 Vivienne. 7 Du Mail. 8 De Bonne-Nouvelle.	R. Méhul, 2. R. Cherubini, 2. R. Montmartre, 142. R. du Pet.-Carreau, 17
3me **TEMPLE** Rue Vendôme, 11.	9 Des Arts-et-Métiers. 10 Des Enfants-Rouges. 11 Des Archives. 12 Sainte-Avoye.	R. Meslay, 22. R. Charlot, 11. R. du Foin, au Mar., 10 R. Beaubourg, 41.
4me **HOTEL DE VILLE** R. Ste-Croix-de-la-Bret., 20	13 Saint-Merri. 14 Saint-Gervais. 15 De l'Arsenal. 16 De la Sorbonne.	R. de l'Hom.-armé, 7. R. de Jouy, 5. R. de l'Orme, 18. Q. de Béthune, 34.
5me **PANTHÉON** Place du Panthéon.	17 Saint-Victor. 18 Jardin des Plantes. 19 Du Val-de-Grâce. 20 De la Sorbonne.	R. Cuvier, 16. R. Marché-aux-Ch., 14 R. des Feuillantin.,101 R. des Noyers, 37.
6me **LUXEMBOURG** Rue Bonaparte, 78.	21 De la Monnaie. 22 De l'Odéon. 23 N.-D.-des-Champs. 24 St-Germain-des-Prés.	R. Suger, 11. R. de l'Ouest. 35. B. du Montparnasse, 9. R. Visconti, 16.
7me **PALAIS-BOURBON** R. de Grenelle-St-Ga., 116.	25 St-Thomas-d'Aquin. 26 Des Invalides. 27 De l'Ecole-Militaire. 28 Du Gros-Caillou.	R. de Varenne, 30. R. de Grenelle, 116. R. Bertrand, 10. R. St-Dominique, 170.
8me **ÉLYSÉE** R. d'Anjou-St-Honoré, 11.	29 Des Champs-Elysées. 30 Du Faub.-du-Roule. 31 De la Madeleine. 32 De l'Europe.	R. du Ch.-des-Fleurs, 2 R. d. Ecur.-d'Artois, 31 R. Cambacérès, 10. R. de Stockholm, 4.
9me **OPÉRA** Rue Drouot, 6.	33 Saint-Georges. 34 De la Chauss.-d'Antin 35 Du Faub.-Montmartre 36 Rochechouart.	Pass. Laferrière, 10. Imp. Sandrié, 4. R. du F.-Montmart., 33 R. Bellefond, 38.

ARRONDISSEMENTS et MAIRIES.	QUARTIERS	COMMISSARIATS de POLICE.
10ᵐᵉ **ENCLOS Sᵗ-LAURENT** Rue du Faub.-St-Mart., 72.	37 Sᵗ-Vincent-de-Paul. 58 De la Porte-Sᵗ-Denis. 39 De la Porte-Sᵗ-Martin 40 De l'Hôpital-Sᵗ-Louis.	R. du F.-Sᵗ-Denis, 148 R. du F.-Sᵗ-Denis, 105 Pass. du Désir, esc. D. R. Sᵗ-Maur, 219.
11ᵐᵉ **POPINCOURT** Rue Keller.	41 De la Folie-Méricourt 42 Saint-Ambroise. 45 De la Roquette. 44 Sainte-Marguerite.	Boul. Rich.-Lenoir, 151 R. Popincourt, 51. R. Keller, 14. Pas. de la B.-Graine. 22
12ᵐᵉ **REUILLY** Rue du Commerce (Bercy)	45 Du Bel-Air. 46 De Piepus. 47 De Bercy. 48 Des Quinze-Vingts.	R. du F.-Sᵗ-Ant., 278. R. du F.-Sᵗ-Ant., 278. Quai de la Rapée, 2. R. Bercy-Sᵗ-Ant., 85.
13ᵐᵉ **GOBELINS** Pavillon de l'Octroi.	49 De la Salpétrière. 50 De la Gare. 51 De la Maison-Blanche 52 Croulebarbe.	R. Esquirol, 41. R. Esquirol, 41. Route d'Italie, 65. Route d'Italie, 65.
14ᵐᵉ **OBSERVATOIRE** Rue Boulard.	55 Du Montparnasse. 54 De la Santé. 55 Du Petit-Montrouge. 56 De Plaisance.	R. de la T.-Issoire, 59. R. de la T.-Issoire, 59. R. Terr.-aux-Lap., 39. R. Terr.-aux-Lap., 59.
15ᵐᵉ **VAUGIRARD** Grande-Rue, a Vaugirard.	57 Saint-Lambert. 58 Necker. 59 De Grenelle. 60 De Javelle.	R. Blomet, 71. R. Blomet, 71. R. Fremicourt, 49. R. Fremicourt, 49.
16ᵐᵉ **PASSY** Grande-Rue, à Passy.	61 D'Auteuil. 62 De la Muette. 63 De la Porte-Dauphine 64 Des Bassins.	R. Vial, 55. R. Vial, 55. B. du Dôme, 10. R. du Dôme. 10.
17ᵐᵉ **BATIGN.-MONCEAUX** R. de l'Hôt.-de-Ville, à Bat.	65 Des Ternes. 66 De la plaine Monceau 67 De Batignolles. 68 Des Epinettes.	Av. des Ternes, 54. Av. des Ternes, 54. R Truffaut, 17. R. Lacroix, 34.
18ᵐᵉ **BUTTE-MONTMARTRE** Rue de l'Abbaye, à Montm.	69 Grandes-Carrières. 70 Clignancourt. 71 De la Goutte-d'Or. 72 De la Chapelle.	R. du Ch.-d.-Dam., 10 R. des Acacias, 19. R. Doudeauville, 8. Gʳᵉ-R.,41, La Chapelle.
19ᵐᵉ **BUTTES-CHAUMONT** R. de Bordeaux, à la Villet.	73 De la Villette. 74 Du Pont-de-Flandre. 75 D'Amérique. 76 Du Combat.	R. de Flandre, 28. R. de Flandre, 28. R. Rébéval, 75. R. Rébéval, 75.
20ᵐᵉ **MÉNILMONTANT** Rue de Paris, à Belleville.	77 De Belleville. 78 Saint-Fargeau. 79 Du Père-la-Chaise. 80 De Charonne.	B. de la Mare, 21. R. Delaître, 16. R. Delaître, 16. R. du Ch.-de-Fer, 55.

PARIS ADMINISTRATIF ET MONUMENTAL

GRANDS CORPS DE L'ÉTAT

Sénat, palais du Luxembourg.

Corps législatif, rue de Lille, 62, rue de l'Université et quai d'Orsay.

Légion d'honneur, rue de Lille, 64.

Cour des comptes et Conseil d'État, quai d'Orsay.

MINISTÈRES

OUVERTS DE 10 A 4 HEURES

Les Ministres donnent des audiences particulières lorsqu'il leur en est fait la demande, en désignant ce dont on veut les entretenir.

Ministère d'État, places du Carrousel et du Palais Royal.

Ministère de la maison de l'Empereur et des beaux-arts, place du Carrousel et rue de Rivoli, aux Tuileries.

Ministère des affaires étrangères, rue de l'Université, 130. Bureaux rue d'Iéna. Le bureau de la chancellerie est seul ouvert au public, de 11 à 4 heures.

Ministère de l'agriculture, du commerce et des travaux publics, rue Saint-Dominique-Saint-Germain, 62. Les bureaux de l'agriculture et du commerce ont leur entrée rue de Varennes, 78 bis, de 2 à 4 heures.

Ministère des finances, rue de Rivoli, 234, de 2 à 4 heures.

Ministère de la guerre, rue Saint-Dominique-Saint-Germain, 90 ; bureaux, 86 ; enregistrements et renseignements, 88. Le dépôt de la guerre, rue de l'Université, 91, mercredi, de 2 à 5 heures.

Ministère de l'instruction publique, rue de Grenelle-Saint-Germain, 110.

Ministère de l'intérieur, place Beauvau et rue Cambacérès. Quelques bureaux, 103, rue de Grenelle-Saint-Germain.

Ministère de la justice et des cultes, place Vendôme, 11 ; bureaux, rue du Luxembourg, 36.

Ministère de la marine et des colonies, rue Royale-Saint-Honoré, 2, jeudi, de 2 à 4 heures.

AMBASSADES ET CONSULATS

LÉGATION d'Autriche, rue de Grenelle-Saint-Germain, 101, de 1 heure à 3 ; visa de passe-ports 5 fr., légalisation 6 fr.
- de Bade, rue Blanche, 62, de 1 heure à 3 ; visa français, 5 fr.
- de Bavière, place de la Madeleine, 16, de 1 heure à 3 ; visa gratis pour les Français et les étrangers.
- de Belgique, rue du Faubourg-Saint-Honoré, 153, de midi à 2 heures et demie.
- du Brésil, rue de Berri, 47 ; visa gratis.
- de Brunswick, rue de Penthièvre, 19.
- Confédération Argentine, rue de Berlin, 5.
- Confédération Grenadine et Guatemala, rue Fortin, 3.
- de Danemark, rue de l'Université, 37 ; de midi à 2 heures, visa gratis.
- de l'Equateur, boulevard de Strasbourg, 19.
- d'Espagne, quai d'Orsay, 25, de 1 à 3 heures ; visa des passe-ports, boulevard Haussmann, 46, de 10 à 4 heures.
- des États-Romains, rue Saint-Dominique, 102, de 11 à 1 heure : visa 3 fr., légalisation 5 fr.
- des États-Unis, rue du Centre, 5 (avenue Friedland), de midi à 3 heures.
- de la Grande-Bretagne, rue du Faubourg-Saint-Honoré, 39, de 11 à 2 heures ; visa gratis.
- de Grèce, rue Taitbout, 20, de 11 à 2 heures ; visa au consulat général.
- d'Haïti, rue Boissy-d'Anglas, 19.
- de la Hesse-Grand-Ducale, rue de Luxembourg, 29, de 1 à 3 heures.
- de Honduras et de San Salvator, rue Decamps, 18, de 10 heures à midi et de 4 à 6 heures.
- d'Italie, avenue des Champs-Élysées, 9, de 11 à 2 heures visa, 5 fr.

Légation de Mecklembourg, rue de Ponthieu, 20, de 11 à 1 heure
— de Mexique, rue d'Albe, 5.
— du Paraguay, avenue des Champs-Élysées, 97.
— des Pays-Bas, rue de Presbourg, 5, de 11 à 2 heures.
— du Pérou, rue de Ponthieu, 66, de 11 à 2 heures.
— de Perse, avenue d'Antin, 3, de midi à 2 heures.
— de Portugal, rue d'Astorg, 12.
— de Prusse, rue de Lille, 78, de midi à 1 heure et demie ; visa
    français, 5 fr.
— de Russie, rue de Grenelle-Saint-Germain, 79, de midi à 2 h. ;
    visa 5 fr.
— de San Marin, Cours-la-Reine, 20, de midi à 3 heures ; visa
    5 fr. 50.
— de la Saxe-Royale, rue de Courcelles, 29, de 11 à 1 heure
    visa français, 5 fr.
— de Saxe-Cobourg, rue Saint-Lazare, 92.
— de Suède et Norwége, rue Marignan, 9.
— de Suisse, rue Blanche, 3, de 10 à 3 heures.
— de Turquie, rue de Presbourg, 10, bureaux rue de la Vic-
    toire, 44, de midi à 5 heures.
— de Venezuela, boulevard des Capucines, 12.
— des villes libres de Lubeck, Brême et Hambourg, rue d'Agues-
    seau, 13, de 10 à 2 heures ; visa gratis.
— de Wurtemberg, rue Presbourg, 6, de 11 à 1 heure.
Consuls d'Autriche, rue Laffitte, 19.
— de Brésil, boulevard des Capucines, 5.
— de Brunswick, rue de Provence, 58.
— du Chili, rue de Laval, 26.
— de la Confédération Argentine, rue Richer, 15.
— de Costa-Rica, place de la Bourse, 4.
— de Danemark, rue d'Hauteville, 53.
— de l'Équateur, boulevard de Strasbourg, 19.
— d'Espagne, rue de l'Oratoire-des-Champs-Élysées, 83.
— des États-Unis, rue Richelieu, 79.
— de Grande-Bretagne, rue du Faubourg-Saint-Honoré, 39.
— de Grèce, rue Taitbout, 20.
— de Guatemela, rue du Sentier, 12.
— de la Hesse-Grand-Ducale, rue Beaubourg, 40.
— du Holstein, rue de la Chaussée-d'Antin, 21.
— d'Italie, avenue des Champs-Élysées, 9.
— du Mexique, rue d'Albe, 5.
— de Nassau, rue de Presbourg, 15.
— de Nicaragua, rue Greffulhe, 6.
— du Paraguay, rue Laffitte, 13.
— des Pays-Bas, rue de la Chaussée-d'Antin, 60.
— du Pérou, rue Saint-Georges, 35.
— de Perse, rue Saint-Honoré, 372.
— de Portugal, rue d'Astorg, 12.

Consuls de Prusse, rue Saint-Florentin, 2.
— de Russie, rue de Grenelle-Saint-Germain, 79.
— de San Salvador, rue du Faubourg-Poissonnière, 177.
— de la Saxe-Royale, rue Taitbout, 52.
— de Suède et Norwége, rue de Chaillot, 96.
— de Turquie, avenue Gabriel, 42.
— de l'Uruguay, rue Bleue, 1.
— des Villes hanséatiques, rue Mogador, 18.

ADMINISTRATIONS, MONUMENTS, MUSÉES, PALAIS, etc.,

CLASSÉS PAR ORDRE ALPHABÉTIQUE.

A

Abattoirs, rue de Flandre, à la Villette, sur le canal de l'Ourcq.

Académies. La réunion des cinq académies *Française*, des *Sciences*, des *Inscriptions et Belles-Lettres*, des *Sciences morales et politiques* et des *Beaux-Arts*, constitue l'Institut, dont le siége est au palais de ce nom, quai Conti, 23. — Tous les lundis, à 3 heures, séances publiques de l'Académie des sciences.

Académie de médecine, 39, rue des Saints-Pères. Le mardi, le jeudi et le vendredi, à midi, on vaccine gratuitement.

Académie de Paris, à la Sorbonne, se compose de cinq facultés : *Droit, Sciences, Lettres, Médecine et Théologie*.

Archevêché, rue de Grenelle-Saint-Germain, 127. Le secrétariat est ouvert tous les jours non fériés de midi à trois heures.

Archives de l'empire, rue de Paradis, 20, au Marais.
Elles sont ouvertes le jeudi, de midi à trois heures, aux personnes munies d'une autorisation du directeur. — Le bureau des renseignements est ouvert tous les jours non fériés, de 10 h. à 2 h. et demie.

Arsenal, rue de l'Orme, près la Bastille.

N'est pas ouvert au public.

Assistance publique (Administration de l'), quai Le Peletier, 4, près l'Hôtel de Ville.

Administration centrale des hôpitaux, hospices et bureaux de bienfaisance. Le bureau central d'admission dans les hôpitaux et hospices, place du Parvis-Notre-Dame, est ouvert tous les jours, de 10 heures à 4 heures.

B

Bals. — Les principaux sont : Le *Casino*, rue Cadet, 16, les lundis, mercredis et vendredis ; — Le *Château-Rouge*, chaussée Clignancourt, à Montmartre, les dimanches, lundis et jeudis; entrée 1 franc ; — La *Closerie des Lilas*, Jardin Bullier, carrefour de l'Observatoire, les dimanches, lundis, jeudis et fêtes; entrée 1 franc ; — L'*Élysée Montmartre*, boul. Rochechouart, 44, les dimanches, lundis, jeudis et samedis; entrée 1 franc ; — *Mabille et le Château des fleurs réunis*, avenue Montaigne, 89, les dimanches, mardis, jeudis et samedis; entrée 3 francs ; — *Valentino*, rue Saint-Honoré, 251, les dimanches, mardis, jeudis et samedis. — Citons encore : *Dourlans*, avenue de Wagram, l'*Élysée des Arts*, boul. Bourdon, 13; l'*Élysée Ménilmontant*, rue des Couronnes, 55; *Favié*, rue de Paris, 13, à Belleville; *Pilodo*, rue de la Douane, 16; le *Pré-aux-Clercs*, rue du Bac, 85; la *Reine-Blanche*, boul. de Clichy, 88 ; le *Salon de Mars*, rue Croix-Nivert, 13, à Grenelle.

Banque de France, 3, rue de La Vrillière. Les bureaux sont ouverts tous les jours, de 9 à 4 heures.

Bateaux à vapeur. — Il y a quatre compagnies de bateaux à vapeur qui, pendant la belle saison, font le trajet entre Paris et Saint-Cloud, prix 1 franc et 1 fr. 50. Le point de départ est quai d'Orsay ou quai des Tuileries, en amont et en aval du Pont-Royal.

Bateaux à vapeur omnibus (Compagnie des). — Cette Compagnie a organisé pour l'Exposition un service de bateaux à vapeur qui sillonnent la Seine entre le pont Napoléon et le Point-du-Jour. Il y a onze stations à peu près également réparties sur les deux rives de la Seine. Les principales sont : pont d'Austerlitz (Jardin des Plantes); pont de la Tournelle; quai de la Grève (Hôtel de Ville); pont des Saints-Pères, pont Royal, pont de la Concorde, champ de Mars (Exposition), pont de Grenelle.

Le trajet s'effectue en une heure et demie à la descente, y compris les arrêts aux stations ; il faut 2 heures environ pour remonter la Seine d'aval en amont. — Le prix de transport pour les stations comprises entre le pont Napoléon et le pont de la Concorde et celles comprises entre le Point-du-Jour et le pont d'Austerlitz est de 20 centimes. Le trajet soit complet, soit au delà de ces points est tarifé à 30 centimes.

Quelques bateaux ont commencé à fonctionner au commencement d'avril. La flottille complète se compose de vingt bateaux.

Bibliothèques. — Les bibliothèques ouvertes au public sont :

Bibliothèque impériale, rue de Richelieu, 58. — Ouverte tous les jours, pour l'étude, de 10 h. à 3 h., excepté le dimanche. Ouverte aux visiteurs le mardi et le vendredi; elle est fermée pendant la quinzaine de Pâques et pendant tout le mois de septembre.

Bibliothèque Sainte-Geneviève, place du Panthéon. — Elle est ouverte au public tous les jours, excepté le dimanche, de 10 h. à 5 h., et de 6 h. à 10 h. du soir. Vacances du 1er septembre au 15 octobre.

Bibliothèque Mazarine, au palais de l'Institut, quai Conti, 23. — Ouverte tous les jours non fériés, de 10 h. à 3 h. Vacances du 15 septembre au 1er novembre.

Bibliothèque de l'Arsenal, rue de Sully, 1. — Elle est ouverte tous les jours de la semaine, de 10 h. à 3 h. Vacances du 1er août au 15 septembre.

Bibliothèque de la Ville. à l'Hôtel de Ville. — Ouverte tous les jours, excepté le dimanche, de 10 h. à 5 h. Vacances du 15 août au 1er octobre

Bibliothèque de la Sorbonne, rue de la Sorbonne, 15. — Ouverte au public, les jours non fériés, de 10 h. à 5 h. Vacances du 15 juillet au 15 août.

Paris possède encore un grand nombre de bibliothèques qui ne sont ouvertes au public qu'avec des permissions spéciales.

Nous citerons principalement : les bibliothèques du Louvre, de l'École des mines, du Sénat, du Conseil d'État, du Corps législatif, de l'Institut, des différents Ministères, de la Chambre du commerce, etc, etc.

Bois de Boulogne. — Magnifique promenade aux portes de Paris. — Moyens de transport : le chemin de fer d'Auteuil (gare Saint-Lazare); l'omnibus du Louvre à Courbevoie; celui de la place de la Bourse à Passy. — Visiter la cascade, les îles, le Jardin d'acclimatation.

Bois de Vincennes. — Parc créé à l'instar du Bois de Boulogne, avec massifs, pelouses, rivières, lacs et cascades.

Moyens de transport : chemin de fer, place de la Bastille, omnibus des Arts-et-Métiers à Vincennes, du Palais-Royal à la barrière du Trône, de Charenton à la barrière du Roule.

Bourse, rue Vivienne, place de la Bourse. Ouverte au public, pendant la semaine, de midi à 3 heures pour les opérations de bourse.

Buttes-Chaumont. — Transformées dans ces dernières années par de gigantesques travaux d'embellissement et devenues sans contredit la plus belle promenade de Paris.

Moyens de transport : l'omnibus de la place des Victoires à Belleville et des Champs-Élysées à la petite Villette. — Si on y va à pied, suivre la rue La Fayette et la rue de Puebla; ou le faubourg du Temple et la rue de Paris, jusqu'à la rue de Puebla.

C

Cafés-concerts. — Tous les soirs, dans ces établissements, scènes comiques, chansonnettes de genre, opérettes, etc... Consommations de qualité douteuse au prix de 1 franc, 1 franc 50 et même 2 francs. Les principaux sont : l'*Alcazar lyrique*, 10, faubourg Poissonnière (pendant l'hiver seulement); l'*Alcazar d'été*, pavillon Morel, aux Champs-Élysées; *Bataclan*, boulevard du Prince-Eugène, 50, remarquable par son architecture chinoise ; l'*Eldorado*, 4, boulevard de Strasbourg ; l'*Alhambra*, faubourg du Temple : le *café Contrescarpe*, rue Contrescarpe-Dauphine, 5; le *Casino*, au Palais-Royal, galerie Montpensier : le *café des Aveugles*, péristyle Beaujolais ; le *café du Cheval blanc*, 13, boulevard de Strasbourg.

Citons encore les *Cafés chantants* des Champs-Élysées, à droite et à gauche de l'avenue, près la place de la Concorde; le *Vert Galant*, sur le terre-plein du Pont-Neuf, qui ne sont ouverts que pendant l'été.

Caisse d'amortissement, rue de Lille, 56.

Caisse d'épargne, caisse centrale, rue Coq-Héron, 9, ouverte tous les jours de la semaine, de 10 heures à 1 heure, pour toutes les opérations. — Il y a des succursales dans toutes les mairies, excepté aux premier et deuxième arrondissements, desservis par la caisse centrale, et au quatrième, dont la succursale est à l'Hôtel de Ville.

Un livret est délivré gratuitement à toute personne qui fait un premier versement. — Chaque versement ne peut pas être moindre de 1 franc ni excéder 300 francs. — On ne peut faire qu'un seul versement par semaine. — On ne reçoit plus de versement lorsque le compte d'un individu s'élève à 1,000 francs. — L'intérêt de l'argent versé est environ de 3 à 3 francs 50 pour 100.

Caisse de retraites, rue de Lille, 56, à la Caisse des dépôts et consignations, ouverte de 9 heures du matin à 2 heures, et le dimanche de 9 heures à midi.

Casernes. — Les principales sont les casernes du *Prince-Eugène*, boulevard Saint-Martin, *Napoléon* et *Lobau*, derrière l'Hôtel de Ville, de l'*École militaire*, à l'extrémité du champ de Mars ; de la *Pépinière*, boulevard Malesherbes ; de la *Banque*, rue de ce nom ; *Tournon*, rue de Tournon ; de l'*État-major* et des *Pompiers*, boulevard du Palais.

Catacombes. — Souterrains et ossuaires immenses, dont la principale entrée se trouve à la barrière d'Enfer. Ils sont visibles trois ou quatre fois par an, avec une permission de l'ingénieur en chef, dont les bureaux sont à l'Hôtel de Ville.

Chapelle expiatoire, rue d'Anjou Saint-Honoré, 62. S'adresser au gardien pour la visiter.

Cimetières. — Depuis l'annexion de la banlieue, Paris possède un assez grand nombre de cimetières. Les trois principaux sont : le *cimetière de l'Est* ou du *Père-la-Chaise*, boulevard de Ménilmontant, à l'extrémité de la rue de la Roquette ; le *cimetière du Nord* ou de *Montmartre*, boulevard de Clichy ; et le *cimetière du Sud* ou *Montparnasse*, boulevard de Montrouge.

Tous les cimetières sont ouverts au public depuis 8 heures du matin jusqu'à la nuit.

Colléges. — Le *Collége impérial de France*, place Cambrai ; *Rollin*, rue des Postes, 42 ; *Chaptal*, rue Blanche, 29 ; *Stanislas*, rue Notre-Dame-des-Champs, 22 ; *Sainte-Barbe*, place du Panthéon ; *Arménien*, rue Monsieur, 12.

Colonnes. *Vendôme*, place de ce nom, souvenir des grandes victoires du premier empire ; de *Juillet*, place de la Bastille ; élevée à la gloire des citoyens morts en juillet 1830, pour la défense des libertés publiques ; du *Palmier* ou du *Châtelet*, place de ce nom.

Comptoir d'escompte, rue Bergère, 14.

Conseil d'État, rue de Lille, 62 ; palais du quai d'Orsay.

Conseil de guerre, siége : rue du Cherche-Midi, 37.

Conservatoire des arts et métiers, rue Saint-Martin, 292.

Ouvert au public le dimanche et le jeudi de 10 heures à 4 heures ; les lundis, mardis et samedis, on paye 1 franc d'entrée par personne. La bibliothèque et la galerie de brevets sont ouvertes de 10 heures à 3 heures tous les jours excepté le lundi.

Conservatoire de musique et de déclamation, rue du Faubourg-Poissonnière, 15.

Contributions directes de la Seine (Direction des), rue Poulletier, 9.

Contributions indirectes de la Seine (Direction des), rue Duphot, 12.

Corps législatif, au Palais-Bourbon, quai d'Orsay, en face la place de la Concorde.

Cour de cassation, au Palais de justice, boulevard du Palais.

Cour des comptes, rue de Lille, 62.

Cour impériale, au Palais de justice.

Crédit foncier, rue Neuve-des-Capucines, 19.

Crédit industriel et commercial, rue de la Chaussée-d'Antin, 66 ; bureaux et caisse rue de la Victoire, 72.

Crédit mobilier, place Vendôme, 15.

Cultes (Division des), place Vendôme, 13.

D

Dépôts. Le *Dépôt de la guerre,* rue de l'Université, 71 ; le *Dépôt de la marine,* rue de l'Université, 13 ; le *Dépôt de la préfecture de police,* rue de Jérusalem ; et le *Dépôt des condamnés,* à la prison de la Roquette, rue de ce nom.

Dépôts et consignations (Caisse des), rue de Lille, 56. — Établissement créé sous la garantie de l'État pour recevoir des fonds en dépôt.

Dessin (École impériale de), rue de l'École-de-Médecine, 5.

Division militaire (Première), les bureaux et l'État-Major sont place Vendôme, 9.

Docks et entrepôts. Il y en a deux principaux : *L'Entrepôt des vins*, quai Saint-Bernard, et les *docks Napoléon*, rue de l'Entrepôt, 6.

Douanes (Direction des), rue du Mont-Thabor, 21.

Douanes (Entrepôt des), rue de la Douane, 17.

E

Écoles *d'accouchement*, à la Maternité, rue de Port-Royal, 5;
— *d'application d'état-major*, rue de Grenelle-Saint-Germain, 138;
— *d'application du génie maritime*, rue de Lille, 2.
— *des arts et manufactures*, à l'hôtel Thorigny, rue des Coutures-Saint-Gervais, 1, au marais;
— *des beaux-arts*, rue Bonaparte, 14, et quai Malaquais;
— *des chartes*, rue de Paradis, 16, au Marais;
— *supérieure du commerce*, rue Saint-Pierre-Popincourt, 24;
— *commerciale*, avenue Trudaine, 37;
— *de dessin*, rue de l'École-de-Médecine, 5, pour les hommes, et rue Dupuytren, 7, pour les jeunes filles;
— *de droit*, place du Panthéon;
— *de médecine*, place et rue de l'École-de-Médecine.
— *de médecine et de pharmacie militaires*, au Val-de-Grâce, rue Saint-Jacques, 277 *bis*;
— *des mines*, boulevard Saint-Michel, 60;
— *de pharmacie*, rue de l'Arbalète, 21;
— *normale supérieure*, rue d'Ulm, 45;
— *polytechnique*, rue de la Montagne-Sainte-Geneviève, derrière l'église Saint-Étienne-du-Mont;
— *des ponts et chaussées*, rue des Saints-Pères, 28;
— *pratique*, rue de l'École-de-Médecine, 15;
— *Turgot*, rue du Vertbois, 17.

Écuries impériales. — Quai d'Orsay, 99.

ÉGLISES. — 1° Culte catholique. — L'*Assomption*, rue Saint-Honoré, 371 ; — La *Madeleine*, rue Royale et place de la Madeleine ; — *Notre-Dame*, place du Parvis, dans la Cité ; — *Notre-Dame des Blancs-Manteaux*, rue de ce nom, 14 ; — *Notre-Dame de Bonne-Nouvelle*, rue de la Lune, 25 bis ; — *Notre-Dame des Champs*, rue de Rennes ; — *Notre-Dame de Lorette*, rue Ollivier, à l'extrémité de la rue Laffitte ; — *Notre-Dame des Victoires*, place des Petits-Pères ; — *Saint-Ambroise*, boulevard du Prince-Eugène, 73 ; — *Saint-Antoine*, rue de Charenton, 28 ; — *Saint-Augustin*, boulevard Malesherbes, 66 ; — *Saint-Bernard*, rue Affre, 9, à la Chapelle ; — *Sainte-Clotilde*, place Bellechasse, rue Saint-Dominique ; — *Saint-Denis du Saint-Sacrement*, rue de Turenne ; — *Sainte-Elisabeth*, rue du Temple, 195 ; *Saint-Éloi*, rue de Reuilly, 56 ; — *Saint-Etienne du Mont*, place du Panthéon ; — *Saint-Eugène*, rue Sainte-Cécile, faubourg Poissonnière ; — *Saint-Eustache*, rue Montmartre, 1, près les Halles ; — *Saint-François-Xavier des Missions étrangères*, rue du Bac, 120 ; — *Sainte-Geneviève* ou *Panthéon*, place de ce nom ; — *Saint-Germain l'Auxerrois*, place du Louvre ; *Saint-Germain des Prés*, place de ce nom, rue Bonaparte ;— *Saint-Gervais*, derrière l'Hôtel de Ville ; — *Saint-Jacques du Haut-Pas*, rue Saint-Jacques, 252 ; — *Saint-Jean-Baptiste de Belleville*, rue de Lassus, 7 ; — *Saint-Jean-Baptiste de Grenelle*, rue des Entrepreneurs, 102 ; — *Saint-Lambert de Vaugirard*, place de l'Eglise. — *Saint-Laurent*, faubourg Saint-Martin, 119, et boulevard de Strasbourg ;— *Saint-Leu*, rue Saint-Denis, 182 ; *Saint-Louis d'Antin*, rue Caumartin, 63 ; — *Saint-Louis en l'Ile*, rue Saint-Louis, 21 ;— *Saint-Louis des Invalides*, aux Invalides ; — *Saint-Marcel*, boulevard de l'Hôpital, 84 ; — *Sainte-Marguerite*, rue Saint-Bernard, 56 ; — *Sainte-Marie des Batignolles*, rue de l'Eglise ; — *Saint-Martin*, rue des Marais, 36 ; — *Saint-Médard*, rue Mouffetard, 141 ; — *Saint-Merri*, rue Saint-Martin, 78 ; — *Saint-Nicolas des Champs*, rue Saint-Martin, 270 ; — *Saint-Nicolas du Chardonnet*, rue Saint-Victor, 104 ; — *Saint-Paul-Saint-Louis*, rue Saint-Antoine, 122 ; — *Saint-Philippe du*

Roule, faubourg Saint-Honoré, 154; — *Saint-Pierre de Chaillot*, rue de Chaillot, 50; — *Saint-Pierre de Montmartre*, rue Saint-Denis, 2, XVIIIe arrondissement; — *Saint-Roch*, rue Saint-Honoré, 296; — *Saint-Séverin*, rue de ce nom, 3; — *Saint-Sulpice*, place et rue de ce nom; — *Saint-Thomas d'Aquin*, place de ce nom; — *Saint-Vincent de Paul*, place et rue La Fayette; — *La Trinité*, rue Saint-Lazare, à l'extrémité de la rue de la Chaussée-d'Antin; — *Val-de-Grâce*, rue Saint-Jacques, 277 bis.

2° Cultes non catholiques. — CULTE ANGLICAN. — L'*Eglise épiscopale*, rue d'Aguesseau, 5; — la *Chapelle Marbeuf*, rue de Chaillot, 78 bis; — la *Chapelle de la Madeleine*, rue Boissy-d'Anglas.

CULTE CALVINISTE. — L'*Oratoire*, rue Saint-Honoré, 147; — la *Visitation*, rue Saint-Antoine, 216; — le *Temple de Pantemont*, rue de Grenelle-Saint-Germain, 106.

CULTE ISRAÉLITE. — *Synagogues*, rue Notre-Dame de Nazareth, 17, et rue Lamartine, 23.

CULTE LUTHÉRIEN. — L'*Eglise des Carmes*, rue des Billettes, 18; — l'*Eglise de la Rédemption*, rue Chauchat, 6; — et les *Eglises* des rues de Provence, 54, et Chateaubriand, 7.

CULTES DIVERS. — l'*Eglise russe*, rue de la Croix-du-Roule, près le parc Monceaux; — l'*Eglise arménienne*, 12, rue de Monsieur; — l'*Eglise américaine*, rue de Berri, et l'*Eglise grecque*, même rue, 12.

Egouts. — Vaste réseau de canaux souterrains destinés à porter à la Seine les eaux et immondices de la capitale. — Le grand égout collecteur déverse ses eaux dans la Seine, entre Asnières et Saint-Ouen. — Pour visiter les égouts, s'adresser à l'ingénieur en chef, à l'Hôtel de Ville.

Enregistrement et Timbre (Direction de l'). — Rue de la Banque, 13.

Entrepôts. — Des *glaces*, rue Saint-Denis, 212; — des *vins*, quai Saint-Bernard.

Etat-Major de la place de Paris. — Place Vendôme, 7.

F

Facultés. — Il y en a cinq qui constituent l'Académie de Paris, ce sont : les *Facultés des sciences, des lettres*, et de *théologie*, à la Sorbonne ; — la *Faculté de droit*, à l'Ecole de Droit, place du Panthéon, et la *Faculté de médecine*, à l'Ecole de médecine.

Fontaines. — Les plus remarquables sont les *fontaines* de l'*Arbre-Sec*, rue de ce nom ; — de l'*Archevêché*, derrière Notre-Dame ; — des *Champs-Elysées*, au rond-point et dans les massifs qui avoisinent le palais de l'Industrie ; — du *Château d'eau*, boulevard Saint-Martin ; — *Cuvier*, rue Saint-Victor, 2 ; — *Desaix*, place Dauphine ; — *Gaillon*, carrefour de ce nom ; — de *Grenelle*, rue de Grenelle-Saint-Germain, 57 ; — des *Innocents*, rue Saint-Denis, près les Halles ; — *Louvois*, rue Richelieu, en face la Bibliothèque impériale ; — de *Médicis*, dans le jardin du Luxembourg ; — *Molière*, à l'angle des rues Richelieu et de la Fontaine-Molière ; — de la *place de la Concorde*, les plus belles de Paris ; — *Saint-Michel*, place de ce nom ; — *Saint-Sulpice*, place Saint-Sulpice ; — de la *Victoire*, place du Châtelet.

Forêts (Administration des). — Rue de Luxembourg, 4.

G

Garde-Meuble, quai d'Orsay, 103. N'est pas ouvert au public.

Garde nationale (État-Major). — Place Vendôme, 22.

Gobelins (Manufacture des), rue Mouffetard, 254.

La manufacture est ouverte aux personnes munies d'une permission, soit du directeur, soit du ministère de la maison de l'Empereur, et aux étrangers sur la présentation de leurs passeports, le mercredi et le samedi, de 2 heures à 4 en été, et de 1 heure à 3 en hiver.

H

Halle au blé, rue de Viarmes. — Ouverte tous les jours.

Halles centrales, rue de Rambuteau. — Ouverte du matin au soir.

Halle aux huîtres, Halles centrales à l'angle de la rue Berger.

Halle aux cuirs, rue du Fer-à-Moulin, près le Jardin des Plantes.

Hippodrome, exercices équestres, ouvert pendant l'été. — Avenue de Neuilly, près le bois de Boulogne.

Hôpitaux. — Ils sont dirigés par les bureaux de l'Assistance publique, et le bureau central d'admission se trouve place du Parvis Notre-Dame. — L'entrée dans les hôpitaux est publique le dimanche et le jeudi, de 1 heure à trois ; à Beaujon, elle a lieu de 2 heures à 4 ; à Saint-Louis et au Midi, de midi à 2 heures. Le Maternité n'est pas ouverte au public. — Il y a consultation gratuite de médecine et de chirurgie dans tous les hôpitaux, de 8 à 9 heures du matin. Il n'y a d'exception que pour l'hôpital des Enfants malades, rue de Sèvres, où les consultations de *médecine* ont lieu à 7 heures du matin, tous les jours, excepté le dimanche et le mercredi, et les consultations de chirurgie, à la même heure, le dimanche et le jeudi.

Les hôpitaux du Gros-Caillou, du Val-de-Grâce et Saint-Martin, sont consacrés exclusivement aux militaires.

Voici le nom des hôpitaux de Paris : — *Beaujon,* rue du faubourg Saint-Honoré, 208 ; — *la Charité,* rue Jacob, 47 ; — *des Cliniques,* place de l'École-de-Médecine, 21 ; — *Cochin,* rue du Faubourg-Saint-Jacques, 47 ; — *des Enfants malades,* rue de Sèvres, 149 ; — *du Gros-Caillou,* rue Saint-Dominique, 188 ; — *l'Hôtel-Dieu,* parvis Notre-Dame ; — *Lariboisière,* rue Ambroise-Paré ; — *de Lourcine* (vénériennes), rue de Lourcine, 111 ; — *de la Maternité,* rue de Port-Royal, 7 ;

— *du Midi* (vénériens), rue des Capucins, 15; — *Necker*, rue de Sèvres, 151; — *de la Pitié*, rue Lacépède, 1; — *Saint-Antoine*, rue du Faubourg-Saint-Antoine, 184; — *Sainte-Eugénie*, rue du Faubourg-Saint-Antoine, 110; — *Saint-Louis* (spécial pour les maladies de la peau), rue Bichat, 40; *Saint-Martin*, rue des Récollets, 8; — et *le Val-de-Grâce*, rue Saint-Jacques, 277 bis.

Hospices.—Citons les hospices *de la Vieillesse* (hommes), à Bicêtre, près de Gentilly; — *de la Vieillesse* (femmes), à la Salpêtrière, boulevard de l'Hôpital, 47; — *Devillas*, à Issy (Seine); — des *Enfants assistés*, rue d'Enfer, 100; — des *Incurables* (hommes), rue Popincourt, 66; — des *Incurables* (femmes), rue de Sèvres, 42; — des *Ménages*, à Issy; — des *Quinze-Vingts* (pour les aveugles), rue de Charenton, 28; — de *La Rochefoucauld*, route d'Orléans, 15, au Petit Montrouge; — *Saint-Michel*, avenue du Bel-Air, à Saint-Mandé; — *Sainte-Perine*, rue de la Municipalité prolongée, à Auteuil; — la *Maison municipale de santé*, rue du Faubourg-Saint-Denis, 200.

Hôtel de Ville, place de ce nom, et rue de Rivoli. — Les salons sont visibles le jeudi, de midi à 4 heures, avec une permission du préfet de la Seine. — En faire la demande par lettre affranchie.

I

Imprimerie impériale. — Rue Vieille-du-Temple, 47. — Visible le jeudi, à 2 heures, sur présentation de billets délivrés par M. le directeur.

Institut. — Quai Conti, 23.

Intendance militaire, rue de Verneuil, 62.

Invalides (Hôtel des). — Visible tous les jours, de 11 heures à 5 heures. Tous les dimanches, à midi, messe avec musique militaire.

Le *Tombeau de Napoléon* est visible le lundi et le jeudi, de midi à 3 heures. — Entrée par la place Vauban.

Les *Plans en relief des places fortes de l'Empire* ne sont visibles que du 1er mai au 15 juin, avec des billets délivrés par le président du Comité des fortifications, au ministère de la guerre. En faire la demande par écrit et affranchir.

J

Jardins. — *Jardin du Luxembourg*, en face le palais du Sénat. Ouvert tous les jours du matin au soir. — Musique militaire en été, de 5 à 6 heures du soir, le mardi et le samedi. — *Jardin du Palais-Royal*, palais de ce nom, ouvert de très-grand matin, et fermé à minuit seulement. Musique militaire pendant l'été tous les jours, excepté le lundi, de 5 à 6 heures du soir. — *Jardin des Plantes*, place Walhubert et quai Saint-Bernard. Ouvert tous les jours. — La ménagerie est ouverte tous les jours, depuis 11 heures jusqu'à 4 en hiver, et 5 en été; — la bibliothèque est ouverte de 10 heures à 5, tous les jours non fériés; — les galeries d'Anatomie, de Zoologie, de Botanique, de Minéralogie et de Géologie, sont ouvertes au public le dimanche de midi à 4 heures, et le mardi et le jeudi, de 2 heures à 5; aux personnes munies de permissions, elles sont visibles le mardi, le jeudi et le samedi, de 11 heures à 2 heures. — Les serres ne sont visibles que sur permission du directeur. — L'école de Botanique est ouverte seulement aux étudiants munis d'une carte du directeur ou d'un professeur. — *Jardin des Tuileries*, ouvert tous les jours jusqu'à la nuit. — Pendant l'été, musique militaire le soir, de 5 heures à 6; — le jardin réservé à l'Empereur et la terrasse du bord de l'eau ne sont ouverts au public qu'en l'absence de la cour; — *Jardin zoologique*, voyez *Acclimatation*.

Jeu de paume. — Terrasse du jardin des Tuileries et jardin du Luxembourg.

Jeunes Aveugles (Institution des), boulevard des Invalides, 56. — On peut visiter l'établissement le mercredi, de 1 heure et demie à 5 heures, avec billets délivrés par le directeur. — Les étrangers seront admis sur la présentation de leurs passe-ports.

Jockey-Club. — Rue Scribe, 1.

L

Légion d'honneur (Chancellerie de la), rue de Lille, 64.

Longitudes (Bureau des), rue Cassini, à l'Observatoire impérial.

Lycées. — *Lycée Bonaparte*, rue Caumartin, 65 ; — *Lycée Charlemagne*, rue Saint-Antoine, 120 ; — *Lycée Louis-le-Grand*, rue Saint-Jacques, 123; — *Lycée Napoléon*, rue Clovis, 23; — *Lycée du Prince-Impérial*, à Vanves; — *Lycée Saint-Louis*, boulevard Saint-Michel, 42.

Le lycée Bonaparte et le lycée Charlemagne ne reçoivent que des externes ; les autres reçoivent des internes et des externes.

M

Manutention militaire, quai de Billy, 34. — N'est pas ouverte au public.

Marchés pour *approvisionnements* de *légumes, fruits,* etc. — Marchés d'*Aguesseau*, rue Royale et rue Boissy-d'Anglas; — *Beauvau*, rue de Cotte, au faubourg Saint-Antoine; — des *Blancs-Manteaux*, rue Vieille-du-Temple; — des *Carmes*, rue de la Montagne Sainte-Geneviève; — *Delaborde*, place de ce nom; — des *Enfants-Rouges*, rue de Bretagne; — des *Innocents*, rue Rambuteau; — de la *Madeleine*, place de ce nom, 8; — *Saint-Germain*, rue Mabillon; — *Saint-Joseph*, rue Montmartre, 142; — *Saint-Honoré*, rue du Marché Saint-Honoré; — *Saint-Martin*, rue Vaucanson ; — de *la Porte Saint-Martin*, rue du Château-d'Eau, 41; — *Saint-Maur*, rue Saint-Placide; — du *Temple*, rue de ce nom.

Marché *aux Chevaux*, boul. de l'Hôpital, le mercredi et le samedi, de 3 heures à 5 heures ; — *aux Chiens*, sur le même emplacement que le précédent, tous les dimanches ; — *aux Fleurs*, quai Napoléon, le mercredi et le samedi, place de la Madeleine, le mardi et le vendredi ; au Château d'eau ; boulevard Saint-Martin, et place Saint-Sulpice, le lundi et le jeudi ; — *aux Fourrages*, 14, boulevard d'Enfer ; — *aux vieux Habits*, place et square du Temple ; — *aux Oiseaux*, carré Saint-Martin, rue Turbigo, tous les dimanches, de midi à 4 heures.

Monnaie (Administration générale de la), quai Conti, 11.

Mont-de-Piété. — *Bureau central*, rue des Blancs-Manteaux, 16. — *Succursales* : rue Bonaparte, 14, et rue Servan, 2. — *Bureaux auxiliaires : A*, rue Joubert, 32 ; — *B*, rue des Fossés-Saint-Jacques, 11 ; — *C*, rue du Faubourg-Montmartre, 57 ; — *D*, rue de l'Échiquier, 6 ; — *E*, rue de Malte, 36 ; — *F*, rue du Faubourg-Saint-Antoine, 49 ; — *G*, rue des Prêtres-Saint-Séverin, 2 ; — *H*, rue du Vieux-Colombier, 31 ; — *J*, rue de Penthièvre, 34 ; — *K*, rue Saint-Honoré, 181. — *L*, rue Richelieu, 47 ; — *M*, rue du Mail, 34 ; — *N*, rue Sauval, 16 ; — *O*, rue Saint-Denis, 173 ; — *P*, rue du Vert-Bois, 39 ; — *R*, rue du Faubourg-Saint-Martin, 122 ; — *S*, rue du Faubourg-du-Temple, 80 ; — *T*, Grande rue des Batignolles, 54 ; — *U*, rue Buffon, 69 ; — *V*, rue Roussin, 83.

Les bureaux sont ouverts de 9 heures du matin à 8 heures du soir.

Morgue. — Place et pont de l'Archevêché, derrière Notre-Dame.

Musées : d'*Anatomie comparée*, créé par Orfila, place de l'École-de-Médecine. Il est ouvert tous les jours, sauf pendant les vacances, de 11 heures à 4 heures, aux étudiants et aux médecins. — d'*Artillerie*, place Saint-Thomas-d'Aquin. Écrire au directeur pour obtenir des billets pour le visiter et affranchir. — *de Cluny* et des *Thermes*, rue des Mathurins-Saint-Jacques et boulevard Saint-Michel ; ouvert au public tous les dimanches et jours de fêtes, de 11 heures à 4 heures. — Les étrangers sont admis à le visiter, sur présentation de leurs passe-ports, tous les jours, excepté le lundi. —

Dupuytren, à l'École de médecine ; ouvert aux étudiants et aux médecins, tous les jours, de 11 heures à 3 heures, excepté pendant les vacances. — *du Louvre*, palais du Louvre, ouvert tous les jours, excepté le lundi, de 10 heures à 4 heures. — Le Musée du Louvre comprend les musées : Algérien , Américain , Assyrien , des Dessins , Égyptien , d'Éthnographie , Étrusque , de Gravures , de la Marine, de Peinture, de Sculpture et des Souverains. — *du Luxembourg*, au palais du Sénat ; ouvert tous les jours au public, excepté le lundi, de 10 heures à 4 heures. — *des monnaies et des médailles*, à l'hôtel de ce nom, quai Conti, 11.

Museum. — Au Jardin des Plantes : Voyez ce mot

N

Navigation (Inspection de la), quai de la Tournelle.

Nourrices (Bureau central des), rue Sainte-Apolline, 18.

O

Obélisque de Louqsor. — Place de la Concorde.

Observatoire. — Barrière d'Enfer ; visible avec une autorisation du directeur.

Octroi de Paris (Direction de l'). — Place de l'Hôtel-de-Ville.

Office des Théâtres. Voyez *Théâtres.*

P

Palais *des Beaux-Arts*, rue Bonaparte, 14 ; ouvert tous les jours. — *du Corps législatif*; quai d'Orsay. — visible quand il n'y a pas séance. S'adresser au concierge. — *de l'Élysée*, rue du Faubourg-Saint-Honoré, 57 ; fermé en ce moment pour cause de réparations. — *de l'Industrie*, aux Champs-Élysées. — *de l'Institut*, quai Conti, 23 ; — *de Justice*, boulevard du Palais, dans la Cité ; ouvert tous les jours non fériés. — *de la Légion d'honneur*, rue de Lille, 64. — *du Louvre*, place et rue de ce nom. — du *Luxembourg*, rue de Vaugirard ; visible de 10 heures à 4 heures, quand il n'y a pas séance : s'adresser au concierge — du *Quai d'Orsay*, rue de Lille, 62. S'adresser au concierge pour le visiter. — *des Thermes*, rue des Mathurins-Saint-Jacques. — *des Tuileries*, place du Carrousel ; visible en l'absence de la cour, avec une permission du ministre de la maison de l'Empereur.

Palais-Royal, place de ce nom, rue Saint-Honoré, 204.

Panorama, aux Champs-Elysées, près du rond-point ; ouvert tous les jours, de 10 heures à 6 heures. — Entrée : 1 fr.

Parc de Monceaux, boulevard Malesherbes, magnifique promenade ouverte tous les jours aux piétons et même aux voitures.

Pharmacie centrale des hôpitaux civils, quai de la Tournelle, 47.

Pharmacie centrale des hôpitaux militaires, rue de l'Université, 160.

Pompes funèbres (Administration des), rue Alibert, 10.

Poste aux chevaux, rue de la Tour-des-Dames, 2.

Poudres et Salpêtres (Direction des), à l'Arsenal, rue de l'Orme.

Pré Catelan, au bois de Boulogne, près des lacs. — Concerts pendant l'été. — Entrée : 1 fr.

Préfecture de police, rue de Jérusalem.

Préfecture de la Seine, à l'Hôtel de Ville.

Prisons. — Les prisons ne sont visibles que sur présentation d'une permission de la préfecture de police ou du ministère de l'intérieur ; — *la Conciergerie*, quai de l'Horloge, 1 ; — *le Dépôt*, à la Préfecture de police ; — *les Jeunes Détenus*, rue de la Roquette, 143 ; — *La Roquette*, rue de ce nom, 168 ; — *les Madelonnettes*, rue de la Santé, 1 (Montparnasse) ; —

Mazas, boulevard Mazas, 23 ; — *Maison d'arrêt militaire*, rue du Cherche-Midi, 38 ; — *Maison d'arrêt pour la garde nationale*, rue de Boulainvilliers, 5, à Passy ; — *Saint-Lazare*, rue du Faubourg-Saint-Denis, 107 ; — *Sainte-Pélagie*, rue du Puits-de-l'Ermite, 14.

Prudhommes (Conseil des), au Tribunal de commerce. Les bureaux sont ouverts de 9 heures à 4 heures, les jours non fériés.

Puits artésiens : *de Grenelle*, place Fontenoy, derrière l'École militaire ; — *de Passy*, à l'angle de la rue du Petit-Parc et de l'avenue de Saint-Cloud.

R

Retraites pour la vieillesse (Caisse de), rue de Lille, 56.

S

Sainte-Chapelle, au Palais de Justice, boulevard du Palais. — Visible tous les jours, excepté le dimanche, de 11 heures à 4 heures, avec une permission délivrée par le ministre d'État.

Sèvres (Manufacture impériale de), à Sèvres, station du Chemin de fer de l'Ouest, à 12 kilomètres de Paris. — *Les ateliers* ne sont visibles qu'avec l'autorisation du directeur. — *Le musée céramique* est visible le Jeudi ; les autres jours, il faut une permission du ministère de la maison de l'Empereur. — *Les collections* de porcelaines sont visibles tous les jours non fériés, de 11 heures à 4 heures.

Sourds-muets (Institution impériale des), rue Saint-Jacques, 256. — L'établissement est visible le samedi, avec l'autorisation du directeur.

Statues *de Henri IV*, sur le terre plein du Pont-Neuf ; — *de Louis XIII*, place Royale ; — *de Louis XIV*, place des Victoires ; *de Molière*, à l'angle des rues Richelieu et de la Fontaine-Molière ; — *du maréchal Ney*, carrefour de l'Observatoire ; — *du Prince-Eugène*, place et boulevard de ce nom.

T

Tabacs (Manufacture des), quai d'Orsay, 63.

Tattersall, rue Beaujon, 22, aux Champs-Élysées.

Télégraphes (Administration générale des), au ministère de l'intérieur, rue de Grenelle-Saint-Germain, 103.

Théâtres. —

Pour toute espèce de renseignements relatifs aux théâtres, bals, concerts, courses, etc., s'adresser à l'*Office des théâtres*, boulevard des Italiens, 15.

On y trouvera des coupons de places de choix numérotées pour tous les théâtres, bals, concerts, etc. Un bureau succursale est installé pour le même objet dans l'enceinte de l'Exposition universelle, au théâtre International, place du Phare. Les employés y donnent avec autant d'empressement que de politesse tous les renseignements désirables.

Timbre impérial (Direction du), rue de la Banque, 11.

Tir national, à Vincennes, près du Donjon.

Tour Saint-Jacques, square de ce nom, à l'angle de la rue de Rivoli et du boulevard Sébastopol. — S'adresser au gardien pour monter au sommet.

Tribunal de commerce, boulevard du Palais, en face le Palais de justice.

V

Val-de-Grâce. rue Saint-Jacques, 277 bis.

PLACES	OPÉRA 1800 places	ITALIENS 1550	OPÉRA-COMIQUE 1,500	THÉÂTRE-LYRIQUE 1,300	FRANÇAIS 1,400	ODÉON 1,465	GYMNASE 1,050	AMBIGU-COMIQUE 1,900	TH. DU CHATELET 2,400	GAITÉ 1,800	PALAIS-ROYAL 950	PORTE ST-MARTIN 1,800	VARIÉTÉS 1,240	VAUDEVILLE 1,300	BOUFFES-PARISIENS 900	LUXEMBOURG 980	DÉJAZET 700
	f. c.	f. c.	f. c.	f. c.	f. c.	f. c.	f. c.	f. c.	f. c.	f. c.	f. c.	f. c.	f. c.	f. c.	f. c.	f. c.	f. c.
Avant-scènes de rez-de-chaussée.	12 »	15 »	8 »	8 »	9 »	8 »	8 »	6 »		6 »	6 »	9 »	8 »	6 »	6 »	3 »	5 »
Avant-scènes des premières loges.	12 »	15 »	8 »	8 »	9 »	8 »	8 »	6 »		6 »	6 »	9 »	8 »	6 »	6 »	3 »	5 »
Fauteuils de balcon.	»	14 »	7 »	6 »	6 »	5 »	6 »	6 »	5 »		5 »	7 »	5 »	6 »	5 »	2 »	2 50
Premières de face.	12 »	15 »	8 »	6 »	7 »	5 »	8 »	6 »		6 »		7 »	5 »	6 »	5 »	3 »	2 »
Premières de côté.	»	»	7 »	5 »		5 »	5 »	4 »		5 »		5 »	4 »	5 »	4 »		
Deuxièmes de face.	8 »	10 »	6 »	5 »	6 »	3 »	5 »	2 50	»	3 »	4 »	4 50	4 »	4 »	4 »	1 »	75
Deuxièmes de côté.	7 »	8 »	5 »	5 »		3 »	3 »	»		3 »		2 50	3 »	3 »	3 »	»	50
Orchestre.	»	14 »	6 »	6 »	6 »	»	6 »	5 »	5 »	5 »	6 »	5 »	5 »	5 »	»	2 50	2 50
Stalles d'orchestre.	10 »	7 »	4 »	5 »		5 »	»	3 »	4 »	3 »	4 »	4 50	5 »	»	2 »	1 25	2 50
Fauteuils de première galerie. .	»	»	7 »	»	4 »	»	4 »	3 »	3 »	3 »		5 »	»	5 »	2 50	
Stalles de balcon.	12 »	»	7 »	4 »	»	3 »	»	3 »	5 »	3 »	4 »	5 »	5 »	5 »	2 50	
Baignoires.	8 »	»	6 »	6 »	4 »	3 »	5 »	3 »	4 »	4 »		7 »	»	5 »	1 25	1 25
Deuxième galerie.	»	»	3 »	»	4 »	2 50	»	2 »	3 »	3 »	»	2 50	5 »	»	2 »	1 »	
Troisièmes de face.	6 »	6 »	2 »	3 »	»	1 »	»	1 50	»	2 »	2 50	2 »	2 50	2 »	1 »	
Troisièmes de côté.	4 »	»	1 50	»	»	»	2 »	»	2 »	»	2 »	2 »	2 »		
Troisième galerie.	»	6 »	»	2 50	2 50	1 »	»	1 »	2 »	2 »	1 50	2 »	2 »	2 »		
Parterre.	5 »	»	2 50	2 50	2 50	2 »	2 »	1 50	2 »	1 50	2 »	2 »	2 50	2 »	»	75	1 »
Amphithéâtre.	2 50	3 »	1 »	1 »	1 »	»	50	1 »	»	50	1 »	»	»	50	1 »	1 »	»	75	75

VOITURES

Les voitures publiques se divisent en voitures de grande remise, voitures de place et de remise et omnibus.

Les cochers, sauf pour les omnibus, doivent remettre aux voyageurs une carte portant le numéro de la voiture, afin de faciliter les réclamations en cas de litige ou de perte d'objets. Les objets perdus doivent être réclamés directement à M. le préfet de police.

1° Voitures de grande remise

Il existe plusieurs établissements de voitures de grande remise où on trouve des coupés, des calèches et des victorias, à un cheval ou à deux chevaux, qu'on loue à la demi-journée, à la journée, à la semaine ou au mois. Les prix se débattent de gré à gré et varient de 25 à 40 francs pour une journée. Il est communément de 600 à 700 francs par mois. Le pourboire est compris dans ces chiffres.

Voici l'adresse des principaux établissements :

COMPAGNIE PARISIENNE, siége social, rue de l'Université, 153.

Principales stations : Rue Boissy-d'Anglas, 7.— Rue de Ponthieu, 55.— Rue Neuve-Saint-Augustin, 22. — Rue d'Astorg, 11.— Rue de Grenelle-Saint-Germain, 48.

BRION, rue Basse-du-Rempart, 48.
DAUX-BRYARD, rue d'Aguesseau, 8.
GLADE, rue des Petites-Écuries, 17.
PAULUS, rue Duguay-Trouin, 6 et 8.
GUIOT et BRAUDIN, rue Boissy-d'Anglas, 55.
LANGUET, rue Saint-Lazare, 95.
RIVIÈRE, avenue Marbeuf, 10 ter.

2° Voitures de place et de remise

Le tarif des voitures de place et de remise, approuvé par M. le préfet de police, est applicable depuis le 15 juin 1866.

TARIF MAXIMUM

DANS L'INTÉRIEUR DE PARIS				
De 6 heures du matin, en été (du 31 mars au 1er octobre) et de 7 heures du matin, en hiver (du 1er octobre au 31 mars) à minuit 30 minutes			De minuit 30 minutes à 6 heur. du matin en été, et à 7 h. du matin en hiver	
Voitures de place et voitures de remise se chargeant sur la voie publique :	**La course** —	**l'heure** —	**La course** —	**l'heure** —
A 2 et 3 places.......	1 50	2 »	2 25	2 50
A 4 et 5 places.......	1 70	2 25	2 50	2 75
Voitures de remise prises dans les lieux de remisage :				
A 2 et 3 places.......	1 80	2 25	3 »	3 »
A 4 et 5 places.......	2 »	2 50		

AU DELA DES FORTIFICATIONS					
Bois de Boulogne Bois de Vincennes et communes contiguës à Paris	De 6 heures du matin à minuit en été à 10 heures du soir en hiver		Indemnités pour le transport des colis confiés au cocher		
	quand les voyageurs rentreront avec la voiture dans Paris	quand les voyageurs quitteront la voiture hors des fortifications	1 colis	2 colis	3 colis et au-dessus
Voitures de place et voitures de remise chargeant sur la voie publique :	La course et l'heure —	indemnité de retour			
A 2 et 3 places.......	2 50	1 »	0 25	0 50	0 75
A 4 et 5 places.......	2 75	1 »	0 25	0 50	0 75
Voitures de remise prises dans les lieux de remisage :					
A 2 et 3 places.......	»	2 »	0 25	0 50	0 75
A 4 et 5 places.......	»	2 »	0 25	0 50	0 75

DISPOSITIONS RÉGLEMENTAIRES

INHÉRENTES AU TARIF

§ 1er. Les cochers sont tenus de se rendre au domicile du voyageur pour y charger. Lorsque le temps employé pour leur déplacement et l'attente du voyageur excède 15 minutes, le tarif à l'heure est appliqué à partir du moment où la voiture a été louée.

§ 2. Lorsqu'un cocher s'est rendu à domicile et n'est pas employé, il lui est payé la moitié du prix d'une course ordinaire si le temps employé pour le déplacement et l'attente ne dépasse pas un quart d'heure ; le prix entier d'une course si le temps excède un quart d'heure.

§ 3. Les cochers loués à la course ont le droit de suivre la voie la plus courte ou la plus facile ; ils ne peuvent prétendre qu'au prix de la course, lorsque, sans s'écarter de l'itinéraire, ils sont requis de déposer pendant le trajet un ou plusieurs voyageurs. Ils ont le droit au prix de l'heure lorsque, ayant été loués pour une course, ils sont requis de changer l'itinéraire le plus direct pour se rendre à destination, ou lorsque les voyageurs font décharger des colis placés à l'extérieur de la voiture.

§ 4. Les cochers loués à l'heure doivent suivre l'itinéraire indiqué par le voyageur.

§ 5. Les cochers loués à la course et les cochers loués à l'heure (sauf le cas où ces derniers soient requis par les voyageurs d'aller au pas), doivent faire marcher leurs chevaux de manière à parcourir 8 kilomètres à l'heure pour les voitures de place et 10 kilomètres pour les voitures de remise.

§ 6. La première heure est due intégralement, lors même qu'elle ne serait pas entièrement écoulée. Le temps excédant la première heure est payé proportionnellement à sa durée.

§ 7. Les cochers pris à la course où à l'heure avant minuit 50 minutes, qui arrivent à destination après cette heure, n'ont droit qu'au prix fixé pour le jour, pour la course ou pour la première heure.

Les cochers pris à la course ou à l'heure avant six heures du matin en été et sept heures en hiver, ont droit au tarif de nuit pour la course et la première heure, quand bien même ils arriveraient à destination après ces heures.

§ 8. De 6 heures du matin à 10 heures du soir en hiver et minuit en été, les cochers ne seront tenus de franchir les fortifications, pour conduire des voyageurs dans les bois de Boulogne et de Vincennes ou dans les communes contingües à Paris, qu'autant qu'ils auront été pris à l'heure.

Ils ne seront pas tenus de franchir les fortifications après dix heures du soir en hiver et minuit en été, ni de conduire en aucun temps des voyageurs dans les communes dont le territoire n'est pas contigu à Paris.

Le transport dans ces communes, de même que le transport dans les autres, après dix heures du soir en hiver, et minuit en été, est réglé de gré à gré.

Les communes dont le territoire est contigu à Paris sont : Charenton, les Prés-Saint-Gervais, Saint-Mandé, Montreuil, Bagnolet, Romainville, Pantin, Aubervilliers, Saint-Ouen, Saint-Denis, Clichy, Neuilly, Boulogne, Issy, Vanves, Montrouge, Arcueil, Gentilly, Ivry et Vincennes.

Tout cocher qui sera pris avant dix heures du soir en hiver, et minuit en été, pour se rendre, soit dans les bois de Vincennes ou de Boulogne, soit dans les communes dont le territoire est contigu à Paris, ne pourra exiger, lors même qu'il arriverait à destination après dix heures ou minuit, suivant la saison, un salaire plus élevé que celui qui résulte du tarif du jour.

§ 9. Lorsque les chevaux ont été employés par le même voyageur, à l'extérieur, pendant deux heures sans aucun repos, le cocher peut les faire reposer pendant vingt minutes; ce temps de repos est à la charge du voyageur.

§ 10. Lorsqu'un cocher est loué en dehors des fortifications à destination de Paris, il n'a droit qu'au prix du tarif de l'heure dans l'intérieur de Paris.

§ 11. Lorsqu'un cocher est loué dans l'intérieur de Paris pour conduire directement dans l'une des communes dont le territoire est contigu aux fortifications, le tarif de l'extérieur lui est dû à partir de la location.

Lorsqu'un voyageur, après avoir employé une voiture à l'heure ou à la course dans l'intérieur de Paris, se fait conduire hors des fortifications, le temps employé dans Paris est compté suivant le tarif de l'intérieur; le temps employé au delà des fortifications est compté suivant le tarif de l'extérieur.

§ 12. Tous les colis que le voyageur fait placer sur l'impériale des voitures ou le siége des cochers, quels que soient leur nature ou leur volume, seront assujettis à la taxe fixée ci-dessus.

Les cochers sont tenus d'en effectuer le chargement et le déchargement.

Ne sont pas regardés comme colis, et doivent être dès lors transportés gratuitement, les cartons, sacs de voyage, valises, parapluies, cannes, épées, et généralement tous les objets que les voyageurs peuvent porter à la main ou tenir dans l'intérieur de la voiture sans la détériorer.

§ 13. Les droits de péage pour le passage des ponts ou bacs ne seront à la charge des voyageurs que lorsque ceux-ci auront demandé à y passer.

§ 14. Dans aucun cas, les cochers ne pourront exiger de pour-boire.

OBSERVATION.

Le tarif du prix de la course et de l'heure adopté par chaque loueur de voitures de place ou de remise devra être affiché dans l'intérieur de ses voitures et délivré à chaque voyageur.

(Ce tarif ne pourra jamais dépasser les fixations du tableau précédent, ni supprimer aucune des catégories de prix indiquées dans ce tableau.) L'application en sera réglée par les dispositions qui suivent le tableau et qui sont déclarées inhérentes au tarif même.

Quel que soit le tarif applicable au service spécial d'une voiture de remise, lorsqu'elle stationnera ou chargera sur la voie publique, le cocher ne pourra rien exiger au delà des prix fixés ci-dessus pour les voitures de place.

OMNIBUS

La Compagnie générale des omnibus a des services organisés dans Paris sur 31 lignes ; prix à l'intérieur, 30 centimes ; sur l'impériale, 15 centimes. — Les enfants *au-dessus* de *quatre* ans payent place entière ; au-dessous de cet âge, ils doivent être tenus sur les genoux.

Les sous-officiers et soldats *en uniforme* ne payent que 15 centimes dans l'intérieur, et ont droit à la correspondance.

Il est établi, de distance en distance, des bureaux de correspondance où les voyageurs peuvent changer de ligne sans surtaxe, pourvu qu'ils aient réclamé, en payant leur place, un bulletin de correspondance. Les voyageurs de l'impériale doivent payer 30 centimes pour jouir de la correspondance. Ce bulletin doit être remis au conducteur au moment où l'on monte en voiture, à la station où l'on change de véhicule. Voici l'itinéraire direct des 31 lignes ; les lettres en petites capitales indiquent les lignes de correspondance.

Ligne A, d'Auteuil au Palais-Royal.

Embarcadère d'Auteuil. — Grande rue d'Auteuil. — Rue de la Fontaine. — Rue Boulainvilliers. — Place de la Mairie de Passy ; correspondance : AB. — Grande rue de Passy. — Rue Benjamin-Delessert. — Rue des Batailles. — Avenue Sainte-Marie. — Quai de Billy (pont de l'Alma) ; correspondance : AD. — Cours-la-Reine ; correspondance : AC, AF. — Place de la Concorde. — Rue de Rivoli. Place du Palais-Royal ; correspondance : D, G, H, Q, R, S, X, Y.

Ligne AB, de Passy à la place de la Bourse.

Place de la Mairie (à Passy) ; correspondance : A. — Grande rue. — Rue de la Pompe. — Avenue d'Eylau. — Barrière de l'Étoile. — Avenue Friedland. — Faubourg-Saint-Honoré, 117 ; correspondance : D, R. — Rue Royale-Saint-Honoré ; correspondance : B, AC, R, AF. — Boulevard de la Madeleine ; correspondance : E, F. — Boulevard des Capucines. —

Boulevard des Italiens; correspondance : **E, M.** — Boulevard Montmartre. — Rue Vivienne. — Place de la Bourse ; correspondance : **F,
I, V.**

Ligne AC, de la Petite-Villette au Cours-la-Reine.

Rue d'Allemagne. — Boulevard de la Villette; correspondance ; **M.** —
Rue La Fayette. — Rue de Dunkerque, 17. — Boulevard de Denain; correspondance : **K, V.** — Rue La Fayette; correspondance : **B, I, T.** — Rue
de Provence. — Chaussée-d'Antin. — Boulevard des Capucines. — Rue
de la Paix. — Place Vendôme. — Rue Saint-Honoré. — Rue Royale-
Saint-Honoré, 15; correspondance : **AB, B, D, R, AF.** — Place de la
Concorde. — Cours-la-Reine; correspondance : **A, AF.** *Chemin de fer
américain.*

Ligne AD, du Château d'eau au pont de l'Alma.

Château d'eau ; correspondance : **E, N, AE.** — Boulevard Saint-Martin.
— Rue du Temple. — Rue de Rivoli. — Hôtel de Ville. — Boulevard de
Sébastopol ; correspondance : **G, J, K, O, Q, R, S, U, AG.** — Rue Saint-
Denis. — Quai de la Mégisserie. — Pont Neuf. — Place Dauphine; cor-
respondance : **I, O, V.** — Rue Dauphine. — Rue et carrefour Buci. —
Rue de Seine. — Rue Jacob. — Rue de l'Université. — Rue Bellechasse.
— Rue Saint-Dominique; correspondance : **AF, Y.** — Esplanade des In-
valides. — Rue de l'Université (Gros-Caillou). — Boulevard et pont
de l'Alma ; correspondance : **A.** — *Chemin de fer américain.*

Ligne AE, de Vincennes aux Arts-et-Métiers.

Vincennes (en face du fort). — Route de Vincennes. Place du Trône;
correspondance : **Q.** — Boulevard du Prince-Eugène; correspondance :
P. — Boulevard du Temple; correspondance : **N, E, AD.** — Boulevard
Saint-Martin. — Porte Saint-Martin; correspondance : **L, N, T, Y.** —
Rue Saint-Martin. — Rue Sainte-Apolline. — Boulevard Sébastopol. —
Square des arts et métiers.

Ligne AF, du Panthéon à la place de Courcelles.

Place du Panthéon. — Rue Soufflot; correspondance : **J.** — Rue Mon-
sieur-le-Prince. — Rue Saint-Sulpice. — Place Saint-Sulpice, 4 et 8,
correspondance : **H, L, O, Z.** — Rue du Vieux-Colombier. — Rue de
Grenelle-Saint-Germain, 4; correspondance : **V.** — Rue de Grenelle-Saint-
Germain, 169; correspondance : **X, Z.** — Rue Bellechasse. — Rue Saint-
Dominique. — Rue de Bourgogne ; correspondance : **Y, AD.** — Pont
de la Concorde. — Place de la Concorde. — Cours-la-Reine ; correspondance : **A, AC.** — Voie ferrée. — Rue Royale-Saint-Honoré, 15; correspondance : **AB, AC, B, D, R.** — Place de la Madeleine; correspondance :
E, F. — Boulevard Malesherbes. — Parc Monceaux; correspondance : **M.**
— Boulevard de Neuilly. — Place de Courcelles.

Ligne AG, de Montrouge au chemin de fer de l'Est.

Route d'Orléans. — Boulevard d'Enfer. — Boulevard Saint-Michel, 21 ; correspondance : **J, K, Z.** — Place du Pont-Saint-Michel ; correspondance : **I, J, L.** — Pont Saint-Michel. — Boulevard du Palais. — Pont au Change. — Boulevard de Sébastopol ; correspondance : **G, J, K, AD, O, Q, R, S, U.** — Square des Arts-et-Métiers ; correspondance **AE.** — Boulevard de Strasbourg. — Chemin de fer de l'Est ; correspondance : **B, L.**

Ligne B, de Chaillot au chemin de fer de l'Est.

Rue de Chaillot. — Avenue des Champs-Élysées ; correspondance : **C.** — Rue Matignon. — Faubourg-Saint-Honoré. — Rue Royale-Saint-Honoré ; correspondance : **AB, D, AC, R, AF.** — Place et boulevard de la Madeleine ; correspondance : **E, F.** — Rue Tronchet. — Rue de la Ferme-des-Mathurins. — Place du Havre ; correspondance : **X, F.** — Rue Saint-Lazare ; correspondance : **G.** — Rue Olivier ; correspondance : **H, J.** — Rue Lamartine. — Rue Montholon. — Rue La Fayette ; correspondance : **I, T.** — Rue Papillon ; correspondance : **AC, T, V.** — Rue de Paradis. — Rue de la Fidélité. — Boulevard et rue de Strasbourg ; correspondance : **L, AG.**

Nota. Moyennant un supplément, ces voitures correspondent pour Pantin et les Prés-Saint-Gervais.

Ligne C, de Courbevoie au Louvre.

Rue de Paris, à Courbevoie. — Quai du Port-Napoléon. — Pont de Neuilly. — Avenue de Neuilly. — Avenue de la Grande-Armée. — Arc de triomphe. — Avenue des Champs-Élysées ; correspondance : **B.** — Place de la Concorde. — Rue de Rivoli. — Palais-Royal, rue du Louvre ; correspondance : **G, I, Q, R, S, V.**

Nota. Moyennant un supplément de prix, correspondance avec les voitures de banlieue pour Puteaux et Suresnes.

Les voitures de cette ligne passent par le faubourg Saint-Honoré, de 5 à six heures, au lieu de suivre l'avenue des Champs-Élysées.

Ligne D, des Ternes au boulevard des Filles-du-Calvaire.

Avenue des Ternes. — Boulevard de Wagram ; correspondance : **M.** — Rue du Faubourg-Saint-Honoré ; correspondance : **AB, R.** — Rue Royale ; correspondance : **B, AC, AF.** — Place et boulevard de la Madeleine ; correspondance : **E, F.** — Rue Duphot. — Rue Saint-Honoré ; correspondance : **A, G, H, Q, R, X, Y.** — Rue du Louvre ; correspondance : **I, S, V.** — Rue des Prouvaires. — Pointe Saint-Eustache ; correspondance : **F, J, U.** — Rue Montorgueil. — Rue Mauconseil. — Rue Saint-Denis. — Rue Greneta. — Rue Saint-Martin. — Rue Réaumur. —

Rue Phélippeaux. — Rue du Temple. — Rue de Bretagne. — Rue des Filles-du-Calvaire. — Boulevard des Filles-du-Calvaire; correspondance: **E, O.**

NOTA. Aux Ternes, correspondance avec Puteaux et Suresnes.

Ligne E, de la Madeleine à la Bastille.

Boulevard de la Madeleine; correspondance: **AB, B, D, F, AF.** — Boulevard des Capucines. — Boulevard des Italiens; correspondance: **AB, H.** — Boulevard Montmartre. — Boulevard Poissonnière. — Boulevard Bonne-Nouvelle. — Boulevard Saint-Denis; correspondance: **K, N.** — Porte Saint-Denis. — Porte Saint-Martin; correspondance: **L, T, Y, N, AD, AE.** — Boulevard des Filles-du-Calvaire; correspondance: **D, O.** — Boulevard Beaumarchais. — Place de la Bastille; correspondance: **F, P, Q, R, S, Z.** — Et avec le service de banlieue de Charenton-le-Pont.

Ligne F, de Batignolles-Monceaux à la Bastille.

Route d'Asnière. — Rue de Lévis. — Rue du Havre. — Rue du Rocher. — Place du Havre; correspondance: **X, B.** — Rue de la Ferme-des-Mathurins. — Rue Tronchet. — Place et boulevard de la Madeleine; correspondance: **AB, B, D, E, AF.** — Boulevard des Capucines. — Rue Neuve Saint-Augustin. — Rue des Filles-Saint-Thomas. — Place de la Bourse; correspondance: **AB, I, V.** — Rue Notre-Dame-des-Victoires. — Place des Victoires. — Rue de Catinat; correspondance: **N.** — Rue de la Vrillière. — Rue Croix-des-Petits-Champs; correspondance: **I, N, V.** — Rue Coquillière. — Pointe Saint-Eustache; correspondance: **D, J, U.** — Rue de Rambuteau; correspondance: **T.** — Rue de Paradis. — Rue des Francs-Bourgeois. — Rue Neuve-Sainte-Catherine. — Rue des Vosges. — Boulevard Beaumarchais; 2 correspondances: **E, P, Q, R, S, Z.** — Et avec le service de banlieue de Charenton-le-Pont.

Ligne G, de Batignolles-Monceaux au Jardin des Plantes.

Place de la Mairie. — Rue de l'Hôtel-de-Ville. — Boulevard des Batignolles de Clichy; correspondance: **H, M.** — Rue de Clichy. — Rue Saint-Lazare; correspondance: **B.** — Rue Louis-le-Grand. — Rue du Port-Mahon. — Rue d'Antin. — Marché Saint-Honoré. — Rue Saint-Honoré. — Place du Palais-Royal; correspondance: **A, D, H, Q, R, X, Y.** — Rue de Rivoli. — Rue du Louvre; correspondance: **C, I, S, V.** — Rue de Rivoli. — Place du Châtelet; correspondance: **J, K, AD, O, Q, R, S, U, AG.** — Avenue Victoria. — Rue Saint-Martin. — Pont Notre-Dame. — Rue de la Cité. — Petit-Pont. — Rue Galande. — Place Maubert. — Rue Saint-Victor. — Fontaine Cuvier; correspondance: **U.**

Ligne M, de Batignolles-Clichy à l'Odéon.

Avenue de Clichy. — Ancienne barrière de Clichy; correspondance : G, M. — Rue Fontaine. — Rue Fontaine-Saint-Georges. — Rue Notre-Dame-de-Lorette. — Rue Olivier; correspondance : B, J. — Rue Laffitte. — Boulevard des Italiens; correspondance : AB, E. — Rue de Richelieu. — Rue Saint-Honoré, 155; correspondance : A, D, G, Q, R, X, Y. — Place du Palais-Royal. — Rue de Rivoli. — Place du Carrousel. — Quai des Tuileries. — Pont du Carrousel. — Quai Voltaire. — Rue des Saints-Pères. — Rue Taranne. — Rue du Dragon. — Croix-Rouge; correspondance : V, Z. — Rue du Vieux-Colombier. — Place Saint-Sulpice, correspondance : L, O, AF, Z. — Rue Saint-Sulpice. — Rue de Tournon. Rue de Vaugirard. — Odéon.

Ligne I, de Montmartre à la Halle aux vins.

Rue Marcadet. — Chaussée de Clignancourt. — Rue de Rochechouart. — Rue Meyran. — Rue La Fayette, 79; correspondance : B, T. — Rue de Trévise. — Rue Richer. — Rue Geoffroy-Marie. — Faubourg et boulevard Montmartre. — Rue Vivienne. — Place de la Bourse; correspondance : AB, F, V. — Rue Vivienne. — Rue Neuve-des-Petits-Champs. — Rue de la Feuillade. — Place des Victoires. — Rue Croix-des-Petits-Champs; correspondance : F, N, V. — Rue Saint-Honoré. — Rue du Louvre; correspondance : C, D, Q, G, R, S. — Rue de l'Arbre-Sec. — Rue de Rivoli. — Rue de la Monnaie. — Pont Neuf. — Place Dauphine; correspondance : AD, O, V. — Quai des Orfévres. — Place du Pont-Saint-Michel; correspondance : I, J, K, L, AG. — Quai Saint-Michel. — Quai Montébello. — Rue du Haut-Pavé. — Place Maubert. — Boulevard Saint-Germain, 14; correspondance : G, T, U, Z.

Ligne J, des Martyrs au boulevard Saint-Jacques.

Boulevard de Clichy; correspondance : M. — Rue des Martyrs. — Rue Olivier; correspondance : B, H. — Rue du Faubourg-Montmartre. — Rue Montmartre. — Pointe Saint-Eustache; correspondance : D, F, U. — Rue de Rambuteau. — Rue des Halles-Centrales. — Rue Saint-Denis. — Boulevard Sébastopol. — Place du Châtelet; correspondance : G, K, AD, O, Q, R, S, U, AG. — Pont au Change. — Boulevard du Palais. — Place du Pont-Saint-Michel; correspondance I, K, L, AG. — Pont Saint-Michel. — Boulevard Saint-Michel; correspondance : K, Z, AG. — Rue Soufflot; correspondance : AF. — Rue et faubourg Saint-Jacques. — Boulevard d'Italie. — Rue de la Glacière.

Ligne K, de la Chapelle au Collége de France.

Grande-Rue de la Chapelle; correspondance : M. — Rue du Faubourg-Saint-Denis. — Rue de Dunkerque. — Boulevard de Denain; correspondance : AC, V. — Boulevard de Magenta. — Faubourg Saint-Denis.

— Porte Saint-Denis ; correspondance : **E, N, T.** — Rue Saint-Denis. —
Place du Châtelet ; correspondance : **G, J, AD, O, Q, R, S, U, AG.** —
Pont au Change. — Boulevard du Palais. — Pont Saint-Michel ; corres-
pondance : **I, J, L, AG.** — Boulevard Saint-Michel ; correspondance :
J, Z, AG. — Rue des Écoles. — Collège de France.

Ligne L, de la Villette à la place Saint-Sulpice.

Rue de Flandre. — Boulevard de la Villette ; correspondance : **M,
AC.** — Rue du Faubourg-Saint-Martin, 242 ; correspondance : chemin de
fer de l'Est **B, AG.** — Porte Saint-Martin ; correspondance : **E, N, AE,
T, Y.** — Rue Saint-Martin. — Pont Notre-Dame. — Quai aux Fleurs. —
Rue de la Cité. — Petit-Pont. — Quai Saint-Michel. — Place du Pont-
Saint-Michel ; correspondance : **I, J, K, AG.** — Rue Saint-André-des-
Arts. — Rue et carrefour de Buci. — Rue de Seine. — Carrefour de
l'Odéon. — Rue Saint-Sulpice. — Place Saint-Sulpice ; correspondance :
H, O, AF, Z.

Ligne M, des Ternes à Belleville.

Avenue de Wagram ; correspondance : **D.** — Boulevard de Courcelles.
— Boulevard de Monceaux ; correspondance : **AF.** — Boulevard des Batignolles. — Boulevard de Clichy, 60 ; correspondance : **G, H.** — Boulevard
de Clichy, 8 ; correspondance : **J.** — Boulevard de Rochechouart. —
Boulevard de la Chapelle ; correspondance : **K.** — Boulevard de la Villette. — Boulevard de Belleville.

Ligne N, de Belleville à la place des Victoires.

Rue de Paris. — Boulevard de Belleville. — Faubourg du Temple. —
Boulevard du Temple ; correspondance : **E, AD, AE.** — Boulevard Saint-
Martin ; correspondance : **L, AE, T, Y.** — Boulevard et porte Saint-Denis ;
correspondance : **E, K, T.** — Rue Saint-Denis. — Rue d'Aboukir. — Place
des Victoires. — Rue Croix-des-Petits-Champs. — Rue de la Vrillière. —
Rue Catinat ; correspondance : **F, I, V.**

Nota. Moyennant un supplément de prix, les voitures de cette ligne
correspondent, au bureau de Belleville, rue de Paris, 25, avec le service
de banlieue pour Romainville.

Correspondance gratuite pour la grande place de Belleville.

Ligne O, de Ménilmontant à la Chaussée du Maine.

Rue Oberkampf. — Boulevard du Temple ; correspondance : **D, E.** —
Rue Commines. — Rue Froissart. — Rue Vieille-du-Temple. — Rue de
Rivoli ; correspondance : **T.** — Boulevard de Sébastopol (tour Saint-Jacques) ; correspondance : **G, J, K, AD, Q, R, S, U, AG.** — Place du Châtelet. — Quai de la Mégisserie. — Pont Neuf. — Place Dauphine ; correspondance : **I, AD, V.** — Rue Dauphine. — Rue de l'Ancienne-Comédie.

— Carrefour de l'Odéon. — Rue Saint-Sulpice; correspondance: **H, L, AF, Z**. — Rue Bonaparte. — Rue de Vaugirard. — Rue de Rennes. — Boulevard Montparnasse. — Rue de Montparnasse. — Rue de la Gaîté, Chaussée du Maine, 51.

Ligne P, de Charonne à la place d'Italie.

Place de Charonne. — Rue de Paris. — Boulevard de Charonne. — Boulevard de Ménilmontant. — Père-la-Chaise. — Rue de la Roquette. — Boulevard du Prince-Eugène, 130; correspondance: **AE**. — Place de la Bastille; correspondance: **E, F, Q, R, S, Z**. — Boulevard Contrescarpe. — Place Mazas. — Pont d'Austerlitz. — Place Walhubert. — Rue de la Gare; correspondance: **T**. — Boulevard de l'Hôpital. — Place d'Italie; correspondance: **U**.

Nota. Les voitures de cette ligne correspondent à la Bastille avec le service de banlieue pour Charenton-le-Pont.

Ligne Q, de la place du Trône au Palais-Royal.

Place du Trône; correspondance: **AE**. — Rue du Faubourg-Saint-Antoine. — Place de la Bastille; correspondance: **E, F, P, R, S, Z**. — Rue Saint-Antoine. — Rue du Petit-Musc. — Quai des Célestins. — Quai Saint-Paul. — Quai des Ormes. — Quai de la Grève. — Quai Le Peletier. — Quai de Gèvres. — Place du Châtelet; correspondance: **G. J, K, AD, O, U, AG**. — Boulevard Sébastopol. — Quai de la Mégisserie. — Quai de l'École. — Place du Louvre; correspondance: **I, C, V**. — Rue de Rivoli. — Palais-Royal; correspondance: **A, D, G, H, R, X, Y**.

Nota. A la Bastille, les voitures de cette ligne correspondent avec le service de banlieue pour Charenton-le-Pont.

Ligne R, de Charenton à Saint-Philippe du Roule.

Rue de Charenton. — Place de la Bastille; correspondance: **E, F, P, Q, S, Z**. — Rue Saint-Antoine. — Rue de Rivoli; correspondance: **T**. — Boulevard Sébastopol; correspondance: **G, J, K, AD, O, U, AG**. — Rue de Rivoli. — Rue du Louvre; correspondance: **C, I, S, V**. — Rue Saint-Honoré; correspondance; **A, D, G, H, Q, X, Y**. — Rue de Rohan. — Rue de Rivoli. — Rue Royale-Saint-Honoré; correspondance: **AB, B, AC, AF**. — Rue du Faubourg-Saint-Honoré. — Saint-Philippe du Roule; correspondance: **AB, D**.

Nota. Les voitures de cette ligne correspondent: 1° à la Bastille, avec le service de banlieue pour Charenton-le-Pont; 2° à la barrière Charenton on trouve des voitures petite Messagerie pour Charenton, Saint-Maurice, Gravelle, Alfort, Creteil.

Ligne S, de Bercy au Louvre.

Boulevard de Bercy. — Quai de la Râpée. — Boulevard Mazas. — Rue de Lyon. — Place de la Bastille; correspondance: **E, F, P, Q, R, Z**. —

Rue Saint-Antoine. — Rue de Rivoli; correspondance: **T.** — Rue de la Coutellerie. — Avenue Victoria. — Boulevard Sébastopol; correspondance: **G, J, K, AD, O, U, AG.** — Rue de Rivoli. — Rue du Louvre; correspondance: **C, D, G, I, R, V.**

Nota. Moyennant un supplément de prix, les voitures de cette ligne donnent la correspondance sur le quai de Bercy avec le service de banlieue pour Charenton-le-Pont.

Ligne T, de la gare d'Ivry à la place Cadet.

Quai de la Gare. — Quai d'Austerlitz. — Place Walhubert; correspondance: **P.** — Quai Saint-Bernard. — Boulevard Saint-Germain; correspondance: **G, I, U, Z.** — Pont et quai de la Tournelle. — Rue des Deux-Ponts. — Pont Marie. — Quai des Ormes. — Pont Louis-Philippe. — Rue de Rivoli. — Rue des Deux-Portes-Saint-Jean; correspondance: **O, R, S.** — Rue de la Verrerie. — Rue du Temple. — Rue de Rambuteau; correspondance: **F.** — Rue et porte Saint-Martin. — Boulevard Saint-Denis; correspondance: **E, L, N, AE, Y.** — Porte Saint-Denis; correspondance: **K, N.** — Rue du Faubourg-Saint-Denis. — Rue des Petites-Écuries. — Rue du Faubourg-Poissonnière. — Rue Papillon; correspondance: **V.** — Rue Bleu. — Rue La Fayette, 79; correspondance: **B, I, AC.**

Nota. A la gare d'Ivry, correspondance avec le petit service de banlieue pour Ivry.

Ligne U, de Bicêtre à la pointe Saint-Eustache.

Grande route de Fontainebleau. — Place d'Italie, 19; correspondance: **P.** — Rue Mouffetard. — Rue du Fer-à-Moulin. — Rue Geoffroy-Saint-Hilaire. — Rue Saint-Victor; correspondance: **G.** — Rue du Cardinal-Lemoine. — Boulevard Saint-Germain; correspondance: **I, T, Z.** — Pont et quai de l'Archevêché. — Quai Napoléon. — Pont d'Arcole. — Place de l'Hôtel-de-Ville. — Avenue Victoria. — Place du Châtelet; correspondance: **G, J, K, AD, O, Q, R, S, AG.** — Boulevard de Sébastopol. — Rue de Rivoli. — Rue des Halles-Centrales. — Pointe Saint-Eustache; correspondance: **D, F, J.**

Ligne V, du Maine au chemin de fer du Nord.

Avenue du Maine. — Rue du Cherche-Midi. — Rue Saint-Placide. — Rue de Sèvres, 55; correspondance: **X.** — Place de la Croix-Rouge; correspondance: — **M, AF, Z.** — Rue du Dragon. — Rue Taranne. — Rue Sainte-Marguerite. — Rue Bonaparte. — Quais Conti et Malaquais. — Pont Neuf. — Place Dauphine; correspondance: **I, AD, O.** — Quai de l'École. — Place du Louvre. — Rue du Louvre; correspondance: **C, G, Q, R, S, I, D.** — Rue Saint-Honoré. — Rue Croix-des-Petits-Champs; correspondance: **F, I, N.** — Place des Victoires. — Rue de la Feuillade. — Rue de la Banque. — Place de la Bourse; correspondance: **AB, F, I.**

—Rue Vivienne. — Boulevard et faubourg Montmartre. —Rue Bergère.
—Faubourg Poissonnière; correspondance : **B, T.** — Rue La Fayette. —
Rue Denain. — Chemin de fer du Nord ; correspondance : **K, AC.**

Nota. Moyennant un supplément, correspondance avec le chemin de
fer du Nord pour Ermont, Épinay, Franconville, Herblay et Saint-Denis.

Ligne X, de Vaugirard à la place du Havre.

Grande-Rue de Vaugirard. — Rue Beuret. — Rue Cambronne. — Rue
Lecourbe. — Rue de Sèvres; correspondance : **V.** — Rue du Bac; corres-
pondance : **AF, Z.** — Pont Royal. — Quai des Tuileries. — Place du Car-
rousel. — Rue de Rivoli. — Place du Palais-Royal; correspondance :
A, D, G, H, Q, R, Y. — Rue de Richelieu. — Rue Neuve-des-Petits-
Champs. — Rue Neuve-des-Capucines. — Boulevard des Capucines. —
Rue de Caumartin. — Rue Saint-Lazare. — Place du Havre ; correspon-
dance : **B, F.**

Ligne Y, de Grenelle à la porte Saint-Martin.

Rue du Commerce, à Grenelle. — Avenue de la Motte-Piquet; corres-
pondance : **Z.** — Rue de l'Église. — Rue Saint-Dominique (Gros-Caillou);
correspondance : **AF, AD.** — Esplanade des Invalides. — Rue Saint-
Dominique. — Rue du Bac. — Pont Royal. — Quai des Tuileries. —
Place du Carrousel. — Rue de Rivoli. — Place du Palais-Royal; corres-
pondance : **A, D, G, H, Q, R, X.**—Rue Saint-Honoré.—Rue de Grenelle-
Saint-Honoré. — Rue Jean-Jacques-Rousseau. — Rue Montmartre. —
Boulevard Poissonnière. — Boulevard Bonne-Nouvelle. — Porte Saint-
Denis. — Boulevard Saint-Denis. — Porte Saint-Martin ; correspondance :
E, L, N, AE, T.

Ligne Z, de Grenelle à la Bastille.

Ancienne barrière de l'École militaire. — Avenue de Lowendhal. —
Avenue de la Bourdonnaie. — Avenue de la Motte-Piquet; correspon-
dance : **Y.** — Place des Invalides. — Rue de Grenelle-Saint-Germain ;
correspondance : **AF, X.** — Place de la Croix-Rouge; correspondance :
H, V. — Rue du Four. — Rue Bonaparte. — Place et rue Saint-Sulpice;
correspondance : **H, L, O, AF.** — Rue Saint-Sulpice. — Rue de Seine.
— Rue des Quatre-Vents. — Carrefour de l'Odéon. — Rue de l'École-
de-Médecine. — Boulevard Saint-Michel ; correspondance : **K, AG, J.**
Place du Pont-Saint-Michel ; correspondance : **G, T, U, I.** — Quai de la
Tournelle. — Rue des Deux-Ponts. — Pont Marie. — Rue des Nonains-
d'Yères. — Rue Saint-Antoine. — Place de la Bastille ; correspondance :
E, F, P, Q, R, S.

(VOIE FERRÉE.)

Chemin de fer américain allant du pont de la Concorde au pont de Saint-Cloud.

Pont de la Concorde; correspondance : **A, AC, AF.** — Pont des Invalides ; correspondance : **AD.** — Pont de l'Alma. — Pont d'Iéna. — Barrière de Passy. — Pont de Grenelle. — Auteuil. — Point du jour. — Fortifications. — Boulogne. — Rond-Point. — Pont de Saint-Cloud.

CHEMINS DE FER

Nous diviserons le réseau des chemins de fer de la *France,* en *six* grandes Compagnies :

OUEST, NORD, EST, LYON, MIDI, ORLÉANS.

Renseignements généraux

BILLETS. — La distribution des billets cesse cinq minutes avant l'heure réglementaire du départ des trains.

Les billets ne peuvent servir que pour les trains pour lesquels ils ont été délivrés.

Les billets doivent être représentées à toute réquisition des agents de la Compagnie.

Tout voyageur qui ne peut présenter son billet à l'arrivée, doit solder, avant de sortir de la station, le prix de la place qu'il a occupée, calculé sur le plus long parcours du train.

ENFANTS. — Au-dessous de trois ans, les enfants ne payent rien, à la condition d'être portés sur les genoux des personnes qui les accompagnent. De trois à sept ans les enfants payent demi-place et ont droit à une place distincte: toutefois, dans un même compartiment, deux enfants ne pourront occuper que la place d'un voyageur.

Au-dessus de sept ans, les enfants payent place entière.

MILITAIRES OU MARINS. — Les militaires ou marins, voyageant en corps, aussi bien que ceux qui voyagent isolément pour cause de service, envoyés en congé limité ou en permission, ou rentrant dans leurs foyers, après libération, ne payent, eux et leurs bagages, que le *quart du tarif légal.*

BAGAGES. — Les bagages doivent être rendus à la gare et présentés à l'enregistrement quinze minutes au moins avant l'heure du départ des trains. Tout voyageur, dont le bagage ne pèse pas plus de 30 kilogrammes, n'a à payer, pour le transport de ce bagage, qu'un droit d'enregistrement fixé à 10 cent.

Les enfants transportés gratuitement n'ont pas droit au transport gratuit de bagages. — Les enfants transportés à moitié prix n'ont droit qu'au transport gratuit de 20 kilog. de bagages.

EXCÉDANTS DE BAGAGES. — Les excédants de bagages sont taxés à raison de 50 c. par 1,000 kilogrammes et par kilomètre pour les expéditions de 1 à 40 kilogrammes et de 40 c. pour celles au-dessus de 40 kilogrammes.

DÉPÔT DE BAGAGES. — Il est perçu pour la garde des bagages déposés dans les gares sous la responsabilité de la Compagnie, soit avant le départ, soit après l'arrivée des trains, un droit de 5 c. par article et par jour. Le minimum de perception est fixé à 10 c.

Les bagages ne sont rendus qu'en échange des bulletins qui sont délivrés lors du dépôt qui en est fait.

Sont exempts de tous droits de garde et de dépôt les bagages des voyageurs forcés de s'arrêter dans les gares de bifurcation pour attendre le départ du train qui doit les conduire à destination.

CHIENS. — Aucun chien n'est admis dans les voitures servant au transport des voyageurs. Ils sont placés dans des compartiments spéciaux, et doivent être muselés en quelque saison que ce soit.

Il est perçu 10 c. par expédition pour enregistrement.

Les chiens dont il n'est pas pris livraison lors de leur arrivée, sont mis en fourrière aux frais, risques et périls de qui de droit.

1° CHEMIN DE FER DE L'OUEST

Administration et bureaux. — Rue d'Amsterdam, 13.

Embarcadères. — Il y en a deux : 1° Celui de la rive droite, rue d'Amsterdam, 9, et rue Saint-Lazare, 124. — 2° Celui de la rive gauche, 44, boulevard Montparnasse.

Omnibus, à itinéraire régulier entre les gares et les bureaux suivants et vice versa :

1° Rive droite :

Boul. Bonne-Nouvelle (imp. des Filles-Dieu). . .	
Pointe Saint-Eustache (près de l'église). . . .	25 cent. par place.
Place Saint-André-des-Arts, 9..	
Place du Châtelet.	
Place de la Bourse.	20 cent. par place.

2° Rive gauche :

Place de la Bourse. . . . . ⎫
Place du Palais-Royal, 2. . . . . |
Rue Saint-Martin, 326. . . . . ⎬ 50 cent. par place.
Rue Bourtibourg, 4. . . . . |
Place Saint-André-des-Arts, 9. . . . . . . |
Rue Royale-Saint-Honoré, 11. . . . . ⎭

Bureaux de ville. — Pour les marchandises à grande et à petite vitesse, expédition et enlèvement à domicile : Rue de l'Échiquier, 27. — Boulevard Bonne-Nouvelle (impasse des Filles-Dieu). — Rue des Quatre-Fils. — Rue du Bouloi, 7 et 9. — Rue Neuve-Bourg-l'Abbé, 5. — Place Saint-André-des-Arts, 9. — Place de la Bastille, bâtiment du chemin de Vincennes.

2° CHEMIN DE FER DU NORD

Administration et embarcadère : Place Roubaix, 18.

Omnibus. — Rue de Rivoli, Hôtel du Louvre. — Rue de Rivoli, 228, Hôtel Meurice. — Rue Saint-Martin, 326. — Rue de l'Arcade, 17, 19. — Rue Saint-Honoré, 225. — Boulevard des Capucines, Grand-Hôtel. — Rue Saint-Honoré, 211. — Rue Bonaparte, 59. — Boulevard de Sébastopol, 33. — Rue de Rivoli, 170, hôtel des Trois-Empereurs. — Place de la Bourse, 6. — Rue Aubry-le-Boucher, 24.

Bureaux de ville. — Boulevard de Sébastopol, 33. — Place de la Bourse, 6. — Rue Saint-Martin, 326. — Rue Bonaparte, 59. — Rue Aubry-le-Boucher, 24.

3° CHEMIN DE FER DE L'EST

Embarcadère et administration. — Place de Strasbourg, à l'extrémité du boulevard de ce nom.

Omnibus et bureaux de ville. — Rue du Bouloi, 7 et 9. — Boulevard de Sébastopol, 34. — Place de la Bastille, gare de Vincennes. — Place Saint-Sulpice, 6. — Rue Basse-du-Rempart, 50.

4° CHEMIN DE FER DE LYON

Embarcadère. — Boulevard Mazas, 20.

Direction et Conseil d'administration. — Rue Laffitte, 17.

Titres et paiement des coupons. — Rue Neuve-des-Mathurins, 44.

Omnibus. — Prix, de 6 heures à minuit, avec 40 kilog. de bagages : 50 cent. ; de 40 à 50 kilog. : 60 cent. ; au delà de 50 kilog., 1 centime par kilogramme en plus : de minuit à 6 heures, 50 centimes et 1 fr., au lieu de 30 cent. et 60 cent.—Bureaux : Rue Neuve-des-Mathurins, 44. — Rue Rossini, 1. — Rue Coq-Héron, 6. — Rue Bonaparte, 59. — Boulevard de Strasbourg, 5 et 7. — Rue Rambuteau, 6.

Bureaux de ville. — Rue Rambuteau, 6. — Rue Coq-Héron, 6. — Rue Bonaparte, 59.— Rue Neuve-des-Mathurins, 44. — Rue Rossini, 1. — Boulevard de Strasbourg, 5.

5· CHEMIN DE FER D'ORLÉANS ET DU MIDI

Embarcadère et direction. — Boulevard de l'Hôpital, 7.

Titres et paiement des coupons. — Rue de Londres, 8.

Omnibus.—Rue Saint-Honoré, 130 et rue de Grenelle, 18.—Rue Notre-Dame-des-Victoires, 28. — Rue de Londres, 8. — Rue Le Peletier, 15.— Rue Notre-Dame-de-Nazareth, 30. — Rue de Babylone, 7. — Place de la Madeleine, 7. — Place Saint-Sulpice, 6.

Bureaux de ville. — Rue Saint-Honoré, 130, et Rue de Grenelle, 18. — Rue Notre-Dame-des-Victoires, 28. — Rue de Londres, 8. — Rue Le Peletier, 5. — Rue Notre-Dame-de-Nazareth, 30. — Rue de Babylone, 7. — Place de la Madeleine, 7. — Place Saint-Sulpice, 6. — Boulevard Sébastopol, 42. — Rue Coq-Héron, 17. — Rue de Chabrol, 55.

Outre ces cinq grands réseaux, Paris possède encore deux petits embranchements : le chemin de fer de Vincennes, exploité par la compagnie de l'Est, et le chemin de fer de Sceaux et Orsay, exploité par la compagnie d'Orléans.

1· CHEMIN DE FER DE VINCENNES

Embarcadère. — Place de la Bastille.

Omnibus. — Place de la Bourse. — Prix, intérieur : 50 cent.; impériale : 15 cent.

2· CHEMIN DE FER DE SCEAUX ET ORSAY

Embarcadère. — Boulevard d'Enfer.

Omnibus. — Rue de Londres, 8. — Rue Notre-Dame-des-Victoires, 28, passant par la Bourse et la place des Victoires. —Place Saint-Sulpice, 6. — Rue Saint-Honoré, 130, par le pont Neuf.

SERVICE DES POSTES

Hôtel des postes : Rue Jean-Jacques-Rousseau.

Bureaux dans Paris. — Ces bureaux sont ouverts au public de 8 h. du matin à 8 heures du soir et les dimanches et fêtes jusqu'à 5 heures. — Réception des affranchissements de toute nature, chargements, valeurs déclarées et valeurs cotées ; vente de timbres-poste ; dépôt et payement des articles d'argent pendant toute la durée de l'ouverture au public.

1er Arrond.
- Rue de la Sainte-Chappelle, 15.
- Rue Tirechape, 1.
- Rue Saint-Honoré, 202.
- Rue de Luxembourg, au ministère des finances.

2e —
- Rue d'Antin, 19.
- Place de la Bourse, 4.
- Rue de Cléry, 28.
- Rue de Palestro, 5.

3e —
- Boulevard Beaumarchais, 85.
- Rue des Vieilles-Haudriettes, 4

4e —
- Place de Lobau, Hôtel de Ville.
- Rue Saint-Antoine, 170.

5e —
- Rue du Cardinal-Lemoine, 22.
- Rue Pascal, 4.
- Rue de La Harpe, 42.
- Rue des Feuillantines, 95.

6e —
- Rue de Vaugirard, 56.
- Rue du Cherche-Midi, 53.
- Rue Bonaparte, 21.

7e —
- Rue Saint-Dominique-Saint-Germain, 6.
- Rue de Bourgogne, 2.
- Rue Saint-Dominique, 148 (Gros-Caillou).

8e —
- Avenue Joséphine, 42.
- Rue du Faubourg-Saint-Honoré, 75.
- Place de la Madeleine, 28.
- Boulevard Malesherbes, 68.

9e Arrond.	Rue de Londres, 55. Rue du Helder, 24. Rue Saint-Lazare, 11.
10e —	Gare du Chemin de fer du Nord. Rue de Strasbourg, 2. Rue d'Enghien, 21. Rue de Bondy, 28. Rue des Écluses-Saint-Martin, 4.
11e —	Rue d'Angoulême-du-Temple, 48. Boulevard du Prince-Eugène, 105.
12e —	Rue du Faubourg-Saint-Antoine, 174. Boulevard Mazas, 19. Saint-Mandé. — Rue de la Voûte-du-Cours, 11. Bercy. — Grande rue, 80.
13e —	Gare du Chemin de fer d'Orléans. Gare d'Ivry. — Rue du Chevaleret, 29. La Maison-Blanche. — Route d'Italie, 104 bis.
14e —	Montrouge. — Rue Mouton-Duvernet, 4.
15e —	Vaugirard. — Grande-Rue, 76. Grenelle. — Rue de Grenelle, 47.
16e —	Auteuil. — Rue Molière, 18. Passy. — Rue Guichard, 1.
17e —	Les Ternes. — Rue de l'Arc-de-Triomphe, 57. Les Batignolles. — Rue de l'Hôtel-de-Ville, 10.
18e —	Montmartre. — Rue de l'Abbaye, 11. La Chapelle. — Rue Doudeauville, 4.
19e —	La Villette. — Rue de Flandre, 101.
20e —	Belleville. — Rue de la Mare, 19. Charonne. — Rue de Paris, 20.

La clôture des affranchissements pour l'étranger et des chargements pour les départs du soir, a lieu à 4 heures 30 dans tous les bureaux, excepté à l'hôtel des postes et à ceux de la rue Saint-Honoré, de la place de la Bourse et de la rue de Cléry, où la clôture a lieu à 4 heures 45.

Dans quelques bureaux voisins des gares de chemins de fer, les chargements sont encore reçus après les heures ci-dessus pour les départs du soir.

LEVÉES DES BOITES
ET DISTRIBUTION A DOMICILE

N° des Levées	HEURES DES LEVÉES AUX BOITES			DISTRIBUTIONS CORRESPONDANT AUX LEVÉES DES BOITES	
	DE QUARTIER	DES BUREAUX	DE L'HOTEL DES POSTES		
Levée spéciale	»	»	4 h. 30 matin	1re Distribution......	7 h. matin
1re levée	7 h. matin	7 h. 30 matin	8 h. »	2e —	9 h. »
2e —	9 h. 30 »	10 h. »	10 h. 30 »	3e —	11 h. 50 »
3e —	11 h. 30 »	midi	midi 30	4e —	1 h 30 soir
4e —	1 h. 30 soir	2 h. soir	2 h. 30 soir	5e —	3 h. 50 »
5e —	3 h. 30 »	4 h.	4 h. 50 »	6e —	5 h. 50 »
6e —	5 h. »	5 h. 30 »	6 h. »	7e —	7 h. »
7e —	9 h. »	9 h. 30 »	9 h. 45 »	1re Distribution du lendemain.	

Nota. — Les dimanches et les fêtes, les sixième et septième distributions n'ont pas lieu. — La septième et dernière levée n'est faite qu'aux boîtes des bureaux et à l'hôtel des Postes.

Une loi du 9 mai 1863 autorise dans quelques bureaux des levées exceptionnelles avec taxes supplémentaires :

De 5 *heures* 45 *à* 6 *heures* soir, moyennant une taxe de 20 centimes par lettre, et de 6 *heures à* 6 *heures* 15, moyennant une taxe de 40 c. par lettre, ces levées ont lieu aux bureaux situés :

Rue Tirechape, 1.
Rue du Luxembourg.
Boulevard Beaumarchais, 83.
Rue des Vieilles-Haudriettes, 4.
Rue du Cardinal-Lemoine, 22.
Rue Bonaparte, 21.
Rue Saint-Dominique-Saint-Germain, 56.
Place de la Madeleine, 28.
Rue du Helder, 24.
Rue Saint-Lazare, 11.
Rue d'Enghien, 21.

De 6 *heures à* 6 *heures* 15 soir, moyennant une taxe de 20 c. par lettre, et de 6 *heures* 15 *à* 6 *heures* 30 soir, moyennant 40 c., cette levée exceptionnelle a lieu aux bureaux suivants :

Rue Saint-Honoré, 202.
Place de la Bourse, 4.
Rue de Cléry, 28.
Hôtel des Postes.

De 6 *heures* 30 *à* 7 *heures* moyennant 60 c., levée supplémentaire à l'hôtel des Postes seulement.

POSTE RESTANTE.

Les lettres ordinaires ou chargées adressées poste restante à Paris ne peuvent être retirées qu'au bureau spécial de l'hôtel des Postes. Ce bureau a été établi depuis quelque temps à l'angle de la rue Pagevin et de la rue Coq-Héron.

TAXE DES LETTRES.

Le prix du port des lettres ordinaires circulant dans l'intérieur de l'empire est réglé par les tarifs ci-dessous :

PREMIER TARIF

		AFF.	N. AFF.
Taxe des lettres de bu- reau de poste à un autre bureau de poste, y com- pris ceux situés en Corse et en Algérie.	jusqu'à 10 grammes inclus.	» 20	» 30
	de 10 gram. à 20 »	» 40	» 60
	de 20 gram. à 100 »	» 80	1 20
	de 100 gram. à 200 »	1 60	2 40
	de 200 gram. à 300 »	2 40	3 60

DEUXIÈME TARIF

		AFF.	N. AFF.
Taxe des lettres d'une commune d'un bureau de poste à une autre com- mune du même bureau (Paris excepté).	jusqu'à 10 grammes inclus.	» 10	» 15
	de 10 gram. à 20 »	» 20	» 30
	de 20 gram. à 100 »	» 40	» 60
	de 100 gram. à 200 »	» 80	1 20
	de 200 gram. à 300 »	1 20	1 80

TROISIÈME TARIF

		AFF.	N. AFF.
Taxe des lettres de Pa- ris pour Paris (enceinte des fortifications).	jusqu'à 15 grammes exclus.	» 10	» 15
	de 15 gram. à 50 »	» 20	» 25
	de 50 gram. à 60 »	» 30	» 35
	de 60 gram. à 90 »	» 40	» 45
	de 90 gram. à 120 »	» 50	» 55

Indépendamment de la taxe ci-dessus, les lettres chargées acquittent un droit fixe de 20 c.

Si on déclare les valeurs contenues dans la lettre chargée, on paye un nouveau droit de 10 c. par 100 francs ou fraction de 100 francs déclarés.

En cas de perte d'une lettre chargée, l'administration paye 50 francs à l'expéditeur. — Elle paye la somme entière si la valeur a été déclarée.

TAXE DES LETTRES

A DESTINATION OU PROVENANT DES PAYS ÉTRANGERS

LOCALITÉS	POIDS des LETTRES	TAXE DES LETTRES	
		Affran-chies.	Non affranch.
Angleterre	7 gr.1/2	» f. 40	» f. 80
Autriche....................	10 »	» 60	» 80
Bade (Grand-Duché de).......	7 1/2	» 50	» 40
Bavière....................	10 »	» 40	» 60
Belgique....................	10 »	» 50	» 60
Brésil.....................	7 1/2	» 80	» 80
Chili......................	7 1/2	1 20	1 20
Chine (voie de Suez).........	7 1/2	» 70	» 90
Constantinople (paq. franç.)..	10 »	» 50	1 »
Danemark (paquebois français)	10 »	» 50	1 »
Egypte.....................	10 »	» 50	1 »
Espagne....................	7 1/2	» 40	» 60
Etats-Romains..............	10 »	» 50	» 50
Etats-Unis..................	7 1/2	» 80	» 80
Grèce.....................	7 1/2	1 »	1 20
Italie	10 »	» 40	» 60
Mexique....................	7 1/2	» 80	» 80
Pays-Bas..................	7 1/2	» 60	» 60
Portugal (voie française)......	7 1/2	» 40	» 80
Prusse (Royaume de).........	10 »	» 50	» 60
Russie (voie d'Autriche)......	10 »	» 80	» 80
Saxe (Royaume de)	10 »	» 50	» 60
Suède.....................	7 1/2	1 »	1 »
Suisse.....................	10 »	» 50	» 50

SERVICE DES TÉLÉGRAPHES

Le public est admis à déposer des dépêches, sans augmentation de taxe, pour toutes les stations télégraphiques de France et de l'étranger, dans les bureaux ci-après :

1er Arrond. { Rue de Rivoli, 166 (hôtel du Louvre).
Rue Pagevin (hôtel des Postes).
Place Vendôme, 15 (ouvert jusqu'à 6 h. du soir).

2ᵉ Arrond. { Place de la Bourse, 12 (jour et nuit).
{ Rue aux Ours, 52.

3ᵉ — { Boulevard du Temple, 41 (jusqu'à minuit).
{ Rue des Vieilles-Haudriettes, 6.

4ᵉ — | Hôtel de Ville. — Rue de Rivoli (jusqu'à minuit).

5ᵉ — { Place Saint-Michel, 6.
{ Place Saint-Victor, 24 (halle aux vins).
{ Rue de la Halle-aux-Cuirs (halle aux cuirs).

6ᵉ — { Rues des Saints-Pères, 31.
{ Rue de Vaugirard, Palais du sénat (jusqu'à minuit).

7ᵉ — { Rue de Grenelle-Saint-Germain, 103 (ouvert jour et nuit).
{ Rue de Bourgogne, Palais législatif (ouvert pendant la
{   session).
{ École militaire, pavillon de l'artillerie.
{ Rue Bertrand, 24.

8ᵉ — { Avenue des Champs-Élysées, 67 (jour et nuit).
{ Boulevard Malesherbes, 4.
{ Rue Saint-Lazare, 126, place du Havre.
{ Rue Boissy-d'Anglas, 1.

9ᵉ — { Boulevard des Capucines, Grand Hôtel (jusqu'à minuit 1/2).
{ Rue La Fayette, 35.
{ Rue Sainte-Cécile, 2.

10ᵉ — { Place Roubaix, 24, gare du Nord (ouvert jusqu'à minuit).
{ Rue de Strasbourg, 8.
{ Boulevard Saint-Denis, 16.

11ᵉ — { Boulevard du Prince-Eugène, 134.
{   —   —   283, place du Trône.

12ᵉ — { Rue de Lyon, 57 et 59 (ouvert jour et nuit).
{ Bercy. — Rue de Mâcon, 2.

13ᵉ — { Rue de la Gare, 77, gare d'Orléans (jusqu'à minuit).
{ Les Gobelins. — Route d'Italie, 6.

14ᵉ — | Montrouge. — Route d'Orléans, 8.

15ᵉ — { Vaugirard. — Grande rue, 97.
{ Grenelle. — Rue du Théâtre, 70.

16ᵉ — { Auteuil. — Grande rue, 10.
{ Passy. — Place de la Mairie, 4.

17ᵉ Arrond.
- Les Ternes. — Avenue de la Grande-Armée, 80.
- Batignolles-Clichy. — Avenue de Clichy, 73.
- Boulevard Monceaux, 108.
- Batignolles-Monceaux. — Boulevard des Batignolles, 22 (jusqu'à minuit).

18ᵉ —
- Montmartre. — Boulevard Rochechouart, 48.
- La Chapelle. — Grande-Rue, 102.

19ᵉ —
- La Villette. -- Rue de Flandre, 45.

20ᵉ —
- Belleville. — Rue de Paris, 58.

Les bureaux qui n'ont pas un service permanent s'ouvrent le matin à 7 heures en été, et à 8 heures en hiver.

Ceux pour lesquels il n'est pas donné d'indication spéciale ferment à 9 heures du soir.

TARIFS.

Dépêche simple de 1 à 20 mots, adresse et signature comprises :

A l'intérieur de Paris.	»	50
Pour le reste du département de la Seine. . . .	1	»
Pour le reste de l'empire.	2	»
Pour l'Algérie ou la Tunisie.	8	»

(Moitié en sus des taxes ci-dessus pour chaque dizaine de mots ou fraction de dizaine au-dessus de vingt.)

La réponse peut être payée d'avance ; mention doit en être faite à la suite du texte, avant la signature. — Le facteur qui a remis une dépêche peut être chargé d'en rapporter au bureau la réponse payée.

Observations. — 1° Les dépêches expédiées la nuit ne sont soumises à aucune surtaxe;

2° La taxe du *collationnement* d'une dépêche est égale à celle de la dépêche ;

3° Le port des dépêches à *domicile,* ou au bureau de la poste dans le lieu d'arrivée est gratuit;

4° La taxe de la copie d'une dépêche *reçue* ou *transmise* est de 50 centimes ;

5° La date, l'heure du dépôt et du départ sont transmis d'office.

Mots. — Les mots composés formant à ce titre un article séparé au Dictionnaire de l'Académie française, comme *aujourd'hui*, *après-demain*, *contre-ordre*, ne sont comptés que pour un mot.

Les noms géographiques, les noms de famille formés de plusieurs mots, les noms de rue, place, et les indications relatives au numéro des maisons, sont comptés pour le nombre de mots employés à les exprimer.

Tout caractère isolé, lettre ou chiffre, compte pour un mot.

Les traits d'union, les apostrophes, les signes de ponctuation, les alinéas ne sont pas comptés.

Pour chaque passage souligné, on compte deux mots en sus.

Chiffres. — Les nombres en chiffres sont comptés pour autant de mots qu'ils contiennent de fois cinq chiffres, plus un mot pour l'excédant.

Les virgules qui séparent les chiffres, les barres de division sont comptés pour un chiffre.

DICTIONNAIRE GÉNÉRAL

DES

RUES DE PARIS

Dans les rues parallèles à la Seine, l'ordre des numéros suit le cours du fleuve, les premiers numéros étant plus près du levant, et les plus forts s'avançant vers le couchant. Dans les rues perpendiculaires à la Seine, la série des numéros commence du côté du fleuve; les plus forts sont les plus éloignés. Les numéros pairs sont à droite en remontant la rue, les numéros impairs sont à gauche.

A

ARR.	VOIES PUBLIQUES.	TENANTS.	ABOUTISSANTS.
6	Abbaye (rue de l')..	r. de l'Échaudé......	r. Bonaparte.
18	Abbaye (pl. de l').	r. de l'Abbaye.......	(Montmartre).
6	Abbaye (pass. de l').	r. du Four..........	r. Gozlin.
18	Abbaye (r. de l')...	r. Lepic............	ch. des Martyrs.
5	Abbé de l'Ép.(r.de l')	r. d'Enfer..........	r. St-Jacques.
10	Abbeville (r. d')....	pl. La Fayette.......	r. de Rocroi.
12	Abel-Leblanc (pas.).	r. de Charenton	r. Crozatier.
2	Aboukir (r. d')....	pl. des Victoires.....	r. St-Denis.
18	Abreuvoir (r. de l').	r. de la Saussaye.....	r. de la Font.-du-But.
18	Abreuvoir (pl.de l').	r. de la Font.-du-But.	r. des Brouillards.
15	Acacias (pass. des).	r. du Transit........	r. de Dombasle.
18	Acacias (r. des)....	ch. Clignancourt.....	ch. des Martyrs.
17	Acacias (r. des)....	av. de la Gr.-Armée..	av. des Ternes.
17	Acacias (pass. des)..	r. de la Plaine.......	r. des Acacias.
17	Acacias (imp. des).	r. des Acacias, 21....	
18	Acacias (pass. des).	r. de la Carrière.....	r. des Acacias.
4	Adam (r.)........	q. de Gesvres, 4.....	av. Victoria.
18	Affre............	r. de Jessaint.......	r. Constantine.
16	Aguesseau (pl. d').	r. Molière..........	(Auteuil).
8	Aguesseau (r. d')..	faub. St-Honoré......	r. de Suresnes.
1	Aiguillerie (r. de l').	r. St-Denis	r. Ste-Opportune.
10	Albouy (r.)........	b. de Magenta.......	r. des Vinaigriers.
14	Alembert (rue d')..	r. Neuve-Tombe-Iss..	r. Hallé.
15	Alexandre (pass.)..	b. de Vaugirard.....	r. du Chemin de fer.
18	Alex.-Lécuyer (imp.)	r. du Ruisseau	b. Ney.
1	Alger (r. d').......	r. de Rivoli	r. St-Honoré.
10	Alibert (r.)........	q. de Jemmapes......	r. Saint-Maur.

ARR.	VOIES PUBLIQUES.	TENANTS.	ABOUTISSANTS.
12	Aligre (r. d')......	r. de Charenton......	marc. Beauvau.
1	Aligre (pass.)......	r. Bailleul..........	r. St-Honoré.
19	Allemagne (r. d')..	r. de La Fayette.....	b. Sérurier.
7	Allent	r. de Lille.........	r. de Verneuil.
15	Alleray (pl. d')....	r. d'Alleray.........	
15	Alleray (r. d').....	Grande rue	ch. des Fourneaux.
8	Alma (av. de l')...	q. de Billy..........	pl. de l'Etoile.
7	Alma (p' de l')....	q. d'Orsay..........	q. de Billy.
16	Alma (av. de l')....	gr. rue d'Auteuil....	b. Murat.
7	Alma (pass. de l')..	r. St-Dominique......	r. de Grenelle.
19	Alouettes (r. des)..	r. d'Hautpoul.......	r. des Balettes.
15	Alphonse (imp.)...	av. St-Charles........	(Grenelle).
11-20	Amandiers (b. des).	r. des Amandiers....	r. de Ménilmontant.
20	Amandiers (r. des).	b. de Ménilmontant .	r. de Ménilmontant.
11	Amand.-Pop.(r. des)	b. du Prince-Eugène.	b. Ménilmontant.
2	Amboise (r. d')....	r. Richelieu........	r. Favart.
5	Amboise (imp.)....	pl. Maubert.	
11	Ambroise (r. St-)...	r. Popincourt........	r. St-Maur.
11	Ambroise (imp. St-).	r. St-Ambroise.	
10	Ambroise-Paré (r.).	r. de Maubeuge......	b. Magenta.
7	Amélie (r.)........	r. St-Dominique.....	r. de Grenelle.
11	Amelot (r.)........	q. de Valmy.........	r. St-Sébastien.
8	Ampère (r.)........	b. Malesherbes......	b. Pereire.
8-9	Amsterdam (r. d').	r. St-Lazare.........	r. de Clichy.
3	Anastase (r. St-)...	r. de Turenne.......	r. Saint-Gervais.
6	Anc.-Coméd.(r. de l')	r. de Buci..........	r. de l'Ecole-de-Méd.
3	Ancre (pass. de l').	r. St-Martin........	r. Turbigo.
16	André (av. St-).....	r. de l'Assomption..	(Auteuil).
6	André (b. St-).....	pl. St-Michel........	pl. St-André-des-Arts
18	André (r. St-).....	ch. Clignancourt.....	les Carrières.
6	And.-d.-Arts (r. St-).	pl. St-André-des-Arts..	r. Dauphine.
6	And.-d.-Arts (p. St-).	r. St-André........	r. Hautefeuille.
16	Andreine (r.)......	av. Dauphine........	av. de l'Impératrice.
18	Andrieu (r.).......	r. Lagille	r. des Champs.
17	Androuet (r.)......	r. des Poiriers......	r. des 3 frères.
18	Ange (pl. St-).....	r. des Charbonniers.	r. de Chartres.
5	Anglais (r. des)....	r. Galande.........	r. des Noyers.
3	Anglais (imp. des).	r. Beaubourg.	
13	Anglaises (r. des)..	r. de Lourcine.....	r. du Petit-Champ.
11	Angoulême (r. d')..	b. du Temple.......	r. des 3 Couronnes.
11	Angoulême (p. d').	r. Oberkampf.......	r. d'Angoulême.
4	Anjou (q. d')......	r. Saint-Louis......	r. des 2 Ponts.
3	Anjou-au-M. (r. d').	r. Charlot.....	r. des Enfants-Rouges
8	Anjou-St-H. (r. d').	r. Faub.-St-Honoré...	r. de la Pépinière.
6	Anj.-Dauph. (r. d').	r. Dauphine.........	imp. de Nevers.
1-2	Anne (r. Ste-)......	r. d'Anglade........	r. Ne-St-Augustin.
2	Anne (pass. Ste-)...	r. Ste-Anne.........	pass. Choiseul.
13	Anne (pet. r. Ste-)..	r. de la Glacière.....	r. de la Santé.
19	Annelets (r. des)...	r. des Solitaires.....	r. de Crimée.
8	Antin (av. d')......	Cours-la-Reine......	Rond-Point.
8	Antin (imp. d').....	avenue d'Antin.	
9	Antin (cité d')......	r. de Provence......	r. de la Ch.-d'Antin.
14	Antin (cité d').....	r. de Vanves........	r. de l'Ouest.
2	Antin (r. d').......	r. de Port-Mahon....	r. Ne-des-P.-Champs.

ARR.	VOIES PUBLIQUES.	TENANTS.	ABOUTISSANTS.
18	Antin (imp. d').	Grande-Rue	(Batignolles).
6	Antoine-Dubois (r.)	pl. de l'Ecole-de-Méd..	r. Monsieur-le-Prince.
4	Antoine (r. St-).	r. de Fourcy	pl. de la Bastille.
12	Antoine (ch. de St-).	b. Picpus	r. Michel-Bizot.
11	Antoine (pass. St-).	r. de Charonne	passage Josset.
2-5	Appoline (r. St-).	r. St-Martin	r. St-Denis.
10	Aqueduc (r. de l').	r. La Fayette	b. de la Villette.
19	Arago (r.).	r. de Meaux	r. de la Butte.
19	Arago (boul.).	r. de Lourcine	b. St-Michel.
5	Arbalète (r. de l').	r. des Charbonniers.	r. Mouffetard.
1	Arbre-Sec (r. de l').	pl. des Trois Maries.	r. St-Honoré.
8	Arcade (r. de l').	b. Malesherbes	r. St-Lazare.
17	Arc-de-Tr. (r. de l').	pl. de l'Etoile	r. des Acacias.
17	Arcet (r. d').	b. des Batignolles	r. des Dames.
4	Archevêché (q. de l').	pt de la Cité	pt au Double.
5	Archevêché (pt de l').	q. de l'Archevêché	q. de Montebello.
4	Arcole (pt d').	r. d'Arcole	pl. de Grève.
4	Arcole (r. d').	Parvis Notre-Dame	q. Napoléon.
14	Arcueil (b. d').	r. de la Tombe-Iss..	r. d'Orléans.
14	Arcueil (ch. d').	r. de la Glacière	b. Jourdan.
19	Ardennes (r. des).	r. d'Allemagne	q. de la Marne.
8	Argenson (r. d').	b. Haussmann	r. de la Pépinière.
4	Argenson (imp. d').	r. Vieille-du-Temple..	
1	Argenteuil (r. d').	r. des Frondeurs	r. St-Roch.
19	Argonne (pl. de l').	r. de l'Argonne	Villette (la).
19	Argonne (r. de l').	q. de l'Oise	r. de Flandre.
17	Armaillé (r. d').	r. des Acacias	av. des Ternes.
2	Arnaud (r. St-).	r. Nve-des-Capucines.	r. Nve-St-Augustin.
5	Arras (r. d').	r. St-Victor	r. Clopin.
4	Arsenal (pl. de l').	r. de la Cerisaie	r. de l'Orme.
16	Artistes (r. des).	gr. rue de Passy	r. de la Tour.
14	Artistes (r. des).	r. de Gentilly	r. Sarrasin.
1-6	Arts (pont des).	q. du Louvre	q. Conti.
20	Arts (r. des).	r. Constantine	r. des Couronnes.
14	Arts (pass. des).	r. de Vanves	(Montrouge).
3	Arts-et-M. (sq. des)	r. St-Martin	b. Sébastopol.
11	Asile (pass. de l').	r. Popincourt	pass. Mouffle.
17	Asnières (r. d').	(Batignolles)	près des fortificat.
6	Assas (r. d').	r. de Vaugirard	r. du Cherche-Midi.
19	Asselin (r.).	b. de la Villette	r. Monjol.
16	Assomption (r. de l').	r. Boulainvilliers	(Auteuil).
8	Astorg (r. d').	r. Cambacérès	r. de la Pépinière.
1	Athènes (pass. d').	r. St-Honoré	Cloître-St-Honoré.
2	Aubert (pass.).	r. Saint-Denis	r. Ste-Foy.
18	Aubervilliers (r. d').	pl. du Marché	r. des Rosiers.
18-19	Aubervill. (ch. d').	r. de la Tournelle	boul. Ney.
1	Aubry-le-Boucher.	r. St-Martin	r. St-Denis.
18	Audran (r.).	r. Véron	r. de la Cure.
20	Auger (r.).	b. de Charonne	r. de Montreuil.
9	Aumale (r. d').	r. St-Georges	r. de LaRochefoucauld.
11	Aunay (r. d').	r. de la Roquette	r. des Amandiers.
12-13	Austerlitz (pt d').	q. de la Râpée	pl. Walhubert.
13	Austerlitz (q. d').	ch. de la Gare	pl. Walhubert.
16	Auteuil (q. d').	pt de Grenelle	fortifications.

ARR.	VOIES PUBLIQUES.	TENANTS.	ABOUTISSANTS.
16	Auteuil (gr. r. d')..	rue Boileau..........	Glacis.
3	Avoie (pas. St°-)....	r. de Rambuteau.....	r. du Temple.
16	Aymès (av.).......	r. de La Fontaine	r. de la Source.

B

ARR.	VOIES PUBLIQUES.	TENANTS.	ABOUTISSANTS.
1	Babille (r.)........	r. des Deux-Écus	r. de Viarme.
7	Babylone (r. de) ...	r. du Bac..	b. des Invalides.
7	Bac (rue du).......	q. Voltaire..........	r. de Sèvres.
16	Bac (r. du)	q. d'Auteuil.........	route de Versailles.
17	Bac-d'Asnières (r. d)	r. de Paris.........	(Batignolles).
17	Bac-d'Asn. (imp.du).	pl. de Lévis........	r. de Paris.
18	Bachelet (r.)......	r. Nicolet.........	r. Lécuyer.
6	Bagneux (r. de)....	r. du Cherche-Midi...	r. de Vaugirard.
19	Bagnolet (r. de)....	pl. des Trois-Comm..	fortifications.
20	Bagnolet (ch. de)..	pl. de la Mairie......	fortifications.
1	Baillet (r.)........	r. de la Monnaie.....	r. de l'Arbre-Sec.
1	Bailleul (r.)	r. de l'Arbre-Sec....	r. du Louvre.
1	Baillif (r.).......	r. des Bons-Enfants..	r. Croix-d.-Pet.-Ch.
5	Bailly (r.).......	r. St-Paxent........	r. Henri.
17	Balagny (r.)......	av. de Clichy.......	av. de St-Ouen.
19	Balettes (r. des)....	r. d'Hautpoul......	r. des Alouettes.
8	Balzac (r. de)....	av. des Ch.-Élysées ..	r. du Faub.-St-Honoré
2	Banque (r. de la)..	r. Neuve-des-P.-Ch..	pl. de la Bourse.
13	Banquier (r. du)...	r. du Marché-aux-Ch..	r. Mouffetard.
13	Banquier (pet. r. du)	r. du Banquier......	b. de l'Hôpital.
2	Barbe (r. St°-)	r. Beauregard	b. Bonne-Nouvelle.
7	Barbet-de-Jouy (r.).	r. de Varenne.......	r. de Babylone.
3	Barbette (r.)......	r. des 3 Pavillons....	r. Vieille-du-Temple.
19	Barbette (cité).....	r. de Belleville.....	r. du Centre.
13	Bargue (r.).......	r. Plumet..........	r. Dutot.
13	Barrault (r.).......	b. d'Italie..........	r. de la Butte-aux-Cail.
6	Barouillère (r. de la)	r. de Sèvres........	r. du Cherche-Midi.
14	Barré (cité).......	r. du Terrier-aux-L...	pass. des Thermopyles.
4	Barres (r. des).....	q. de la Grève......	r. François-Miron.
4	Barrés (r. des).....	r. St-Paul..........	r. du Fauconnier.
15	Barthélemy (r.)....	av. de Breteuil	ch. de Sèvres.
19	Barthélemy (villa)..	r. d'Hautpoul.......	(Belleville)
2	Basfour (pass.)....	r. de Palestro	r. St-Denis.
11	Basfroi (r.)........	r. de Charonne......	r. de la Roquette.
16	Basse (r.)	carref. de la Montagne.	av. de Boulainvilliers.
5	Basse-des-Carm. (r.)	r. de la Mont.-St°-Gen.	r. des Carmes.
19	Basse-St-Denis (r.).	r. des Prés........	r. de la Villette.
16	Basse-St-Pierre (r.).	q. de Billy.........	r. de Chaillot.
9	Basse-du-Remp'.(r.)	r. de la Ch.-d'Antin..	pl. de la Madeleine.
4	Basse-d.-Ursins (r.)	r. des Chantres......	r. d'Arcole.
20	B.-Vignoles (r. des)	r. des Haies........	r. des Hautes-Vignoles
16	Bassins (ch. des)...	av. du Roi-de-Rome.	r. Newton.
4	Bassompierre (r.)..	b. Bourdon..........	r. de l'Orme.
18	Bastien (r.).......	r. Durantin........	r. Tholozé.
4-11-12	Bastille (pl. de la).	r. St-Antoine........	faub. St-Antoine.
16	Batailles (r. des)...	r. Gasté...........	r. Benj.-Delessert.

ARR.	VOIES PUBLIQUES.	TENANTS.	ABOUTISSANTS.
17	Batignollaises (r. d.)	b. des Batignolles....	r. des Dames.
17	Batignolles (b. des).	Grande-Rue	r. du Rocher.
5	Battoir (r. du).....	r. du Puits-de-l'Erm..	r. de Lacépède.
16	Bauches (r. des)...	r. de Boulainvilliers..	r. l'Ajou.
18	Baudelique (imp.)..	ch. de la Procession..	
18	Baudelique (r.)....	r. des Portes-Blanches	boul. Magenta.
13	Baudricourt (r.)...	r. Nationale........	route de Choisy.
4	Baudroirie (imp.)..	r. de Venise.	
15	Bausset (r.)......	pl. de la Mairie......	r. Groult-d'Arcy.
17	Bayen (r.)........	r. des Dames.......	b. Gouv.-St-Cyr.
8	Bayard (r. de).....	Cours-la-Reine......	av. Montaigne.
3-4	Beaubourg (r.)....	r. Maubuée........	r. de Réaumur.
3	Beauce (r. de).....	r. d'Anjou	r. de Bretagne.
8	Beaucourt (av.)....	r. du Faub.-St-Honoré.	
1	Beaujolais (pass.).	r. de Montpensier....	r. de Richelieu.
3	Beaujol.-au-Mar. (r.)	r. de Bretagne.......	pl. de la Rotond°-d.-T.
1	Beaujolais-P.-R.(r.)	r. de Valois.........	r. de Montpensier.
8	Beaujon (r.).......	r. de l'Oratoire	av. Wagram.
3-4	Beaumarchais (b.)..	r. St-Antoine	r. du Pt-aux-Choux.
8	Beaume (r. de la)..	av. Percier........	r. de Courcelles.
7	Beaune (r. de)....	q. Voltaire..........	r. de l'Université.
19	Beaune (r. de)....	r. de Paris.........	r. St-Denis.
12	Beaune (r. de).....	r. d'Orléans	r. de Bercy.
2	Beauregard (r.)....	r. Poissonnière.....	b. Bonne-Nouvelle.
2	Beaurepaire (r.)....	r. des 2 Portes-St-S..	r. Montorgueil.
16	Beauséjour (b. de).	Grande-Rue de Passy.	r. de l'Assomption.
4	Beautreillis (r.)....	r. des Lions.......	r. St-Antoine.
8	Beauvau (pl.).....	r. du Faub.-St-Honoré.	r. Miromésnil.
6	Beaux-Arts (r. des).	r. de Seine.......	r. Bonaparte.
18	Beaux-Arts (r. des).	r. de la Réforme.....	pl. de l'Abbaye.
12	Beccaria (r.)......	b. Mazas.........	pl. du Marc.-Beauv.
17	Beethoven (r......	av. des Ternes	fortifications.
12	Bel-Air (av. du)....	av. de St-Mandé......	pl. du Trône.
12	Bel-Air (av. du)....	b. de Picpus.......	fortifications.
12	Bel-Air (cour du)..	r. du Faub.-St-Ant.	
13	Bel-Air (r. du).....	r. du Moulin-d.-Prés..	fortifications.
18	Belhomme (r.).....	b. Rochechouart.....	r. de la Nation.
18	Belhomme (pl.)....	r. Belhomme.	
15	Bellart (r.)	r. Pérignon.........	boul. de Sèvres.
7	Bellechasse (r. de).	q. d'Orsay..........	r. de Varennes.
7	Bellechasse (pl. de).	r. St-Dominique.	
9	Bellefond (r.)......	r. du Faub.-Poisson...	r. Rochechouart.
16	Belles-Feuill. (r.d.).	rond-point de Longch.	av. de St-Cloud.
19	Belleville (r. de)...	route d'Allemagne....	r. de la Villette.
11-20	Belleville (b. de)...	r. Oberkampf.......	r. du Faub.-du-Temp.
10	Belleville (c. de)...	r. du Faub.-du-Temple	r. du Buisson-S-Louis.
19	Bellevue (r. de)...	r. des Lilas.........	r. Basse-St-Denis.
13	Bellièvre (r. de)...	q. d'Austerlitz....	r. de la Gare.
16	Bellini (r.)........	r. de la Tour.......	r. du Moulin.
19	Bellot (r.)........	r. Tanger	r. d'Aubervilliers.
8	Bel-Respiro (r. du).	av. des Ch.-Elysées...	r. Beaujon.
10	Belsunce (r. de)....	b. de Magenta......	r. de Rocroi.
17	Bénard (r.)........	r. des Dames........	r. Legendre.
14	Bénard (r.)........	r. du Ch.-d.-Plantes..	r. du Terrier-aux-L.

ARR.	VOIES PUBLIQUES.	TENANTS.	ABOUTISSANTS.
5	Benoît (r. Cim. S'-.	r. Fromentel........	r. S'-Jacques.
5	Benoît (r. Cloît.-S'-).	r. des Mathurins.....	r. des Écoles.
6	Benoît-S'-G. (r. S'-).	r. Jacob...........	r. Gozlin.
6	Benoît-S'-G. (p. S'-).	r. S'-Benoît	pl. S'-Germain-d.-P.
16	Benjam.-Deless. (r.)	ch. S'-Marie........	carref. de la Mont.
19	Béranger (cité)....	r. du Parc	(Belleville).
15	Béranger (imp.)...	r. de Vaugirard.	
3	Béranger (r.)......	r. Charlot.........	r. du Temple.
12	Bercy (b. de)......	r. de Bercy........	r. de Charenton.
12-13	Bercy (p' de).....	q. de Bercy.........	q. de la Gare.
12	Bercy (q. de).....	b. de la Râpée......	r. Nicolaï.
12	Bercy (r. de).....	b. de Bercy........	r. Nicolaï.
4	Bercy-au-Mar. (r.d.).	r. Vieille-du-Temple..	pl. du Marché-S'-Jean.
12	Bercy-S'-Ant. (r. de)	ch. de la Râpée.....	b. de la Contrescarpe.
1	Berger (r.)......	b. de Sébastopol.....	r. Vauvilliers.
9	Bergère (r.)........	r. du Faub.-Poissonn.	r. du F.-Montmartre.
9	Bergère (cité)......	r. du Faub.-Montmart.	r. Bergère.
9	Bergère (galerie)...	r. de Montyon	r. Geoffroy-Marie.
15	Bergers (r. des)....	r. de Javel	r. S'-Paul.
15	Bergers (ch. des)...	usine de Javel.......	fortifications.
18	Beringer (pass.)....	Grande rue d. Batig..	r. Capron.
8-9	Berlin (r. de)......	r. de Clichy........	pl. d'Europe.
11	Bernard (imp. S'-).	r. S'-Bernard.	
11	Bernard (pass. S'-).	r. du Faub.-S'-Antoine	r. S'-Bernard.
5	Bernard (q. S'-)...	p' d'Austerlitz.....	b. S'-Germain.
11	Bernard (r. S'-)....	r. du Faub.-S'-Antoine	r. de Charonne.
6	Bernard-Palissy (r.)	r. de l'Egout........	r. du Dragon.
5	Bernardins (r. des)	q. de la Tournelle....	r. S'-Victor.
8	Berry-S'-Honoré (r.)	av. d.Champs-Elysées.	r. du Faub.-S'-Honoré
8	Berryer (cité)......	r. Royale...........	r. de la Madeleine.
3	Berthaud (imp.)...	r. Beaubourg.	
18	Berthe (r.)........	r. du Poirier........	r. du Télégraphe.
17	Berthier (boul.)...	porte Clichy........	porte de la Révolte.
1	Bertin-Poirée (r.)..	q. de la Mégisserie...	r. de Rivoli.
16	Berton (r.).......	q. de Passy........	r. Guillou.
7	Bertrand (r.)......	r. Éblé...........	r. de Sèvres.
20	Berzelius........	av. de S'-Ouen.....	fortifications.
18	Bès (imp.)	pl. de la Mairie.	
11	Beslay (pass.)......	r. Popincourt........	r. Neuve-Popincourt.
17	Bessières (boul.)...	porte S'-Ouen........	porte de Clichy.
4	Béthune (q. de)....	r. S'-Louis-en-l'Ile...	p' de la Tournelle.
17	Beudant (r.).......	boul. des Batignolles.	r. des Dames.
15	Beuret (r.).......	r. Cambronne	Gr. Rue.
6	Beurrière (r.).....	r. du Four-S'-Germ ..	r. du Vieux-Colomb.
10	Bichat (r.).......	r. du Faub.-du-Temple	q. de Jemmapes.
16	Biches(r.et imp.des)	av. de S'-Cloud	av. Dauphine.
8	Bienfais. (r.de la)..	r. du Rocher	r. de Plaisance.
5	Bièvre (r. de)......	q. de la Tournelle....	b. S'-Germain.
16	Billancourt (r. de).	route de Versailles...	b. Murat.
4	Billettes (r. des)...	r. de la Verrerie.....	r. S'°-Croix-de-la-B'°.
16	Billy (q. de)......	p' de l'Alma........	q. de Passy.
17	Biot (r.)	b. des Batignolles....	r. des Dames.
4	Birague (r. de).....	r. S'-Antoine........	pl. Royale.
18	Biron (r.)........	r. Ramey..........	r. Bachelet.

ARR.	VOIES PUBLIQUES.	TENANTS.	ABOUTISSANTS.
12	Biscornet (r.)	r. des Terres-Fortes..	b. de la Contrescarpe.
8-16	Bizet (r.)	q. de Billy	r. de Chaillot.
5	Blainville	r. Mouffetard	r. Tournefort.
9	Blanche (r.)	r. St-Lazare	pl. Blanche.
9	Blanche (pl.)	r. Fontaine	r. Blanche.
14	Blanche (cité)	ch. de Vanves	ch. de fer de l'Ouest.
8	Blanchisseuses (im.)	r. Bizet.	
4	Blancs-Mant. (r. des)	r. Vieille-du-Temple..	r. du Temple.
9	Bleu (r.)	r. du Faub.-Poissonn.	r. La Fayette.
15	Blomet (r.)	r. Lecourbe	r. St-Lambert.
2-3	Blondel (r.)	r. St-Martin	r. St-Denis.
14	Blottière (r.)	pass. Bournisien	r. de la Procession.
14	Blottière (imp.)	r. Blottière	(Vaugirard).
9	Bochart de Saron(r.)	av. Trudaine	b. Rochechouart.
4	Bœuf (imp. du)	r. Neuve-St-Merri.	
14	Bœufs (ch. des)	ch. du Maine	r. du Transit.
17-18	Bœufs (ch. des)	r. du Ruisseau	(Montmartre).
5	Bœufs (imp. des)	r. de l'École-Polytech..	
2	Boïeldieu (pl.)	r. Favart	r. Marivaux.
1	Boileau (r.)	r. de la Ste-Chapelle..	q. des Orfévres.
16	Boileau (r.)	r. Molière	route de Versailles.
19	Bois (r. des)	r. du Pré	b. Sérurier.
20	Bois (r. du)	r. de Paris	(Charonne).
10	Bois-de-Boul.(pass.)	Faubourg-St-Denis	boulev. St-Denis.
16	Bois-le-Vent (r.)	pl. de la Mairie	r. Boulainvilliers.
16	Boissière (r.)	b. de Passy	r.-point de la Plaine.
8	Boissy-d'Anglas (r.	place de la Concorde.	b. Malesherbes.
13	Boiton (imp.)	r.de la But-.aux-Cailles	
4	Bon (r. St-)	r. de Rivoli	r. de la Verrerie.
6	Bonaparte (r.)	q. Malaquais	r. de l'Ouest.
10	Bondy (r. de)	r. de la Douane	r. du Faub.-St-Martin.
11	Bonne-Graine (c. de)	r. du F.-Saint-Antoine.	
2-10	Bonne-Nouv. (b.)	r. St-Denis	r. Poissonnière.
5	Bon-Puits (r. du)	r. St-Victor	r. Traversine.
18	Bon-Puits (r. du)	Grande-Rue (Chapel.).	ch. de fer de l'Est.
1	Bons-Enf. (r. des)	r. St-Honoré	r. Neuve-d.-B.-Enf.
16	Bons-Hommes (r. d.)	r. Beethoven	av. Franklin.
8	Bony (imp.)	r. St-Lazare.	ch. de fer de l'Ouest.
3	Borda (r.)	r. Volta	r. Montgolfier.
12	Bordeaux (r. de)	q. de Bercy	r. de Bercy.
19	Bordeaux (r. de)	r. de Flandre	q. de Seine.
20	Borey (cité)	pass. St-Louis	imp. des Carrières.
16	Bornes (r. des)	r. Scheffer	rond-pt d. Longchamp.
20	Borrego (r. du)	r. de Charonne	r. Haxo.
7	Bosquet (aven.)	q. d'Orsay	av. Ségur.
9	Bossuet (pass.)	r. Neuve-des-Martyrs.	r. de la T.-d'Auvergne.
10	Bossuet (r.)	r. de La Fayette	r. de Belzunce.
10	Bouchardon	r. de Bondy	r. du Château-d'Eau.
1	Boucher (r.)	r. de la Monnaie	r. de Rivoli.
7	Bouch.-d.-Inv. (r.).	q. d'Orsay	r. St-Dominique.
16	Bouchers (r. des)	r. de Bellevue	av. de l'Impératrice.
19	Bouchet (imp.)	r. de Meaux.	
18	Boucry (r.)	Grande rue.	La Chapelle.
9	Boudreau (r.)	r. Auber	r. de Caumartin.

ARR.	VOIES PUBLIQUES.	TENANTS.	ABOUTISSANTS.
16	Boufflers (av.).....	av. des Tilleuls......	av. des Peupliers.
5	Boufflers (imp.)....	r. Dupetit-Thouars.	
7	Bougainville (r.)...	av. de la M.-Piquet...	r. Chevert.
16	Boulainvilliers (av.)	p¹ de Grenelle........	r. Basse.
16	Boulainvil. (ham.de)	r. de Boulainvilliers..	r. du Ranelagh.
16	Boulainvill. (r. de)..	Grande rue de Passy..	r. Basse.
5	Boulangers (r. des).	r. Monge............	r. d. Fossés-St-Victor.
14	Boulard (r.).......	r. du Champ-d'Asile..	r. Brezin.
17	Boulay (pass.).....	ch. des Bœufs.......	fortifications.
17	Boulay (r.)........	av. de Clichy........	ch. des Bœufs.
12	Boule-Blanche (p.)..	r. de Charenton.....	r. du F.-St-Antoine.
9	Boule-R. (imp. d. l.)	r. de Montyon.......	r. Geoffroy-Marie.
11	Boulets (r. des)....	r. de Montreuil......	r. de Charonne.
17	Boulevard (r. du)..	b. des Batignolles....	r. des Dames.
17	Boulnois (pl.)......	r. Bayen............	r. des Ternes.
9	Boulogne (r. de)...	r. Blanche..........	r. de Clichy.
19	Boulogne (r. de)...	r. de Nantes........	q. de la Gironde.
1	Bouloi (r. du)......	r. Cr.-d.-P.-Champs..	r. Coquillière.
16	Bouquet-de-L. (r.)..	r. de Longchamp.....	r. de la Croix-Boissiè".
16	Bouq.-des-Ch. (r.)..	r. de Longchamp....	av. du Roi-de-Rome.
15	Bourbon (pass.)....	r. de Vaugirard......	r. des Tournelles.
4	Bourbon (q. de)...	r. des Deux-Ponts....	r. St-Louis.
6	Bourbon-le-Ch. (r.).	r. de Buci..........	r. de l'Échaudé.
9	Bourdaloue (r.)....	r. Ollivier..........	r. St-Lazare.
8	Bourdin (imp.).....	av. Montaigne.	
4	Bourdon (b.).......	b. Morland.........	pl. de la Bastille.
1	Bourdonn. (r. des).	q. de la Mégisserie...	r. de la Poterie.
1	Bourdonn. (imp.)..	r. des Bourdonnais.	
19	Bouret (r.)........	r. d'Allemagne.......	r. de Meaux.
2	Bourg-l'Abbé (pass.)	b. de Sébastopol......	r. St-Denis.
2	Bourg-l'Abbé (r. du)	r. du Petit-Hurleur...	r. Greneta.
12	Bourgogne (c. de)..	r. de Charenton......	r. du F.-St-Antoine.
7	Bourgogne (r. de)..	q. d'Orsay..........	r. de Varennes.
12	Bourgogne (r. de)..	q. de Bercy.........	r. de Bercy.
5-13	Bourguignons (r. d.)	r. de Leurcine.......	r. de la Santé.
14	Bournisien (imp.)..	r. de Constantine....	ch. de fer de l'Ouest.
17	Boursault (imp.)...	r. de Boursault.	
9	Boursault (r.)......	r. Pigalle...........	r. Blanche.
17	Boursault (r.).....	b. des Batignolles....	r. des Dames.
2	Bourse (pl. de la)..	r. N.-D.-des-Victoires.	r. Vivienne.
2	Bourse (r. de la)...	pl. de la Bourse......	r. de Richelieu.
4	Bourtibourg (r.)....	r. de la Verrerie.....	r. Ste-Croix-de-la-Br.
4	Boutarel (r.).......	q. d'Orléans........	r. St-Louis.
5	Boutebrie (r.).....	r. de la Parcheminerie.	b. St-Germain.
1	Bouteille (imp.dela)	rue Montorgueil.	
13	Boutin (r.)........	r. de la Glacière.....	r. de la Santé.
5	Bouvart (imp.)	r. St-Hilaire.	
11	Bouvines (r. de)...	av. de Bouvines.....	r. des Ormeaux.
11	Bouvines (av. de)..	pl. du Trône........	r. de Montreuil.
10	Brady (pass.)......	r. du Faub.-St-Martin.	r. du Faub.-St-Denis.
15	Brancion (r.)......	r. des Morillons.	b. Lefèvre.
3	Brantome (r.)......	r. Beaubourg........	r. St-Martin.
3	Braque (r. de).....	r. du Chaume.......	r. du Temple.
6	Bréa (r.)..........	r. Vavin	b. Montparnasse.

ARR.	VOIES PUBLIQUES.	TENANTS.	ABOUTISSANTS.
12	Brèche-aux-L. (r.)..	r. de Charenton	r. de la Lancette.
12	Bréc.-aux-L. (ruelle)	r. et ruelle d. la Lanc..	ch. de Reuilly.
9	Bréda (pl.)........	r. Bréda	r. Clausel.
9	Bréda (r.)........	r. N.-D.-de-Lorette...	r. Laval.
10	Bretagne (cour de).	r. du Faub.-du-Temple	
3	Bretagne (r. de)....	r. Vieille-du-Temple..	r. du Temple.
7-15	Breteuil (av. de)...	pl. de Vauban........	r. de Sèvres.
7-15	Breteuil (pl. de)...	av. de Breteuil......	r. Duroc.
3	Breteuil (r. de)....	r. de Réaumur	r. Vaucanson.
4	Bretonvilliers (r. de)	q. de Béthune.......	r. St-Louis-en-l'Ile.
17	Brey (r.)..........	av. Wagram........	r. de la Plaine.
14	Brezin (r.)	route d'Orléans......	ch. du Maine.
9	Briare (pass.)......	r. Rochechouart	r. Neuve-Coquenard.
17	Bridaine (r.)	r. de la Goutte-d'Or..	r. des Couronnes.
18	Briquet (pass.).....	r. de la Carrière.....	r. Briquet.
18	Briquet (r.)	b. Rochechouart.....	r. des Acacias.
16	Briquet. (ch. de la).	r. de l'Assomption...	r. du Ranelagh.
4	Brise-Miche (r.)....	r. du Cloître-St-Merri.	r. Neuve-St-Merri.
4	Brissac (r. de)....	r. Morland..........	r. Crillon.
17	Brochand (r.)......	av. de Clichy..... ..	pl. de l'Église.
2	Brongniart (r.)	b. Montmartre.......	r. N.-D.-des-Victoires.
18	Brouillards (r. des).	r. Lepic...........	r. de la Fontaine-d.-B.
13	Bruant (r.)........	chemin de la Gare...	r. des Deux-Moulins.
14	Bruno (boulv.)....	r. Brémontier.......	r. du Rocher.
9	Bruxelles (r. de)...	r. de St-Pétersbourg.	b. Malesherbes.
5	Bucherie (r. de la).	pl. Maubert........	r. du Petit-Pont.
6	Buci (r. de).......	r. de l'Anc.-Comédie..	r. de l'École-de-Méd.
9	Buffault (r.)......	r. du Faub.-Montmart.	r. Lamartine.
5	Buffon (r. de).....	b. de l'Hôpital......	r. Geoffroy-St-Hilaire.
16	Bugeaud (av.).....	rond-point de la Plaine,	av. de l'Impératrice.
16	Buis (r. du)	r. Verdelet..........	r. Molière.
10	Buisson-St-L. (r. du)	r. St-Maur	b. de la Villette.
13	Buot (r.)..........	r. de la Butte-aux-C..	r. des Champs.
18	Burcq (r.)........	r. de l'Abbaye.......	r. Durantin.
18	Burcq (cité)........	r. Bastien.	
13	Butte-aux-C.(r.de la)	r. du Moulin-des-Prés	r. de l'Espérance.
10	Butte-Ch. (r. de la).	b. de la Villette.....	r. de Château-Land.
12	Buttes (r. des).....	Gr.-r. de Reuilly....	r. de Picpus.
18	Buzelin (r.)........	r. de la Tournelle....	r. du Bon-Puits.

C

9	Cadet (r.)........	r. du F.-Montmartre.	r. Lamartine.
15	Cadot (ruelle)......	r. Blomet	r. Vaugirard.
18	Cadran (imp. du)...	boul. Rochechouart...	pass. des Acacias.
3	Caffarelli (r.).....	r. de Bretagne.......	pl. de la R.-du-T.
13	Caillaux (r.)..	route de Choisy.	
2	Caire (pass. du)...	r. St-Denis....	pl. du Caire.
2	Caire (pl. du)......	r. du Caire.	
2-3	Caire (r. du).......	r. St-Martin........	pl. du Caire.
20	Calais (imp. de)...	r. de Calais.	
9	Calais (r. de)......	r. Blanche..........	pl. de Vintimille.

ARR.	VOIES PUBLIQUES.	TENANTS	ABOUTISSANTS.
20	Calais (r. de)	r. Ménilmontant	r. de Paris.
16	Callot (r.)	route de Versailles	r. de la Municipalité.
18	Calvaire (r. du)	r. Gabriel	pl. du Tertre.
16	Calvaire (sent. du)	sent. de la Glacière	dans les champs.
8	Cambacérès (r.)	r. des Saussaies	r. de la Pépinière.
19	Cambrai (r. de)	Ch. de St-Denis	r. de Flandre.
15	Cambronne (pl.)	r. Cambronne	
15	Cambronne (r.)	r. de Vaugirard	pl. Cambronne.
14	Campagne-1re (r.)	b. du Montparnasse	b. d'Enfer.
13	Campo-Form. (r. d.)	r. Pinel	b. de l'Hôpital.
10	Canal-St-Mart. (r. du)	r. du F.-St-Martin	q. de Valmy.
6	Canettes (r. des)	r. du Four-S.-Germain	pl. St-Sulpice.
20	Cantonnier (r. du)	ch. de Ménilmontant.	
6	Canivet (r. du)	r. Servandoni	r. Férou.
14	Capitaine (av. du)	rue Dereau.	
18	Caplat (r.)	r. de la Charbonnière.	r. de la Goutte-d'Or.
18	Capron (r.)	b. de Clichy	G. r. des Batignolles.
2-9	Capucines (b. des)	r. Louis-le-Grand	r. Ne-des-Capucines.
5-14	Capucins (r. des)	r. du-Ch.-des-Capuc.	r. St-Jacques.
5	Cardinal-Lemoine (r)	q. de la Tournelle	r. St-Victor.
6	Cardinale (r.)	r. de Furstenberg	r. de l'Abbaye.
17	Cardinet (ch.)	r. de Paris	r. de Courcelles.
17	Cardinet (r.)	av. de Clichy	r. d'Asnières.
5	Carmélites (imp. d.)	r. St-Jacques.	
6	Carnot (r.)	r. de l'Ouest	r. N.-D.-des-Champs.
5	Carmes (r. des)	b. St-Germain	r. St-Hilaire.
17	Caroline (r.)	r. du Boulevard	r. des Batignolles.
20	Caroline (r.)	r. des Couronnes	sq. Napoléon.
4	Caron (r.)	pl. du M.-Ste-Cath.	r. Jarente.
6	Carpentier (r.)	r. du Gindre	r. Cassette.
19	Carrières (ch. des)	r. Senart	r. de Meaux.
20	Carrières (imp. d.)	r. des Amandiers.	
18	Carrières (r. des)	g. r. des Batignolles.	r. de Maistre.
20	Carrières (r. des)	r. des Partants	r. de Ménilmontant.
16	Carrières (r. des)	g. r. de Passy	r. de la Tour.
1	Carrousel (pl. du)	Tuileries	Louvre.
1-6-7	Carrousel (p' du)	q. du Louvre	q. Voltaire.
20	Cascades (r. des)	r. de Ménilmontant	r. de la Mare.
6	Casim.-Delavig. (r.)	r. Monsieur-le-Prince.	pl. de l'Odéon.
7	Casimir-Périer	r. St-Dominique	r. de Grenelle-St-G.
6	Cassette (r.)	r. du Vieux-Colomb.	r. de Vaugirard.
14	Cassini (r.)	r. du Faub.-St-Jacq.	r. d'Enfer.
8	Castellane (r.)	r. Tronchet	r. de l'Arcade.
4	Castex (r.)	r. de la Cerisaie	r. St-Antoine.
1	Castiglione (r. de)	r. de Rivoli	r. St-Honoré.
14	Catacombes (r. des)	b. St-Jacques	r. d'Orléans.
5	Catherine (r. Ste-)	r. St-Hyacint.-St-M.	r. Guy-Lussac.
1	Catinat (r.)	r. de La Vrillière	pl. des Victoires.
18	Cauchois (r.)	r. Lepic	r. Ste-Marie-Blanche.
9	Caumartin (r. de)	r. Basse-du-Rempart.	r. St-Lazare.
18	Cavé (r.)	r. des Cinq-Moulins	r. des Gardes.
9	Cécile (r. Ste-)	r. du Faub.-Pois.	r. du Conservatoire.
20	Célestins (imp. des)	r. du Pressoir.	
4	Célestins (q. des)	r. du Petit-Musc	r. St-Paul.

ARR.	VOIES PUBLIQUES.	TENANTS.	ABOUTISSANTS.
14	Cels (r.)	r. N°-de-la-Pépin	ch. de Vanves.
5-13	Cendrier (r. du)	r. Duméril	r. des Fossés-S¹-M.
20	Cendriers (r. des)	b. de Ménilmontant	r. des Amandiers.
5	Censier (r.)	r. Geoffroy-S¹-Hil	r. Mouffetard.
8	Centre (r. du)	r. de l'Oratoire	r. de Balzac.
17	Centre (r. du)	av. de Clichy	r. de l'Entrepôt.
19	Centre (r. du)	r. des Alouettes.	
20	Centre (r. du)	pl. de la Réunion	r. de Paris.
4	Cerisaie (r. de la)	b. Bourdon	r. du Petit-Musc.
2	Chabanais (r. de)	r. N°-des-P.-Ch	r. Rameau.
10	Chabrol (r. de)	r. du Faub.-S¹-Denis	r. de La Fayette.
18	Chabrol (r. de)	b. de la Chapelle	G. r. de la Chapelle.
15	Chabrol (r. de)	q. de Grenelle	b. de Grenelle.
16	Chabrol (r. de)	r. du Petit-Parc	(Neuilly).
8-16	Chaillot (r. de)	r. Gasté	av. des Ch.-Elysées.
16	Chaillot (sent. de)	r. de la Glacière.	
7	Chaise (r. de la)	r. de Grenelle-S¹-G	r. de Sèvres.
17	Chalabre (r.)	av. de Clichy	r. de l'Entrepôt
16	Chalgrin	r. Lesueur	av. de l'Impératrice.
12	Chalons (r. de)	r. de Rambouillet	b. Mazas.
7	Champagny (r. de)	r. Casimir-Périer	r. Martignac.
14	Champ-d'Asile (r.d.)	b. d'Enfer	ch. du Maine.
13	Ch.del'Alouet. (r.d.)	b. d'Italie	r. de Lourcine.
10	Ch. des Cap. (r.du)	r. de la Santé.	r. des Capucins.
7	Ch.-de-Mars (r. du)	r. Duvivier	av. de La Bourdonnaye
16	Champs (r. des)	r. de Longchamp	r. de Lubeck.
20	Champs (r. des)	r. de Bagnolet	ch. des Partants.
8	Ch.-Elysées (av. d.)	pl. de la Concorde	pl. de l'Etoile.
7	Chanaleilles (r. de)	r. Vanneau	r. Barbet-de-Jouy.
1-7	Change (p¹ au)	pl. du Châtelet	q. aux Fleurs.
4	Chanoinesse (r.)	r. du Cloître-N.-D	r. des Marmousets.
5	Chantiers (r. des)	r. des Fossés-S¹-Ber	r. du Cardinal-Lem.
4	Chantres (r. des)	q. Napoléon	r. Chanoinesse.
10-18	Chapelle (b. de la)	Gr. r. de la Chapelle	b. Magenta.
1	Chap. (r. de la S¹⁰-)	b. du Palais	q. des Orfévres.
3	Chapon (r.)	r. du Temple	r. S¹-Martin.
9	Chaptal (r.)	r. Pigalle	r. Blanche.
18	Charbonnière (r.)	b. de la Chapelle	r. de Jessaint.
12	Charb.-S¹-Ant. (r.d.)	r. de Châlons	r. de Charenton.
5	Ch.-S¹-Marcel (r. d.)	r. de l'Arbalète	r. des Bourguignons.
19	Charente (q. de la)	gare Circulaire	(la Villette).
12	Charenton (ch. de)	r. de Charenton	r. de Reuilly.
12	Charenton (r. de)	pl. de la Bastille	b. de Reuilly
12	Charenton (r. de)	b. de Bercy	b. Poniatowski.
4	Charlem. (pass.)	r. Charlemagne	r. S¹-Antoine.
4	Charlemagne (r.)	r. S¹-Paul	r. des Non.-d'Hyères.
15	Charles (av. S¹-)	r. de Javel	b. Victor.
7	Charles (cité S¹-)	r. S¹-Dominique.	
15	Charles (r. S¹-)	r. Blomet	gr. r. de Vaugirard.
17	Charles (r. S¹-)	r. de la Chaumière	r. de la Révolte.
14	Charles (r. S¹-)	r. de l'Ouest	r. S¹-Louis.
4	Charles V (r.)	r. du Petit-Musc	r. S¹-Paul.
3	Charlot (r.)	r. des Quatre-Fils	b. du Temple.
17	Charlot (r.)	av. Wagram	r. de la Plaine.

ARR.	VOIES PUBLIQUES.	TENANTS.	ABOUTISSANTS.
11-20	Charonne (b. de)...	r. de Montreuil......	b. de Ménilmontant.
11	Charonne (r. de)...	r. du Faub.-St-Ant...	b. de Charonne.
20	Charonne (r. de)...	r. de Bagnolet.......	r. des Bois.
12	Charpentier (ruelle)	ch. de Reuilly.	
5	Chartière (r.)......	r. St-Hilaire........	r. de Reims.
17	Chartres (r. de)....	av. de Clichy.......	r. Lemercier.
18	Chartres (r. de)....	b. de la Chapelle.....	r. de la Goutte-d'Or.
17	Chasseurs (av. des).	b. Pereire..........	dans les champs.
20	Château (r. du)....	r. Vitruve...........	r. de Paris.
14	Château (r. du)....	r. Maison-Dieu......	ch.-du-Maine.
8	Chateaubriand (r.).	r. de l'Oratoire......	r. du Bel-Respiro.
10	Chât.-d'Eau (r. du)	r. de la Douane......	r. du Faub.-St-Denis.
8	Chât.-d.-Fl. (r. du)	r. Horace Vernet.....	Champs-Élysées.
13	Chât.-d.-Rent. (r. du)	b. de la Gare........	b. Masséna.
14	Chât.-du-M. (r. du)	ch. du Maine........	r. de Vanves.
10	Chât.-Land. (r. du)	r. du Faub.-St-Mart..	b. de la Chapelle.
18	Chât.-Rouge (pi. du)	r. Poulet...........	r. Lévisse.
18	Chât.-Rouge (r. du)	ch. de Clignancourt..	r. Marcadet.
14	Chatelain (r.)......	r. de l'Ouest.......	r. de Vanves.
1-4	Chatelet (pl. du)...	q. de la Mégisserie...	r. St-Denis.
14	Chatillon (r. de)...	car. des 4 Chemins..	fortifications.
9	Chauchat (r.)......	r. Rossini.........	r. de la Victoire.
10	Chaudron (r. du)...	r. du Faub.-St-Mart..	r. du Château-Land.
20	Chaudron (r.)......	r. des Amandiers....	r. des Carrières.
3-4	Chaume (r. du)....	r. des Blancs-Mant..	r. des Vieilles-Haud.
19	Chaumont (cit. St-).	b. de la Villette.....	(Belleville).
19	Chaumières (r. des).	r. des Alouettes.....	r. de Crimée.
9	Ch.-d'Ant. (r. de la).	b. des Italiens......	r. St-Lazare.
3	Ch.-d.-Min. (r. d. la)	pl. Royale..........	r. St-Gilles.
10	Chausson (pass.)...	r. du Ch.-d'Eau.....	b. Magenta.
8	Chauv.-Lagarde (r.)	pl. de la Madeleine...	b. Malesherbes.
14	Chauvelot (cité)....	ch. des Bœufs.......	(Montrouge).
14	Chauvelot (r.).....	r. du Géorama.......	pass. Léonidas.
17	Chazelles (r. de)...	b. Malesherbes......	r. de Courcelles.
13	Ch.-de-fer (av. du)	ch. de fer d'Orléans.	r. du Chevaleret.
15	Chem.-de-fer (av. d.)	b. des Fourneaux....	ch. de la Gaîté.
18	Chem.-de-fer (r. du)	r. de la Tournelle...	r. du Bon-Puits.
14	Chem.-de-fer (r. du)	r. de la Glacière.....	ch. de fer de Sceaux.
14	Chem.-de-fer (r. du)	anc. r. d'Orléans.....	r. du Chemin-Vert.
14	Chem.-de-f. (r. du)	b. de Vaugirard.....	r. de Vanves.
14	Chem.-des-P. (r. du)	r. Bénard...........	ch. des Bœufs.
16	Chem. de la Cr. (r.).	r. de la Croix.......	r. de la Tour.
11	Chemin-Vert (r. du)	b. de Beaumarchais..	r. Popincourt.
14	Chemin-Vert (r. du)	r. de la Tomb.-Issoire	fortifications.
12	Chêne-Vert (c. du)..	r. de Charenton.	
2	Chenier (r.).......	r. Ste-Foy..........	r. de Cléry.
16	Chenilles (sent. des)	r. de l'Assomption....	r. du Ranelagh.
8	Cherbourg (gal. de).	r. de la Pépinière....	r. Delaborde.
6-15	Cherche-Midi (r. du)	carr. de la Cr.-Rouge.	r. de Vaugirard.
14	Chereau (r.)........	r. de la Butte-aux-Cail.	
17	Cherroi (r.)........	b. des Batignolles...	r. des Dames.
2	Chérubini (r.).....	r. de Chabanais......	r. Ste-Anne.
11	Cheval-bl. (pas du)	r. du Faub.-St-Ant....	r. de la Roquette.
13	Chevaleret (r. du)..	b. de la Gare........	b. Masséna.

ARR.	VOIES PUBLIQUES.	TENANTS.	ABOUTISSANTS.
20	Chevaliers (imp. d.)	r. de Calais.........	(Belleville).
5-13	Chevaux (marc.aux)	r. de Poliveau......	b. St-Marcel.
5-13	Chev. (av. du M.-a.)	b. de l'Hôpital......	r. du Marché-aux-Ch.
5	Ch. (pas. du M.-a.-)	r. des Fos.-St-Marc...	r. du March.-aux-Ch.
7	Chevert (r.).......	av. Latour-Maubourg.	av. de Tourville.
9	Cheverus (r........	r. St-Lazare.........	r. de la Trinité.
6	Chevreuse (r. de)...	r. N.-D.-des-Champs..	b. du Montparnasse.
6	Childebert (r.).....	r. d'Erfurth........	r. Ste-Marthe.
20	Chine (r. de la)....	r. des Partants......	r. de Ménilmontant.
2	Choiseul (pass.)....	r. N.-des-Pet.-Ch...	r. N.-St-Augustin.
2	Choiseul (r. de)....	r. N.-St-Augustin.....	b. des Italiens.
13	Choisy (route de)..	b. de la Gare........	b. Masséna.
10	Chopinette (r. de la)	r. St-Maur..........	b. de la Villette.
18	Christiani (r.).....	r. des Poissonniers...	ch. de Clignancourt.
6	Christine (r.)......	r. des Gr.-Augustins.	r. Dauphine.
16	Cimarosa (r.)......	av. du Roi-de-Rome..	r. Lauriston.
18	Cimetière (av. du).	b. de Clichy........	cimetière.
14	Cimetière (av. du)..	b. de Montrouge....	cimetière.
18	Cinq-Moulins (r. d.)	r. de Valence.......	r. Doudeauville.
8	Cirque (r. du).....	av. Gabriel.........	r. du Faub.-St-Hon.
6	Ciseaux (r. des)....	r. Gozlin...........	r. du Four.
4	Cité (pont de la)....	q. de l'Archevêché..	q. Bourbon.
4	Cité (r. de la).....	q. Napoléon........	Petit-Pont.
16	Claire (r. Ste-)....	r. Guichard	r. de la Pompe.
3	Clairvaux (imp. de).	r. St-Martin.	
9	Clary (square).....	r. N.-des-Mathurins..	r. St-Nicolas d'Antin.
3	Cl.-au-M. (imp. St-).	r. St-Claude.	
3	Cl.-au-Mar. (r. St-).	b. de Beaumarchais..	r. Turenne.
16	Claude-Lorrain (r.).	r. de la Municipalité.	r. Boileau.
2	Cl.-Mont. (imp. St-).	r. Montmartre.	
10	Claude-Vellef. (r.)..	r. Alibert..........	r. Grange-aux-Belles.
9	Clausel (r.)........	r. des Martyrs......	r. Breda.
5	Clef (r. de la).....	r. Daubenton........	r. de Lacépède.
6	Clément (r.)......	r. de Seine	r. Mabillon.
15	Cler (r.)..........	r. St-Dominique	av. Lam.-Piquet.
2	Cléry (r. de)......	r. Montmartre.......	r. Beauregard.
17	Clichy (av. de)....	G.-r. des Batignolles.	b. Bessières.
9-18	Clichy (b. de)....	r. des Martyrs......	r. de Clichy.
9	Clichy (r. de).....	r. St-Lazare........	b. de Clichy.
18	Clignancourt (ch.)..	b. Rochechouart.....	r. Müller.
13	Clisson (r.)........	r. du Chevaleret.....	r. Baudricourt.
1	Cloître-St-H. (r. du)	r. des Bons-Enfants.,	r. Montesquieu.
4	Cloître-St-M. (r. du)	r. du Renard........	r. St-Martin.
4	Cloître-N.-D. (r. du)	q. Napoléon........	parvis Notre-Dame.
20	Cloche (sent. de la).	r. des Champs......	(Charonne).
4	Cloche-Perce (r.) ...	r. François-Miron...	r. du Roi-de-Sicile.
5	Clopin (imp.)......	r. Descartes.	
5	Clopin (r.)........	r. des Fos.-St-Victor.	r. d'Arras.
20	Clos (r. du)......	r. Couret...........	r. St-Germain.
5	Clos-Bruno (r.)....	r. des Carmes.......	r. de la M.-Ste-Genev.
1	Clos-Georg. (r. du).	r. de la F.-Molière...	r. Ste-Anne.
2	Clos-Réglisse (r. du)	r. de Madame........	r. St-Germain.
5	Clotaire (r.)	pl. Ste-Geneviève.....	r. des Fos.-St-Jacq.
15	Clotilde (r.).......	r. Clovis	r. de la Vieille-Estr.

ARR.	VOIES PUBLIQUES.	TENANTS.	ABOUTISSANTS.
16	Cloud (av. de S'-)..	pl. de l'Etoile......	porte de la Muette.
6	Cloud (porte de S'-)	r. de la Reine........	r. de Versailles.
15	Clovis (r.).........	r. des Fos.-S'-Victor..	r. Clotilde.
8	Cloys (r. des)......	r. du Ruisseau......	r. des Carrières.
4	Cocatrix (r.).......	r. de Constantine....	r. des Trois-Canettes.
13-8	Coches (cour des)..	r. de la Madeleine...	r. du Faub.-S'-Honoré.
15	Cochin (r.).........	r. Pascal.........	r. de Lourcine.
4	Cœur-de-Vé (imp.).	r. d'Orléans.........	(Montrouge).
2	Colbert (gal.)......	r. N°-des-Pet.-Ch....	r. Vivienne.
2	Colbert (pass.).....	r. N°-des-Pet.-Ch....	gal. Colbert.
2	Colbert (r.)........	r. Vivienne..........	r. Richelieu.
4	Coligny (r. de).....	q. Henri IV........	b. Morland.
18	Colisée (r. du).....	av. des Ch.-Elysées..	r. du Faub.-S'-Hon.
13	Collégiale (pl. de la)	r. d. Francs-B.-S'-M..	r. S'-Marcel.
9	Colmar (r. de).....	r. de Marseille.......	q. de la Marne.
4	Colombe (r. de la).	q. Napoléon........	r. Chanoinesse.
2	Colonnes (r. des)...	r. des Filles-S'-Th...	r. Feydeau.
7	Combes (r.)........	r. Nicot............	r. Malar.
7	Comète (r. de la)..	r. S'-Dominique....	r. de Grenelle.
14	Command. (av. du)	r. N° de la Tomb.-Is..	ch. de Servitude.
12	Commerce (r. du)..	r. de Bercy.........	r. de Charenton.
15	Commerce (r. du)..	av. de la Motte-Piq..	r. des Entrepreneurs.
6	Comm. (pass. du)..	cour du Commerce...	r. de l'Anc. Comédie.
6	Commerce (pl. du).	r. S'-André-des-Arts..	r. de l'Ecole-de-Méd.
3	Commines (r.).....	r. Turenne..........	b. des Filles-du-Calv.
18	Compans (r.)......	r. de Paris..........	r. de Bellevue.
18	Compans (imp.)....	r. Compans.........	
18	Compoint-Gr. (p.)..	r. N° Charbonnière...	r. de Romainville.
1-8	Concorde (pl. de la)	jardin des Tuileries..	Champs-Elysées.
7-8	Concorde p' de la).	q. des Tuileries.....	q. d'Orsay.
6	Condé (r. de)......	r. de l'Odéon........	r. de Vaugirard.
8	Conférence (q. d. la)	p' de la Concorde....	p' de l'Alma.
9	Conservat. (r. du)..	r. Bergère..........	r. Richer.
4	Constantine (r. de).	r. d'Arcole..........	pl. du Pal.-de-Justice.
20	Constantine (r. de).	b. de Belleville......	r. des Couronnes.
18	Constantine (r. de).	r. des Cinq-Moulins..	r. des Poissonniers.
14	Constantine (r. de).	r. de Médéah........	r. du Transit.
4-5	Constantine (p' de)	q. de Béthune.......	q. S'-Bernard.
18	Constant. (imp. de)	b. de Clichy........	(Montmartre).
8	Constantin. (r. de).	pl. d'Europe.......	r. du Rocher.
3	Conté (r.)........	r. Montgolfier.......	r. Vaucanson.
6	Conti (imp. de)....	q. de Conti.........	
6	Conti (q. de)......	r. Dauphine........	q. Malaquais.
12	Contrescarpe (b.)...	q. de la Râpée......	r. de Lyon.
6	Cont.-Dauph. (r.)...	r. Dauphine........	r. S'-André-des-Arts.
5	Cont. S'-M. (r.)...	r. des F.-S'-Victor....	r. Mouffetard.
16	Copernic (r.)......	av. du Roi-de-Rome..	pl. d'Eylau.
15	Copreau (r.).......	r. Blomet.........	r. de Vaugirard.
1	Coq-Héron (r. du)...	r. Coquillière........	r. Pagevin.
4	Coq-S'-J. (imp. du)	r. de la Verrerie.....	
9	Coquenard (cité)...	r. N° Coquenard	
1	Coquillière (r.)....	r. du Jour..........	r. Croix-des-P.-Ch.
10	Corbeau (r.)......	r. Bichat..........	r. S'-Maur.
12	Corbineau (r.).....	ch. de la Gare.......	b. de Bercy.

ARR.	VOIES PUBLIQUES.	TENANTS.	ABOUTISSANTS.
1	Corby (pass.)......	r. de Montpensier	r. de Richelieu.
13	Cordelières (r. des).	r. Pascal...........	r. du Ch.-de-l'Al.
14	Corderie (imp. de la)	r. de Châtillon	(Montrouge).
3	Corderie (pl. de la).	r. de la Corderie.....	r. Dupetit-Thouars.
5	Cordiers (r. des)...	r. St-Jacques........	r. Victor-Cousin.
16	Corneille (imp.)....	av. Despréaux.......	(Auteuil).
6	Corneille (r.)......	pl. de l'Odéon.......	r. de Vaugirard.
13	Cornes (r. des)	r. du Banquier......	r. des Fos.-St-Marcel.
18	Cortot (r.)	r. St-Denis.........	r. des Saussaies.
15	Corvisart (pass.)...	r. St-Paul.	
1	Cossonner. (r. de la)	r. de Sébastopol.....	r. Pierre-Lescot.
12	Côte-d'Or (r. de la).	r. de Bordeaux	r. de Bourgogne.
12	Cotte (r.)..........	r. de Charenton.....	r. du Faub.-St-Ant.
18	Cottin (pass.)......	r. Ramey...........	r. de la Fontenelle.
14	Couesnon (r.)......	r. de Vanves........	r. du Château.
4	C.-d.-Mirac. (p.d.la).	r. des Tournelles.....	imp. Jean-Beausire.
20	Courat (r.)........	ch. de Ceinture......	(Charonne).
1	Courbaton (imp.)..	r. de l'Arbre-Sec.	
8-17	Courcelles (b. de)	b. des Batignolles ...	av. de Wagram.
8	Courcelles (r. de)..	r. de la Pépinière....	ch. de Courcelles.
17	Courcelles (r. de)..	b. de Courcelles.....	r. de la Révolte.
20	Couronnes (r. des).	b. de Belleville......	ch. de Ménilmontant.
1	Courtalon (r.).....	r. St-Denis	pl. Ste-Opportune.
7	Courty (r.)........	r. de Lille.........	r. de l'Université.
18	Coustou (r.).......	b. de Clichy........	r. Lepic.
4	Coutellerie (r. de la).	av. Victoria........	r. de Rivoli.
3	Coutur.-St-Gerv. (r.)	r. de Thorigny......	r. Vieille-du-Temple.
6	Crébillon (r. de)....	r. de Condé........	pl. de l'Odéon.
9	Crétet (r.)........	r. Bochart-de-Saron..	r. Lallier.
4	Crillon (r. de)	b. Morland	r. de l'Orme.
19	Crimée (r. de).....	r. de Beaune........	r. d'Allemagne.
2	Croissant (r. du)...	r. du Sentier.......	r. Montmartre.
16	Croix (r. de la)	r. Le Kain.........	r. Raffet.
12	Croix (r. de la)	ch. des Meuniers	ch. de la Cr. Rouge.
16	Cr.-Boiss. (r. de la).	r. de Longchamp....	r. de Lubeck.
4	Cr.-de-la-Br. (r.Ste-)	r. Vieille-du-Temple..	r. du Temple.
4	Cr.-de-la-Br. (p. Ste-)	r. Ste-Croix-de-la-Br..	r. des Billettes.
18	Cr.-de-l'E. (r. de la)	ch. d'Aubervilliers ...	r. des Rosiers.
1	Cr.-des-P.-Champs.	r. Saint-Honoré......	place des Victoires.
8	C.-du-Roule (r. de la)	r. du Faub.-St-Hon...	r. de Courcelles.
15	Croix-Nivert (r.)....	pl. d. la b. de l'Ecole.	r. Lecourbe.
6	Croix-Rouge (carr.).	r. du Four	r. de Sèvres.
12	Croix R. (r. de la) ..	b. de Picpus........	b. Poniatowski.
13	Croix-R. (r. de la)..	r. du Chevaleret.....	r. du Ch.-des-Rent.
13	Croulebarbe (r.) ...	r. Mouffetard.......	r. du Champ-de-l'Al.
11	Crussol (pass.)	r. Oberkampf.......	r. Crussol.
11	Crussol (r.)........	b. du Temple	r. Folie-Méricourt.
18	Cugnot (r.)........	r. Ricquet.........	(Montmartre).
5	Cujas (r.)..........	pl. du Panthéon.....	b. St-Michel.
4	Cult.-Ste-Cather.(r.).	r. de Rivoli........	r. du Parc-Royal.
16	Cure (r. de la)	r. de l'Assomption ...	r. de la Source.
19	Curial (r.)	r. de la Chapelle.....	b. Macdonald.
5	Cuvier (r.)........	q. St-Bernard	r. Linné.
1	Cygne (r. du)......	r. St-Denis..........	r. Mondétour.

7

D

2	Dalayrac (r.)	r. Méhul	r. Montsigny.
17	Dames (r. des)	Gr. r. des Batignolles	r. de Lévis.
17	Dames (r. des)	av. des Ternes	r. de Courcelles.
7	Dames de la V.(r. d.)	pass. Ste-Marie	r. de Grenelle.
2	Damiette (r. de)	cour des Miracles	r. d'Aboukir.
11	Damoye (pass.)	pl. de la Bastille	r. Daval.
18	Dancourt (pl.)	r. des Acacias	(Montm.).
16	Dangeau (r.)	r. de la Croix	r. de la Glacière.
18	Danger (imp.)	Ch. latéral au ch. de fer	de ceinture.
14	Danville (r.)	r. de la Pépinière	r. Larochefoucauld.
8	Dany (imp.)	r. du Rocher	r. Larochefoucauld.
4	Dareau (r.)	boul. St-Jacques	
14	Daubenton (r.)	r. Geoff.-St-Hilaire	r. Mouffetard.
5	Daumesnil (av.)	r. de Lyon	pl. de Reuilly.
1	Dauphin (r. du)	r. de Rivoli	r. St-Honoré.
6	Dauphine (r.)	q. des Grands-Aug	r. St-André-des-Arts.
1	Dauphine (pl.)	r. du Harlay	pl. du Pont-Neuf.
6	Dauphine (pass.)	r. Dauphine	r. Mazarine.
11	Daval (r.)	b. de Beaumarchais	r. de la Roquette.
14	David (r.)	r. de la Tour	r. Scheffer.
20	Davoust (boul.)	pte de Vincennes	pte de Bagnolet.
17	Davy (r.)	av. de St-Ouen	r. Balagny.
17	Débarcadère (r. du)	r. Ste-Marie	b. Pereire.
5	Debelleyme (r.)	r. Turenne	r. Turenne.
16	Decamps (r.)	r. de Longchamp	r. de la Pompe.
1	Déchargeurs (r. d.)	r. de Rivoli	r. St Honoré.
14	Decrès (r.)	r. de la Procession	r. du Transit.
2	Degrés (r. des)	r. Beauregard	r. de Cléry.
18	Dejean (r.)	r. des Poissonniers	ch. de Chignancourt.
8	Delaborde (pl.)	r. Delaborde	
8	Delaborde (r.)	r. du Rocher	r. de Miroménil.
18	Delacroix (pass.)	r. des Carrières	av. de St-Ouen.
20	Delaître (r.)	r. des Panoyaux	ch. de Ménilmontant.
14	Delambre (r.)	b. Montparnasse	b. de Montrouge.
16	Delaroche (r.)	r. Vital	pl. Possoz.
11	Delatour (r.)	r. des Fossés-du-T	r. de la Folie-Méric.
11	Delaunay (imp.)	r. de Charonne	
15	Delécourt (av.)	r. Violet	(Grenelle).
19	Delesse (r.)	r. Rébéval	r. Neuve-Pradier.
1	Delorme (gal.)	r. de Rivoli	r. St-Honoré.
9	Delta (r.)	r. du Faub.-Poiss	r. Rochechouart.
18	Demi-L. (p. de la)	Grande-Rue	la Chapelle.
16	Demi-L. (r. de la)	r. de Billancourt	r. de Versailles.
20	Demi-L. (r. de la)	r. de Charonne	b. de Ménilmontant.
17	Demours (r.)	av. des Ternes	r. de Courcelles.
10	Denain (boul. de)	b. de Magenta	r. de Dunkerque.
2-5-10	Denis (b. St-)	r. St-Martin	r. St-Denis.
1-2	Denis r. St-)	pl. du Châtelet	b. de Bonne-Nouvelle.
19	Denis (r. Saint-)	r. de Flandre	ch. de St-Ouen.
11	Dénis-St-Ant.(r. St-)	r. du Faub.-St-Ant	r. de Montreuil.
20	Denoyez (r.)	r. de Paris	r. de l'Orillon.

ARR.	VOIES PUBLIQUES.	TENANTS.	ABOUTISSANTS.
14	Deparcieux (r.)....	r. du Ch.-d'Asile	r. de la Pépinière.
18-19	Département (r. du)	r. de l'Isly	Gr. r. de la Chapelle.
19	Dépotoir (imp. du).	r. d'Allemagne......	r. du Dépotoir.
19	Dépotoir (r. du)...	r. des Pr.-St-Gerv....	b. Serrurier.
13	Dervilliers (r.).....	r. du Champ-de-l'Al..	r. des Anglaises.
4	Desaix (q.)........	pt Notre-Dame	pt au Change.
15	Desaix (r.)........	av. de Suffren.......	b. de Grenelle.
16	Desaugiers (r.).....	r. Molière...........	r. du Buis.
16	Desbord-Valm. (r.).	r. Ste-Claire.........	r. de la Tour.
5	Descartes (r.).......	r. de la Mont.-Ste-G..	r. Thouin.
20	Deschamps (pass.) .	b. de Belleville......	r. du Pressoir.
17	Descombes (r.).....	r. de Louvain........	b. de Neuilly.
8-9	Desèze (r.)	r. Basse-du-Remp....	Pl. de la Madeleine.
17	Desgranges (r.).....	b. de Courcelles	r. Desrenaudes.
10	Désir (pass. du)....	r. du Faub.-St-Martin.	r. du Faub.-St-Denis.
13	Désirée (imp.).....	r. du Moul.-des-Prés.	
15	Desnouettes (r.)....	r. de Vaugirard......	b. Victor.
16	Despréaux (av.).....	r. Boileau...........	r. Molière.
14	Desprez (r.)	r. de Constantine....	r. de l'Ouest.
17	Desrenaudes (r.)...	b. de Courcelles	b. de Wagram.
4	Deux-Boules (r. des)	r. des Lavandières...	r. Bertin-Poirée.
4	Deux-Ermites (r. d.)	r. des Marmousets...	r. de Constantine.
1	Deux-Ecus (r. des).	r. des Prouvaires....	r. de Grenelle.
18	Deux-Frères(imp.d.)	r. des Brouillards....	(Montmartre).
13	Deux-Moulins (r. d.)	b. de l'Hôpital.......	b. de la Gare.
20	Deux-Pavillons(r.d.)	r. de la Duée........	r. de Calais.
4	Deux-Ponts (r. des).	q. d'Orléans.........	q. de Bourbon.
4	Deux-P.-St-J. (r. d.)	r. de Rivoli	r. de la Verrerie.
2	Deux-P.-St-S. (r. d.)	r. du Petit-Lion......	r. Thévenot.
11	Deux-Sœurs (c. d.)..	r. de Charonne......	
9	Deux-Sœurs(imp.d.)	r. du Faub.-Montm...	r. Lamartine.
18	Diard (r.)	r. Marcadet..........	r. de la Butte.
17	Dier (pass.).......	av. de Clichy........	ch. des Bœufs.
17	Docteur (r. du)	ch. des Bœufs.......	b. Bessières.
5	Domat (r.).........	r. des Anglais	r. St-Jacques.
15	Dombasle (r.)......	Gr. r. de Vaugirard...	r. du Transit.
16	Dôme (r. du)	r. de Lauriston	av. d'Eylau.
7	Dominiq. (pass. St-)	r. St-Domin.-St-G	
7	Domin. St-G. (r. St-)	r. des Sts-Pères	av. La Bourdonnaye.
3	Dominiq. (imp. St).	r. Royer-Collard.	
16	Donizetti (r.).......	r. de la Fontaine.....	av. Montmorency.
13	Doré (cité).........	pl. de la barr. d'Ivry.	
4	Dosne (r.)..........	r. de la Pompe.......	av. Bugeaud.
9	Douai (r. de)	r. Pigalle...........	b. de Clichy.
10	Douane (r. de la)...	r. de Bondy.........	q. de Valmy.
4-5	Double (pt au).....	q. de l'Archevêché...	q. de Montebello.
18	Doudeauville (r.)...	Grande-Rue de la Ch.	r. des Poissonniers.
8	Douze-Mais.(pl.des)	av. Montaigne........	r. Marbeuf.
6	Dragon (cour du) ...	r. de l'Egout	r. du Dragon.
6	Dragon (r. du).....	r. Taranne	r. du Four-St-G.
19	Drouin-Quaint. (r.).	r. de Meaux	b. de la Villette.
19	Drouot (r.)	b. Montmartre.......	r. de Provence.
20	Dubois (imp.)......	r. du Pressoir.......	(Belleville).
19	Dubois (pass.)	r. du Dépotoir......	(la Villette).

ARR.	VOIES PUBLIQUES.	TENANTS.	ABOUTISSANTS.
4	Ducolombier (r.)...	r. St-Antoine........	r. d'Ormesson.
15	Ducouëdic (r.).....	r. de la Tombe-Issoir.	route d'Orléans.
20	Duée (r. de la)	r. de Calais	r. des Pavillons.
6	Duguay-Tr. (r.)	r. de l'Ouest........	r. de Fleurus.
15	Duguesclin (r.)....	r. de Bayard........	r. Dupleix.
15	Dulac (pass.)	r. de Vaugirard.....	r. des Fourneaux.
17	Dulong (r.)........	r. des Dames.......	r. Cardinet.
13	Duméril (r.)........	b. St-Marcel........	b. de l'Hôpital.
9-10	Dunkerque (r. de)..	pass. de Lafayette ...	r. Rochechouart.
19	Dunkerque (r. de) .	pl. de Lille........	q. de la Gironde.
15	Dunois (r.)........	r. de la Cr.-Rouge....	b. de la Gare.
9	Duperré (r.)........	r. de la Font. St-G....	b. de Clichy.
3	Dupet.-Thouars (r.)	pl. de la Rot.-du-T...	r. du Temple.
1-8	Duphot (r.)	r. St-Honoré........	b. de la Madeleine.
6	Dupin (r.)........	r. de Sèvres	r. du Cherche-Midi.
15	Dupleix (pl.)......	r. de ce nom.	
15	Dupleix (r.)........	av. Suffren........	b. de Grenelle.
16	Dupont (r.)........	r. Basse-St-Pierre....	r. de Chaillot.
3	Dupuis (r.)........	r. Dupetit-Thouars...	r. Béranger.
6	Dupuytren (r.).....	r. de l'Ecole de Méd..	r. Monsieur-le-Prince.
7	Duquesne (av.)	q. d'Orsay..........	av. de Ségur.
18	Durantin (r.)	r. du Vieux-Chemin..	r. Lepic.
8	Duras (r. de)......	r. du Faub.-St-Honor.	r. du Marché-d'Aguess.
20	Duris (r.)..........	r. des Amandiers....	r. des Cendriers.
7	Duroc (r.)	b. des Invalides	pl. de Breteuil.
15	Dutot (r.)..........	rond-pt des Tournell.	
7	Duvivier (r.)......	r. de Grenelle	av. de la Mothe-Piquet.

E

16	Eaux (pass. des)...	route de Versailles....	(Passy).
7	Eblé (r.)...........	b. des Invalides	av. de Breteuil.
6	Echaudé-St-G. (r.)..	r. de Seine..........	pl. Gozlin.
1	Echelle (r. de l') ...	r. de Rivoli	r. St-Honoré.
3	Echiq. (imp. de l')..	r. du Temple .	
10	Echiquier (r. de)...	r. du Faub.-St-Denis..	r. du Faub.-Poissonn.
10	Eclu.-St-Mart. (r. d.)	r. Grange-aux-Belles..	r. du Faub. St-M.
9	Ecole (imp. de l')...	r. Nve Coquenard.	
1	Ecole (pl. de l') ...	q. de l'Ecole........	r. d. Prêt.-St-G.-l'A.
1	Ecole (q. de l')	pt Neuf	q. du Louvre.
6	Ecole-de-M. (r. de l')	b. St-Michel	r. de Buci.
6	Ecole-de-M. (pl.de l')	r. de l'Ecole de Méd.	
5	Ec.-Polyt. (pl. de l')	r. Descartes........	r. de la Me-Ste-Genev.
5	Ec.-polyt. (r. de l').	r. des Carmes	r. de la Me-Ste-Genev.
5	Ecoles (r. des)	r. St-Nicolas-du-Ch..	b. St-Michel.
5	Ecosse (r. d')......	r. St-Hilaire	r. du Four-St-Jacq.
4	Ecouffes (r. des)...	r. du Roi-de-Sicile ...	r. des Rosiers.
8	Ecur.-d'Art. (r. des).	r. de Morny.........	r. du Faub. St-Honoré.
2	Eginhard (r.)	r. St-Paul	r. Charlemagne.
12	Eglise (pl. de l')	r. de l'Eglise.	
12	Eglise (pl. de l')...	r. de Bercy	r. du Commerce.
18	Eglise (pl. de l') ...	gr.-r. de la Chapelle.	
15	Eglise (pl. de l') ...	r. Blomet .	

ARR.	VOIES PUBLIQUES.	TENANTS.	ABOUTISSANTS.
17	Eglise (r. de l')....	r. de la Paix	pl. de l'Eglise.
15	Eglise (r. de l')....	r. St-Louis	pourtour de l'Eglise.
16	Eglise (r. de l')....	r. Basse.............	Gr.-Rue.
12	Eglise (ruelle de l')	r. de la Voûte-du-C..	b. Soult.
10	Egout (imp. de l')...	r. du Faub.-St-Martin.	
6	Egout (r. de l')....	r. Gozlin............	r. du Four-St-Germ.
20	Elisa-Borey (imp.).	r. des Amandiers.	
5	Elisabeth (r. Ste-)..	r. des Fontaines	r. du Vertbois.
8	Elysée (r. de l')....	av. Gabriel...........	Faub. St-Honoré.
8	Elysée (pass. de l').	Faub. St-Honoré	r. de Courcelles.
18	Elysée (pass. de l').	b. de Clichy........	r. de l'Abbaye.
15	Emeriau (r.).......	r. Chabrol...........	r. Linois.
16	Empereur (b. de l').	q. de Billy..........	porte de la Muette.
15	Enfant-Jés. (imp.)..	r. de Vaugirard.	
3	Enf.-Rouges (March.)	r. de Bretagne.	
3	Enf.-Rouges (r.) ...	r. Pastourelle........	r. Molay.
5-6-14	Enfer (r. d')	b. St-Michel........	b. d'Enfer.
14	Enfer (b. d').......	b. Montparnasse.....	r. d'Enfer.
14	Enfer (av. d')	b. d'Enfer..........	r. Delambre.
10	Enghien (r. d')....	r. du Faub.-St-Denis..	r. du Faub.-Poissonn.
10	Entrepôt (pl. de l')	r. des Marais........	r. de l'Entrepôt.
10	Entrepôt (r. de l') ..	r. du Faub.-du-Temple	r. de Lancry.
17	Entrepôt (r. de l')...	r. Cardinet..........	b. Bessières.
15	Entrepren. (r. des).	q. de Javel	r. de la Croix-Nivert.
15	Entrep. (pass. des).	pl. de la Mairie......	r. des Entrepreneurs.
20	Envierges (r. des)..	r. Piat.............	r. de la Mare.
5	Epée-de-B. (r. de l')	r. Gracieuse........	r. Mouffetard.
6	Eperon (r. de l') ...	r. St-André-des-Arts..	r. du Jardinet.
17	Eperon (r. de l') ...	r. St-Ferdinand......	b. Pereire.
12	Erard (r.).........	r. de Charenton.....	r. de Reuilly.
6	Erfurth (r. d').....	égl. St-Germ. d. Prés	r. Gozlin.
16	Erlanger (r.).......	gr.-rue d'Auteuil ...	b. Murat.
20	Ermitage (r. de l')..	ch. de Ménilmontant..	r. St-Martin.
18	Ernestine (r.)......	r. Doudeauville.....	r. Marcadet.
13	Esquirol (r.).......	b. de l'Hôpital......	r. des Deux-Moulins.
5	Essai (r. de l')	r. Poliveau..........	marché aux Chevaux.
17	Essling (av. d').....	pl. de l'Etoile.......	av. des Ternes.
19	Est (r. de l')	r. Rébéval..........	r. Pradier.
4	Estacade (pont de l')	q. Henri IV	q. de Béthune.
7	d'Estrées (r.)	b. des Invalides......	pl. de Fontenoi.
5	Etienne-d.-G. (r. St-)	pl. Ste-Geneviève.....	r. St-Jacques.
8-10-17	Etoile (pl. de l'....	av. des Champs-Elys.	av. de la Gr.-Armée.
17	Etoile (cité de l') ...	pl. de l'Arc-de-Triom.	r. des Acacias.
2	Etoile (imp. de l')...	r. Thévenot	cour des Miracles.
4	Etoile (r. de l')....	q. des Ormes	r. de l'Hôtel-de-Ville.
17	Etoile (r. de l')	av. de Wagram.......	r. des Acacias.
15	Eugénie av. Ste-)..	r. des Vignes........	Vaugirard.
20	Eupatoria (r. d') ...	r. des Couronnes	r. de la Mare.
8	Europe (pl. de l')...	r. de Constantinople .	r. de Londres.
1	Eustache (imp. St).	r. Montmartre.	
1	Evêque (r. de l')....	r. des Frondeurs.....	r. des Orties.
19	Evette (r.).........	r. de Thionville.	
16	Eylau (av. d')......	pl. de l'Etoile	porte de la Muette.
16	Eylau (pl. d')	av. d'Eylau..........	av. Malakoff.

F

ARR.	VOIES PUBLIQUES.	TENANTS.	ABOUTISSANTS.
7	Fabert (r.)	q. d'Orsay	r. de Grenelle.
16	Faisand. (r. de la)	av. de l'Impératrice	av. d'Eylau.
18	Falaise (cité)	chemin de Ceinture.	
20	Fargeau (r. St-)	r. de Charonne	boul. Mortier.
11-12	Faub.-St-Ant. (r. du)	pl. de la Bastille	pl. du Trône.
10	Faub.-St-Den. (r. d.)	b. Bonne-Nouvelle	b. de la Chapelle.
8	Faub.-St-Hon. (r. du)	r. Royale	b. de Courcelles.
5	Faub.-St-Jacq. (r. du)	r. St-Jacques	r. de la Vieille-Estrap.
10	Faub.-St-Mart. (r. d.)	b. St-Denis	b. de la Villette.
9	Faub.-Montm. (r. du)	b. Montmartre	r. Fléchier.
9	Faub.-Poiss. (r. du)	b. Poissonnière	b. Rochechouart.
10-11	F.-du-Temp. (r. du)	b. du Temple	b. de Belleville.
19	Fauch. (pass. des)	r. de Paris	r. Rébéval.
4	Fauconnier (r. du)	r. du Figuier	r. Charlemagne.
18	Fauvet (pass.)	r. des Couronnes	r. Cavé.
18	Fauvet (r.)	r. des Carrières	av. de St-Ouen.
2	Favart (r.)	r. Grétry	b. des Italiens.
15	Favorites (pass. des)	r. de Vaugirard	pl. d'Alleray.
6	Félibien (r.)	r. Clément	r. Lobineau.
17	Félicité (r. de la)	route d'Asnières	r. Saussure.
4	Femme-S.-Tête (r.)	r. St-Louis	q. Bourbon.
9	Fénelon (cité)	r. Nle des Martyrs	r. de la Tour-d'Auv.
10	Fénelon (r.)	r. d'Abbeville	r. de Belzunce.
15	Fenoux (r.)	r. Gerbert	r. Groult d'Arcy.
2	Fer (gal. de)	de Choiseul	b. des Italiens.
5	Fer-à-Moul. (r. du)	r. Geoffroy-St-Hilaire.	r. Mouffetard.
17	Ferdinand (r. St-)	av. des Ternes	av. de la Gr.-Armée.
3	Ferd.-Berthoud (r.)	r. Montgolfier	r. Vaucanson.
17	Ferdinandville (cité)	boul. Pereire, 18.	
14	Fermat (r.)	r. du Ch.-d'Asile	r. de la Pépinière.
15	Ferme (r. de la)	av. Suffren.	av. de la Mothe-Picq.
20	Ferme (c. de la)	r. de Paris	(Belleville).
15	Ferme de Gren. (r. de)	av. Suffren	av. de la Motte-Piquet.
8-9	Ferme-d.-Math. (r.)	r. Tronchet	r. Basse-du-Rempart.
10	Ferme-St-L. (p. d. l.)	b. Magenta	r. de Chabrol.
17	Fermiers (r. des)	route d'Asnières	r. Saussure.
6	Férou (r.)	pl. St-Sulpice	r. de Vaugirard.
1	Ferronn. (r. de la)	r. St-Denis	r. des Déchargeurs.
14	Ferrus (r.)	b. St-Jacques.	
19	Fessart (imp.)	r. Fessart.	
19	Fessart (r.)	r. d'Hautpoul	r. de Meaux.
15	Feugnières (ruelle)	r. St-Lambert	r. Notre-Dame.
19	Fête (pl. de la)	r. de Beaune.	
17	Fête (pl. de la)	pl. de l'Église.	
5	Feuillantines (r. d.)	r. de l'Arbalète	r. St-Jacques.
10	Feuillet (pass.)	r. des Écluses-St-M.	q. Valmy.
18	Feutrier (r.)	r. St-André	r. Ste-Marie.
2	Feydeau (r.)	r. Montmartre	r. de Richelieu.
2	Feydeau (gal.)	r. St-Marc	gal. des Variétés.
4	Fiacre (imp. St-)	r. St-Martin.	

ARR.	VOIES PUBLIQUES.	TENANTS.	ABOUTISSANTS.
2	Fiacre (r. S¹-).....	r. des Jeûneurs......	b. Poissonnière.
15	Fiacre (pass. S¹-)..	b. de Grenelle.......	r. Miollis.
10	Fidélité (pl. de la)..	r. Sibour.	
10	Fidélité (r. de la)..	b. de Strasbourg.....	r. du Faub.-S¹-Denis.
4	Figuier (r. du).....	r. de l'Hôtel-de-Ville..	r. Charlemagne.
10	Filles-D. (imp. des).	b. Bonne-Nouvelle.	
2	Filles-Dieu (r. des).	r. S¹-Denis..........	r. d'Aboukir.
3	Filles-du-Calv. (r.).	r. Turenne..........	b. des Filles-du-Calv.
3-11	Filles-du-Calv. (b.).	r. du Pont-aux-Choux.	r. Oberkampf.
2	Filles-S¹-Thom.(r.d.)	r. Vivienne..........	r. Richelieu.
18	Fillettes (r. des)...	ch. de la Croix-de-l'E..	b. Ney.
19	Flandre (r. de).....	b. de la Villette.....	b. Macdonald.
16	Flandrin (boul.)...	av. Ingre............	b. Suchet.
9	Fléchier (r.).......	r. Ollivier..........	r. du Faub.-Montm.
17	Fleurs (cité des)...	av. de Clichy.......	ch. des Bœufs.
4	Fleurs (quai aux)..	pont Notre-Dame....	pont au Change.
6	Fleurus (r. de).....	jardin du Luxemb...	r. N.-D.-des-Champs.
18	Fleury (r.).........	b. de la Chapelle.....	r. de la Charbonnière.
12	Fleury (r.)..... ...	b. de Reuilly........	r. Raoul.
19	Florence (r. de)...	r. Lauzin	(Belleville).
8	Florence (r. de)...	r. de Rome..........	r. du Rocher.
1-8	Florentin (r. S¹-)...	pl. de la Concorde...	r. S¹-Honoré.
19	Florentine (cité)...	r. d'Hautpoul........	
3	Foin (r. du).......	r. Ch.-des-Minimes...	r. Turenne.
11	Folie-Méricourt (r.).	r. Oberkampf........	r. Fontaine-au-Roi.
11	Folie-Regnault (r.).	r. de la Muette.....	r. des Amandiers.
15	Fondary (imp.)....	r. du Haut-Transit...	(Vaugirard).
15	Fondary (r.).......	r. Lourmel..........	r. de la Croix-Nivert.
15	Fondary (r.).......	r. de Vaugirard......	b. Lefèvre.
12	Fonds-Verts (r. d.).	r. du Commerce.....	r. de Charenton.
9	Font.-S¹-Georg. (r.).	r. Chaptal..........	pl. Blanche.
5	Fontaine (r. de la)..	r. Daubenton........	r. du Puits-l'Ermite.
13	Font.-à-M. (ch. d.l.)	r. du Pot-au-Lait....	ch. des Peupliers.
20	Fontaine (r. de la).	r. de la Chine.......	r. de Belleville.
11	Fontaine-au-Roi (r.)	r. du Faub.-du-Tem..	r. S¹-Maur.
17	Font.-des-Tern. (r.)	r. de Louvain.......	b. Gouvion-S¹-Cyr.
18	Fontaine-du-But (r.)	r. des Brouillards....	ch. des Bœufs.
1	Fontaine-Molière(r.)	r. S¹-Honoré........	r. du Hasard.
18	Font.-S¹-Denis (r.)..	r. de la Borne......	r. S¹-Denis.
1	Font. (cour des)....	r. des Bons-Enfants..	r. de Valois.
5	Fontaines (r. des).	r. du Temple........	r. Volta.
17	Fontaines (pass.des)	r. Decombes.........	r. de la Font.-d.-T.
5	Fontanes (r.).......	b. S¹-Germain.......	r. des Ecoles.
20	Fontarabie (r. de)..	r. de Paris.........	r. du Ch.-de-fer.
18	Fontenelle (r. de la)	r. Ramey...........	r. de la Borne.
7	Fontenoi (pl. de)...	av. de Lowendal.....	av. de Saxe.
16	Fontis (ch. des)....	r. de l'Assomption....	sentier de la Glacière.
18	Forest (r.)........	b. de Clichy........	r. Capron.
5	Forez (r. du)......	r. Charlot..........	r. Beaujolais.
11	Forge-Royal. (imp.).	r. du Faub. S¹-Antoine.	
2	Forges (r. des).....	r. de Damiette.......	pl. du Caire.
13	Fortin (avenue)....	r. du Gaz..........	route de Choisy.
8	Fortin (r.)........	r. de Ponthieu......	r. des Ecuries-d'Art.
5	Foss.-S¹-Bernard (r.)	b. S¹-Germain........	r. S¹-Victor.

AGR.	VOIES PUBLIQUES.	TENANTS.	ABOUTISSANTS.
1	Fossés-St-G.-l'Aux (r)	pl. du Louvre........	r. de Rivoli.
5-13	Fossés-St-Marcel (r.)	r. de Poliveau........	r. Mouffetard.
10	Fossés-St-Martin (r.)	r. de la Chapelle.....	r. du Faub.-St-Denis.
11	Fos.-du-Temple (r.)	r. Oberkampf........	r. du F.-du-Temple.
5	Fos.-St-Victor (r. d.)	r. St-Victor........	r. Blainville.
13	Fos. aux e. (r. de la)	r. du Bel-Air........	r. d. Moul.-d.-l.-Pointe.
5	Fouarre (r. du)....	r. de la Bûcherie.....	r. Galande.
4	Fourcy-St-Ant. (r.)	r. de Jouy..........	r. François-Miron.
5	Fourcy-St-G. (r.)..	r. Mouffetard........	r. de la V.-Estrapade.
15	Fourn. (pass. des).	ch. des Fourneaux...	r. de la Procession.
15	Fourn. (r. des)....	r. de Vaugirard......	boul. de Vaugirard.
17	Fournial (r.).......	b. de Courcelles.....	r. de Chazelles.
19	Fournier (r.).......	r. de Meaux........	r. d'Allemagne.
1	Fourreurs (r. des).	r. des Lavandières....	r. des Déchargeurs.
19	Fours-à-Ch. (ch.)..	r. de Meaux........	r. Fessart.
6	Four-St-Germ. (r.).	r. Montfaucon........	carr. de la Croix-R.
5	Four-St-Jacq. (r.)..	r. des Sept-Voies....	r. d'Ecosse.
2	Foy (r. Ste-)......	r. des Filles-Dieu....	r. St-Denis.
18	France-Nouv. (r.)..	b. Rochechouart.....	pl. Belhomme.
16	François-Gérard (r.)	r. de la Fontaine.....	r. Molière.
8	François Ier (pl.)...	r. de Bayard........	r. Jean-Goujon.
8	François Ier (r.)....	cours-la-Reine.......	av. d'Antin.
4	François-Miron (r.).	r. de Fourcy........	r. des Barres.
18	Francs-Bourg. (r. d.)	r. d'Aubervilliers....	grande r. de la Chap.
3-4	F. Bourg.-au-M. (r.)	r. Pavée.............	r. Vieille-du-Temple.
5-13	F.-Bourg.-St-Marc.	r. des Fossés-St-Marc..	p. de la Collégiale.
16	Franklin (ch.).....	r. Benjamin-Delessert.	q. de Billy.
16	Franklin (r.)	b. de Longchamp....	carr. de la Montagne.
15	Frémicourt (r.)....	pl. de la barr. de l'Ec.	r. du Commerce.
3	Frépillon (pass.)...	pass. du Commerce..	r. Volta.
20	Fréquel (pass.).....	r. des Ecoles........	r. de Fontarabie.
5	Fresnel (r.).......	r. St-Victor.........	r. Traversine.
14	Friant (r.)........	route de Châtillon, 16.	
8	Friedland (av. de)..	r. du Faub.St-Honoré.	pl. de l'Etoile.
9	Frochot (r.)	r. de Laval.........	r. Pigalle.
3	Froissart (r.)......	r. Commines........	r. Turenne.
5	Fromentel (r.).....	r. Chartières.........	r. du Cimetière-St-B.
13	Fulton (r.)........	q. d'Austerlitz.......	r. de la Gare.
6	Furstemberg (r. de)	r. Jacob.............	r. de l'Abbaye.

G

8	Gabriel (avenue)...	pl. de la Concorde...	av. Matignon.
18	Gabrielle (r.)......	pl. Nouvelle........	r. du Vieux-Marché.
9	Gaillard (cité).....	r. Léonie...........	r. Blanche.
8	Gaillard (pass.).....	av. Montaigne.......	r. Marbeuf.
2	Gaillon (r.)........	r. N.-des-Pet.-Champs	r. N.-St-Augustin.
15	Gaîté (ch. de la)...	ch. des Fourneaux...	r. du Chemin-de-Fer.
14	Gaîté (imp. de la)..	r. de la Gaîté........	(Montrouge).
14	Gaîté (r. de la)....	b. de Montrouge......	ch. du Maine.
5	Galande (r.).......	pl. Maubert........	r. St-Jacques.
8-16	Galilée (r.)........	b. de Passy	av. des Ch.-Elysées.

ARR.	VOIES PUBLIQUES.	TENANTS.	ABOUTISSANTS.
16	Galiote (ch. de la)...	q. d'Auteuil	route de Versailles.
20	Galleron (r.)........	r. du Château	r. St-Germain.
12	Gallois (r.)........	port de Bercy........	r. de Bercy.
12	Galvani (r.)........	r. Laugier..........	boul. Gouv.-St-Cyr.
11	Gambey (r.)........	r. Oberkampf........	r. d'Angoulême.
6	Garancière (r.)....	r. St-Sulpice.......	r. de Vaugirard.
13	Gare (b. de la).....	q. d'Austerlitz......	route de Choisy.
15	Gare (q. de la).....	pt de Bercy..........	boul. Masséna.
15	Gare (r. de la).....	r. Papin	boul. de la Gare.
18	Gare (r. de la)....	r. du Nord..........	gr. r. de la Chapelle.
18	Gareau (r.)........	r. du Vieux-Chemin..	r. Durantin.
16	Gasté (r.).........	r. Basse-St-Pierre....	r. des Batailles.
11	Gaudelet (imp.)....	r. Ménilmontant.....	
15	Gaudon (ruelle)....	r. des Malmaisons....	(Gentilly).
17	Gauthey (r.).......	av. de Clichy........	ch. des Bœufs.
13	Gaz (r. du)........	b. d'Ivry	av. Fortin.
5	Geneviève (pl. Ste-).	r. Clotilde	r. Soufflot.
16	Geneviève (pl. Ste-).	r. Wilhem	(Auteuil).
5	Genev. (r. N.-Ste-).	r. St-Victor.........	r. d. Prêt.-St-Et-d.-M.
16	Genev. (ruelle Ste-).	r. de Chaillot.......	r. du Ch.-de-Versaill.
13	Génie (r. du)......	r. de Fontainebleau..	r. du Bel-Air.
14	Gentilly (r. de)....	ch. des Prêtres......	r. de la Tombe-Issoire.
13	Gentilly-St-M. (r.)..	r. Mouffetard........	b. d'Italie.
12	Genty (pass.)......	q. de la Râpée......	r. de Bercy.
17	Geoffroy-Didel. (p.).	b. des Batignolles....	r. des Dames.
4	Geoffroy-l'Ang. (r.).	r. du Temple........	r. Beaubourg.
4	Geoffroy-Lasn. (r.).	q. de la Grève......	r. St-Antoine.
9	Geoffroy-Marie (r.).	r. du Faub.-Montm..	r. Richer.
5	Geoffroy-St-Hil. (r.)	r. du Fer-à-Moulin..	r. Cuvier.
14	Géorama (r. du)....	ch. du Maine.......	r. du Terrier-aux-L.
9	Georges (pl. St-)...	r. St-Georges.......	r. N.-D. de Lorette.
9	Georges (r. St-)....	r. de Provence......	pl. St-Georges.
13	Gérard (r.)........	b. d'Italie..........	r. de la Butte-aux-C.
15	Gerbert (r.).......	r. Blomet..........	gr. rue, Vaugirard.
16	Géricault (r.)......	r. de la Fontaine....	r. Poussin.
5-6	Germain (b. St-)...	q. St-Bernard.......	r. Hautefeuille.
6	Germ.-des-P. (p. St-)	r. Bonaparte	r. Childebert.
1	Germ.-l'Aux. (pl.St-)	r. des Prêtres.......	r. des Fossés-St-G.-l'A.
1	Germ.-l'Aux. (r. St-)	r. des Lavandières...	pl. des Trois-Maries.
18	Germ-Pilon (r.)....	boul. de Clichy.....	r. de l'Abbaye.
5	Gerson (pl.).......	r. St-Jacques........	r. Gerson.
5	Gerson (r.).......	pl. Gerson	r. Victor-Cousin.
3	Gervais (r. St-)....	r. des Coutures-St-G.	r. Debelleyme.
4	Gesvres (q. de)....	r. St-Martin........	Pont-au-Change.
5	Gilles (r. St-)......	b. Beaumarchais....	r. Turenne.
6	Gindre (r. du).....	r. du Vieux-Colomb..	r. de Mézières.
15	Ginoux (r.)........	r. Lourmel.........	r. Héricart.
19	Gironde (q. de la)..	gare Circulaire......	(Villette).
6	Git-le-Cœur (r.)....	q. des Gr-Augustins..	r. St-André-des-Arts.
13	Glacière (r. de la)..	r. de Lourcine......	b. d'Italie.
18	Glacière (r. de la)..	boul. Ney..........	r. des Portes-Blanches
4	Glatigny (r.).......	q. Napoléon........	r. des Marmousets.
13	Gobelins (r. des)..	r. Mouffetard........	rivière de Bièvre.
13	Gobel. (ruelle des).	r. des Gobelins......	r. Croulebarbe.

ARR.	VOIES PUBLIQUES.	TENANTS.	ABOUTISSANTS
13	Godefroy (r.)......	boul. d'Ivry........	pl. de la bar. d'Italie.
9	Godot-de-Maur (r).	r. Basse-du-Rempart.	r. N°-des-Mathurins.
1	Gomboust (r.).....	r. St-Roch..........	pl. du Marc.-St-Honoré
1	Gomboust (imp.)...	pl. du Marc.-St-Honoré	
12	Gondi (ruelle).....	r. de Charenton......	ch. des Meuniers.
1	Gourdin (pass.)....	pass. d'Athènes......	
14	Gourdon (pass.)...	r. de la Tombe-Issoire.	b. St-Jacques.
19	Goutte (r. de la)....	r. de Crimée........	r. Basse-St-Denis.
18	Gout.-d'Or (r. de la).	r. de Jessaint.......	r. des Poissonniers.
18	Gout.-d'Or (r. de la)	pl. Belhomme.......	r. des Poissonniers.
17	Gouvion-St-Cyr (b.).	porte de la Révolte..	porte de Neuilly.
6	Gozlin (r.)........	r. de l'Egout.......	pl. Gozlin.
6	Gozlin (pl.)........	r. du Four.........	r. Gozlin.
5	Gracieuse (r.)......	r. Daubenton.......	r. de Lacépède.
10	Graffard (pass.)....	q. de Valmy........	r. de Lafayette.
2	Grammont (r. de)..	r. N°-St-Augustin....	b des Italiens.
3	Gr.-Chantier (r. du).	r. des Vieilles-Haudr.	r. l'astourelle.
2	Gr.-Cerf (pass. du).	r. St-Denis.........	r. des Deux-Portes S. S.
10	Gr.-St-Michel (r. du)	quai de Valmy......	r. du Faub.-St-Martin.
11	Grand-Prieuré(r.du)	r. Oberkampf........	r. Delatour.
18	Gr.-Bouteille (imp.)	r. du Poteau........	
6	Gr.-Chaumière (r.).	r. N. D. des Champs..	b. du Montparnasse.
2	Gr.-Tête (imp. de la)	r. St-Spire.........	
1	Gr.-Truanderie (r.).	b. de Sébastopol.....	r. Montorgueil.
18	Gr.-Carrières (r.des)	r. des l'ames	ch. des Bœufs.
16-17	Gr.-Armée (av. d. l.)	pl. de l'Etoile.......	porte de Neuilly.
16	Grande-Rue.......	r. Boileau..........	boul. Murat.
17-18	Grande-Rue.......	b. des Batignolles....	av. de Clichy.
18	Grande-Rue.......	b. de la Chapelle....	boul. Ney.
16	Grande-Rue.......	carref. de la Montagne	ch. de la Muette.
6	Gr.-August. (q. des).	pl. du pont St-Michel.	pont Neuf.
6	Gr.-Augustins (r. d.)	q. des Gr.-Augustins.	r. St-André-des-Arts.
2	Grands-Degrés(r.d.)	r. Maître-Albert......	pl. Maubert.
10	Grange-aux-B. (r).	q. de Jemmapes......	boul. de la Villette.
9	Grange-Batel. (r.).	r.du Faub. Montmartre	r. Chauchat.
3	Gravilliers (p. des).	r. Chapon..........	r. des Gravilliers.
3	Gravilliers (r. des).	r. du Temple.......	r. St-Martin.
8	Greffulhe (r.).....	r. Castellane........	r. N°-d.-Mathurins.
6	Grégoire-d.-T. (r.).	r. de Bucy.........	r. des Quatre-Vents.
15	Grenelle (b. de)....	av. de la Motte-Piquet	r Lecourbe.
7	Grenelle (imp. de)..	r. de Grenelle.......	
16	Grenelle (p' de)....	port d'Auteuil......	q. de Grenelle.
15	Grenelle (q. de)....	b. de Javel........	p. de Grenelle.
1-7	Grenelle-St-G. (r. de)	carr. de la Cr.-Rouge.	av. de la Bourdonnaye
1	Gren.-St-Hon. (r.)..	r. St-Honoré.......	r. Coquillière.
2-3	Gréneta (r.)......	r. St-Martin........	r. St-Denis.
3	Grenier-St-Laz. (r.).	r. Beaubourg.......	r. St-Martin.
4	Gren.-sur-l'Eau (r)	r. Geoffroy-Lasnier..	r. des Barres.
20	Grès (pl. des)......	r. St-Germain.......	(Charonne).
2	Grétry (r.)........	r. Favart..........	r. Grammont.
16	Greuze (r.)........	b. de Longchamp....	r. Decamps.
4	Grève (q. de la)..	r. Geoffroy-Lasnier..	pl. de l'Hôtel-de-Ville.
7	Gribeauval (r. de)..	p. St-Thomas-d'Aquin	r. du Bac.
5	Gril (r. du)........	r. Censier.........	r. Daubenton.

ARR.	VOIES PUBLIQUES.	TENANTS.	ABOUTISSANTS.
16	Gros (r.)	r.-p. du pont de Gren.	r. de la Fontaine.
15	Groult-d'Arcy (r)	r. Blomet	Gr.-Rue de Vaugirard
18	Gué (r. du)	Grande-r. de la Chap.	r. du Nord.
4	Guéménée (imp.)	r. St-Antoine	
6	Guénégaud (r.)	q. de Conti	r. Mazarine.
4	Guépine (imp.)	r. de Jouy	
2	Guérin-Boiss. (r.)	r. de Palestro	r. St-Denis.
16	Guichard (r.)	pl. Possoz	Gr.-R. de Passy.
20	Guignier (r. du)	r. St-Martin	r. des Rigoles.
9	Guillaume (c. St-)	r. N°-Coquenard	
4	Guillaume (r.)	q. d'Orléans	r. St-Louis.
7	Guillaume (r. St-)	r. Perronet	r. de Grenelle-St-Germ.
12	Guillaumot (pass.)	c. Mazas	
14	Guilleminot (r.)	r. de l'Ouest	r. St-Louis.
4	Guillemites (r. des)	r. des Blancs-Mant	r. de Paradis.
6	Guillou (r.)	r. du Ranelagh	r. Basse.
16	Guisarde (r.)	r. Mabillon	r. des Canettes.
17	Guttin (r.)	av. de Clichy	boul. Bessières.
5	Guy de la Brosse (r.)	r. Jussieu	r. St-Victor.
7	Guyot (r.)	b. de Neuilly	r. de Courcelles.

H

20	Haies (r. des)	r. de Montreuil	r. Courat.
9	Halévy (r.)	boul. des Capucines	r. N°-des-Mathurins.
5	Halle-aux-Veaux (pl)	r. de Poissy	r. de Pontoise.
14	Hallé (r.)	r. de la Tombe-Issoire.	av. du Commandeur.
1	Halles-St-Denis (r d)	r. St-Denis	r. d. Lavandières-Ste-O.
8	Hambourg (r. de)	r. d'Amsterdam	r. de Valois du Roule.
15	Hameau (r. du)	r. Desnouettes	boul. Victor.
2	Hanovre (r. de)	r. de Choiseul	r. du Port-Mahon.
5	Harlay-au-Mar. (r.)	b. de Beaumarchais	r. St-Claude.
1	Harlay-au-Pal. (r.)	q. de l'Horloge	q. des Orfévres.
5	Harpe (r. de la)	r. de la Huchette	b. St-Germain.
15	Harvey (r.)	r. Nationale	r. du Ch.-des-Rentiers
1	Hasard (r. du)	r. de la Fontaine-Mol.	r. Ste-Anne.
8	Haussmann (boul.)	pl. du Nouvel-Opera	av. Friedland.
4	Haut-Moulin (r. du)	r. Glatigny	r. de la Cité.
5	Haut-Pavé (r. du)	q. Montebello	r. de la Bûcherie.
20	H.-Câtines (r. des)	r. des Champs	r. de Belleville.
4	Haute-d.-Ursins (r.)	r. St-Landry	r. Glatigny.
20	Hautes-Vignoles (r.)	pl. de la Réunion	b. de Charonne.
6	Hautefeuille (r.)	pl. St-André-des-Arts.	r. de l'École-de-Méd.
5	Hautefort (imp. d')	r. des Bourguignons.	
10	Hauteville (r.)	b. Bonne-Nouvelle	pl. de Lafayette.
19	Hautpoul (r. d')	r. d'Allemagne	r. de Paris (Bell.).
9	Havre (pass. du)	r. de Caumartin	r. St-Lazare.
8-9	Havre (r. du)	r. St-Nicolas-d'Antin.	r. St-Lazare.
17	Havre (r. du)	r. Lebouteux	r. Legendre.
19	Haxo (r.)	ch.-neuf de Ménilm.	boul. Serrurier.
9	Helder (r. du)	b. des Italiens	r. Taitbout.
17	Hélène (r.)	Grande-r. des Batign.	r. Lemercier.

ARR.	VOIES PUBLIQUES.	TENANTS.	ABOUTISSANTS.
19	Henri (cité)............	r. Compans.	
20	Henri-Chevreau (r.)	r. de Ménilmontant..	r. de la Mare........
14	Henrion-d.-Pan. (r.)	r. de la Procession..	r. du Moulin-de-la-V.
1	Henri-Quatre (pass)	r. des Bons-Enfants..	cour des Fontaines.
4	Henri IV (q.).....	b. Morland........	q. des Célestins.
15	Hérard (r.)........	Gr.-r. de Vaugirard...	pet. r. de la Process.
15	Héricart (r.).......	pont de Grenelle.....	pl. St-Louis.
16	Hérold (r.).......	av. de Boulainvilliers..	r. Molière.
20	Héron (pass. d')...	pass. Ronce.........	(Belleville).
15	Herr (r.)........	r. de l'Église.......	r. de Javel.
5	Hilaire (r. St-)...	r. des Sept-Voies....	r. Charretière.
13	Hippolyte (p. St-)..	route de Choisy.....	r. de Fontainebleau.
13	Hippolyte (r. St-)..	r. Pierre-Assis.......	r. de Lourcine.
16	Hippolyte (r. St-) ..	r. de la Tour.......	pl. Possoz.
6	Hirondelle (r. de l').	pl. du Pt-St-Michel...	r. Git-le-Cœur.
15	Hoche (r.)........	r. Kléber..........	r. Duguesclin.
11	Holzbacher (cité)..	r. des Trois-Bornes...	r. Fontaine-au-Roi.
4	Homme-Ar. (r. de l')	r. Ste-Croix-de-la-Br..	r. des Blancs-Mant.
1-8	Honoré (r. St-).....	r. des Déchargeurs..	r. Royale.
6	Honoré-Cheval. (r.).	r. Bonaparte.......	r. Cassette.
5-13	Hôpital (b. de l')...	pl. Valhubert........	pl. de la barr. d'Italie
13	Hôpital (pl. de l')..	b. de l'Hôpital.	
10	Hôp.-St-Louis(r.d.l')	r. de la Grange-aux-B.	q. Jemmapes.
8	Horloge (cour de l').	r. du Rocher.	
1	Horloge (q. de l').	pt au Change	Pont Neuf.
3	Hospitalier (imp. d.)	r. de la Ch.-d.-Minim.	
4	Hosp.-St-Gerv. (r. d.)	r. des Rosiers	r. des Francs-Bourg.
5	Hôtel-Colbert (r.d.l')	q. de Montebello.....	r. Galande.
1	Hôt.-d.-Ferm. (p.d.)	r. de Grenelle-St-H...	r. du Bouloi.
4	Hôtel-de-V. (pl. d. l')	q. le Pelletier......	r. de Rivoli.
17	Hôt.-de-V. (pl. de l')	r. de l'Hôtel-de-Ville.	(Batignolles.)
4	Hôtel-de-V. (r. de l')	r. de l'Étoile........	r. Jacques-de-Brosse.
17	Hôtel-de-V. (r. de l')	b. des Batignolles...	r. Lobau.
20	Houdard (r.).......	r. des Amandiers....	r. Mogador....
18	Houdon (r.).......	boul. de Clichy......	r. de l'Abbaye.
5	Huchette (r. de la).	r. du Petit-Pont.....	r. de la Harpe.
1	Hulot (pass.)......	r. de Montpensier...	r. de Richelieu.
14	Humboldt (r.).....	r. de la Santé.......	r. du Faub.-St-Jacques.
1	Hyacinthe-St-H. (r.).	r. de la Sourdière....	r. du Marché-St-Hon.

I

7-16	Iéna (pt d').......	q. de Billy..........	q. d'Orsay.
2	Iéna (r. d')........	q. d'Orsay.........	r. de Grenelle.
4	Ile-Louviers (r. uel')	q. Henri IV.........	b. Morland.
15	Imbault (r.).......	r. des Entrepreneurs.	r. de Javel.
16	Impérat. (av. de l')	pl. de l'Étoile.......	bois de Boulogne.
10	Industrie (p. de l').	r. du Faub.-St-Martin	r. du Faub.-St-Denis.
15	Industrie (p. de l').	r. Lourmel.........	r. Lecourbe.
16	Ingres (av.).......	av. Raphaël........	ch. de la Muette.
1	Innoc. (r. d.)......	r. St-Denis.........	r. de la Lingerie.
1	Innocents (sq. des).	r. aux Fers.........	r. St-Denis.

ARR.	VOIES PUBLIQUES.	TENANTS.	ABOUTISSANTS.
6	Institut (pl. de l').	q. de Conti..	
7	Invalides (b. des)..	r. de Grenelle-S¹-Germ.	r. de Sèvres.
7	Invalides (espl. des)	Hôtel des Invalides...	q. d'Orsay.
7-8	Invalides (pᵗ des)...	q. de la Conférence..	q. d'Orsay.
5	Irlandais (r. des)...	r. de la Vieill.-Estrap.	r. des Postes.
18	Isly (imp. de l')...	r. de Jessaint........	(Chapelle).
19	Isly (imp. de l')...	pl. du Maroc........	(Villette).
20	Isly (pass. de l')...	r. de l'Alma........	r. de la Mare
8	Isly (r. de l')......	r. du Havre........	r. de l'Arcade.
14	Issoire (imp.)......	r. de la Tombe-Issoire	
13	Italie (b. d')......	pl. de la barr. d'Italie.	r. de la Santé.
13	Italie (pl. d')......	r. Mouffetard.......	
2-9	Italiens (b. des)....	r. de Richelieu......	r. Louis-le-Grand.
13	Ivry (route d').....	route de Choisy.....	boul. Masséna.

J

4	Jabach (pass.)	r. Nᵉ-S¹-Merri.......	r. S¹-Martin.
5	Jacinthe (r.).......	r. des Trois-Portes...	r. Galande.
6	Jacob (r.).........	r. de Seine........	r. des Saints-Pères.
11	Jacquard (r.)......	r. Ternaux........	r. Oberkampf.
4	Jacques-de-Br. (r.).	q. de la Grève......	r. François-Miron.
14	Jacques (b. S¹-) ...	r. de la Glacière.....	pl. d'Enfer.
14	Jacques pl. S¹-)....	r. du Faub.-S¹-Jacques.	
5	Jacques (r. S¹-) ...	r. Galande.........	r. des Capucins.
4	Jacq.-la-B. (sq. S¹-).	r. de Rivoli........	av. Victoria.
19	Jandelle (cité).....	r. Rébéval........	(Belleville).
6	Jardinet (r. du)....	r. Mignon..........	r. de l'Eperon.
11	Jardiniers (imp. d.)	r. Amelot..........	
12	Jardiniers (r. des)..	r. de Charenton.....	ch. des Meuniers.
16	Jardins (imp. des).	ruelle Sᵗᵉ-Geneviève...	Chaillot.
14	Jardins (pass. des).	r. Dareau..........	r. de la Tombe-Iss.
4	Jardins (r. des)....	q. S¹-Paul........	r. Charlemagne.
4	Jarente (r.)........	r. Turenne.........	r. Culture-Sᵗᵉ-Cather.
15	Javel (q. de)......	p. de Grenelle.......	boul. Victor.
15	Javel (r. de)......	q. de Javel........	r. Blomet.
17	Jean (r. S¹-)......	av. de Clichy.......	r. Moncey.
8	Jean-Bapt. (r. S¹-)..	r. de la Pépinière...	boul. Malesherbes.
4	Jean-Beausire (r.)..	b. Beaumarchais.....	r. S¹-Antoine.
5	Jean-Beauvais. (r.).	r. des Noyers........	r. S¹-Hilaire.
12	Jean-Boutou (imp.).	r. des Charbonn.-S¹-A.	
16	Jean-Bologne (r.)..	Grande-Rue........	(Passy).
1-8	Jean-Goujon (r.)...	av. d'Antin.........	av. Montaigne.
1	J.-J.-Rousseau (r.).	r. Coquillière.......	r. Montmartre.
6	Jean-Bart (r.)......	r. de Vaugirard......	r. de Fleurus.
1	Jean-Lantier (r.)...	r. S¹-Denis........	r. Bertin-Poirée.
5	J.-de-Latr. (r. S¹-)..	r. Fromentel.......	r. des Ecoles.
18	Jean-Robert (r.)...	r. Doudeauville......	r. Marcadet.
1	Jean-Tison (r.)....	r. de Rivoli........	r. Bailleul.
15	Jeanne (r.)........	r. de la Procession...	r. du Transit.
13	Jeanne-d'Arc (r.)...	r. de la Croix-Rouge.	boul. de la Gare.
13	Jeanne-d'Arc (pl.)..	r. Lahire..........	r. Jeanne-d'Arc

ARR.	VOIES PUBLIQUES.	TENANTS.	ABOUTISSANTS.
10-11	Jemmapes (q. de)..	pl. de la Bastille.....	boul. de la Villette.
18	Jessaint (r. de)....	Gr.-rue de la Chapelle.	r. de la Goutte-d'Or.
11	J.-d.-Boul.(pass.du)	r. des Fossés-du-T....	r. de Malte.
2	Jeûneurs (r. des)..	r. Poissonnière.	r. Montmartre.
10	Joinville (pass.)....	r. du Faub.-du-Temp.	r. Corbeau.
19	Joinville (r. de)....	q. de l'Oise.........	r. de Flandre.
14	Jolivet (r.)........	boul. de Montrouge..	r. de la Gaité.
2	Joquelet (r.)......	r. Montmartre.......	r. N.-D.-des-Victoires.
11	Joseph (cour St-)...	r. de Charonne......	
2	Joseph (r. St-).....	r. du Sentier........	r. Montmartre.
16	Joséphine (av.)....	b. de l'Empereur. ..	pl. de l'Etoile.
11	Josset (pass.)......	cour de la Bonne-Gr.	r. de Charonne.
9	Joubert (r.)........	r. de la Chauss.-d'Ant.	r. de Caumartin.
9	Jouffroy (pass.)....	b. Montmartre........	r. de la Gr.-Batelière.
17	Jouffroy (r.)......	boul. Malesherbes....	r. Saussure.
1	Jour (r. du).......	r. Coquillière........	r. Montmartre.
14	Jourdan (boul.)....	porte de Gentilly.....	route d'Orléans.
16	Jouvenet (r.)......	r. de Versailles......	av. Boileau.
4	Jouy (r. de).......	r. des Nonnains-d'H..	r. François-Miron.
20	Jouye-Rouve (r.)...	r. Julien-Lacroix.....	r. de Paris.
15	Juge (r.)...........	r. Lelong..........	r. Violet.
4	Juges-Consuls (r. d.)	r. de la Verrerie.....	r. du Cloître-St-Merri.
4	Juifs (r. des).....	r. de Rivoli........	r. des Rosiers.
11	Jules (r. St-).......	r. du Faub.-St-Antoine	r. de Montreuil.
20	Julien-Lacroix (r.).	sq. Napoléon......	r. de Paris.
5	Julien (r. St-).....	r. de la Bûcherie.....	r. Galande.
13	Julienne (r.)......	r. Pascal........	r. de Lourcine.
2	Jussienne (r. de la)	r. Pagevin..........	r. Montmartre.
5	Jussieu (r. de).....	r. Cuvier...........	pl. St-Victor.

K

19	Kabylie (r. de).....	boul. de la Villette..	r. Tanger.
11	Keller (r.).........	r. de Charonne......	r. de la Roquette.
13	Kellermann (boul.).	porte d'Italie........	porte de Gentilly.
16	Keppler (r.)......	r. Chaillot.	r. de Galilée.
15	Kléber (r.)........	q. d'Orsay..........	av. Suffren.
16	Kuszner (pass.)....	r. de Paris..........	r. Rébéval.

L

18	Labat (r.)........	r. Ramey..........	r. Marcadet.
17	Labie (r.)	av. des Ternes... ...	r. Ste-Marie.
7	La Bourdonnaye (r.)	q. d'Orsay........	av. de la Motte-Picq.
7	La Bourdonn. (av.).	av. de Tourville......	av. de Lowendal.
9	La Bruyère (r.)....	r. N.-D. de Lorette...	r. Pigalle.
14	La Caille (r.)......	b. d'Enfer........	r. d'Enfer.
5	Lacépède (r.)......	r. Geoffroy-St-Hilaire.	r. Mouffetard.

ARR.	VOIES PUBLIQUES.	TENANTS.	ABOUTISSANTS.
15	Lacretelle (r.)	Gr.-r. de Vaugirard.	r. Olivier-de-Serres
17	Lacroix (r.)	av. de Clichy	r. Davy.
12	Lacuée (av.)	q. de la Râpée	r. de Bercy.
9-10	Lafayette (r. de)	r. de la Ch.-d'Antin.	boul. de la Villette.
10	Lafayette (pass. de)	r. de Lafayette	r. d'Hauteville.
10	Lafayette (pl. de)	r. Hauteville	r. de Lafayette.
9	Laferrière (pass. d.)	r. N.-D. de Lorette	r. Bréda.
1-2	La Feuillade (r. de)	pl. des Victoires	r. de la Vrillière.
9	Laffitte (r.)	b. des Italiens	r. Ollivier.
16	Lafontaine (r.)	r. Boulainvilliers	Gr.-r. de Passy.
17	Lafontaine (cité)	r. Lemercier	(Batignolles).
18	Laghouat (r. de)	r. des Cinq-Moulins	r. Léon.
20	Lagny (r. de)	b. de Charonne	boul. Davoust.
13	Lahire (r.)	r. Clisson	pl. Jeanne-d'Arc.
14	Lalande (r.)	r. du Champ-d'Asile.	r. Larochefoucauld.
9	Lallier (r.)	av. Trudaine	b. Rochechouart.
17	Lamandé (r.)	r. Bridaine	r. Legendre.
17	Lamare (r.)	r. Laugier	r. Bayen.
9	Lamartine (r.)	r. Cadet	r. du Faub.-Montm.
18	Lambert (r.)	r. Nicolet	r. Biron.
15	Lambert (r. St-)	r. Lecourbe	Gr.-Rue de Vaugirard.
12	Lancette (r. de la)	r. de Charenton	(Bercy).
16	Lancret (r.)	r. de Versailles	(Auteuil).
10	Lancry (r.de)	r. de Bondy	q. de Valmy.
4	Landry (r. St-)	q. Napoléon	r. des Marmousets.
5	Laplace (r.)	r. Mont. Ste-Geneviève	r. des Sept-Voies.
15	La Quintinie (r.)	r. de la Procession	r. d'Alleray.
1	Lard (r. au)	r. de la Lingerie	r. des Bourdonnais.
1	Lard (imp. au)	r. au Lard.	
1-4	La Reynie (r. de)	r. St-Martin	r. St-Denis.
12	Laroche (r.)	av. du Petit-Château	r. Léopold.
9	Larochefoucaud (r.)	r. St-Lazare	r. Pigalle.
14	Larochefoucaud (r.)	r. Boulard	ch. du Maine.
6	Larrey (r.)	r. du Jardinet	r. de l'Ecole-de-Méd.
7	Las-Cases (r.)	r. de Bellechasse	r. de Bourgogne.
19	Lassus (r.)	r. de Paris	r. de Louvain.
18	Lathuile (pass.)	Gr.-Rue d.Batignolles.	pass. St-Pierre.
7	Latour-Maub. (b.de)	q. d'Orsay	av. de Tourville.
5	Latran (r. de)	r. de Beauvais	r. Thénard.
17	Laugier (r.)	r. des Dames	boul. Gouvion-St-Cyr.
10	Laurent (r. St-)	r. du Faub.-St-Martin	r. du Faub.-St-Denis.
16	Lauriston (r.)	r. de Longchamp	pl. de l'Arc-de-Triom.
19	Lauzin (r.)	r. Rébéval	r. de Puebla.
9	Laval (r. de)	r. des Martyrs	r. Pigalle.
5	Lavandières (r. des)	pl. Maubert	boul. St-Germain.
1	Lavand.-Ste-Opp. (r)	r.St-Germain-l'Aux	r. des Fourreurs.
8	Lavoisier (r.)	r. d'Anjou-St-Honoré	r. d'Astorg.
1	La Vrillière (r. de)	r.Croix-d.-P.-Champs.	r. Nve-d.-Bons-Enf^s
8-9	Lazare (r. St-)	r. N.-D.-de-Lorette	r. de-l'Arcade.
15	Leblanc (r.)	q. de Javel	boul. Victor.
14	Lebouis (r.)	r. de l'Ouest	r. de Vanves.
17	Lebouteux (r.)	r. Saussure	r. de Lévis.
17	Lechapelais (r.)	Gr.-Rue d. Batignolles.	r. Lemercier.
14	Leclerc (r.)	r. du Faub.-St-Jacques.	b. St-Jacques.

ARR.	VOIES PUBLIQUES.	TENANTS.	ABOUTISSANTS.
17	Lécluse (r.)........	b. des Batignolles....	r. des Dames.
17	Lecomte (r.).......	r. Legendre.........	r. Ste-Thérèse.
15	Lecourbe (r.)......	b. de Grenelle.......	b. Victor.
18	Lécuyer (pass.).....	ch. du Poteau.......	b. Ney.
18	Lécuyer (r.).......	r. Ramey..........	r. Lambert.
17	Legendre (r.)......	av. de Clichy........	r. de Lévis.
19	Legrand (r.).......	b. de la Villette.....	r. Asselin.
12	Legraverend (r.)....	b. Mazas..........	r. Beccaria.
16	Lekain (r.)........	r. de l'Église.......	r. Singer.
14	Lemaignan (r.)....	r. de la Glacière.....	(Gentilly).
15	Lemaire (pass.).....	r. Lourmel..........	r. Violet.
16	Lemarrois (r.).....	route de Versailles...	fortifications.
17	Lemercier (r.).....	r. des Dames.......	r. Cardinet.
14	Lemoine (imp.).....	r. de la Procession...	(Vaugirard).
2	Lemoine (imp.).....	b. Sébastopol.......	r. St-Denis.
12	Lenoir (r.)........	pl. du Marché-Beauv.	r. du Faub.-St-Antoine
18	Léon (r.)..........	r. Cavé............	r. d'Oran.
14	Léonidas (pass.)...	r. du Ch.-des-Bœufs.	r. du Terrier-aux-L.
14	Léonie (pass. Ste-)..	r. Ste-Léonie.......	(Montrouge).
9	Léonie (r.)........	r. Boursault........	r. Chaptal.
14	Léonie (r. Ste-).....	r. de l'Ouest	r. de Vanves.
12	Léopold (r.).......	port de Bercy.......	r. de Bercy.
4	Le Pelletier (q.)....	pl. de l'Hôtel-de-Ville.	r. St-Martin.
9	Le Peletier (r.)....	q. des Italiens.......	r. Ollivier.
18	Lepic (r.)..........	b. de Clichy........	r. du Vieux-Chemin.
4	Le Regrattier (r.)..	q. d'Orléans.........	r. St-Louis-en-l'Île.
16	Leroux (r.)........	av. d'Eylau.........	r. Pergolèse.
20	Lesage (r.)........	r. de Tourtille.......	r. Jouye-Rouve.
4	Lesdiguières (r. de)	r. de la Cerisaie	r. St-Antoine.
16	Le Sueur (r.)......	r. Chalgrin.........	av. de la Gr.-Armée.
15	Letellier (r.)......	r. Lelong	r. de la Croix-Nivert.
11	Levert (pass.)......	pass. Vaucanson.....	r. Basfroi.
20	Levert (r.)........	r. de la Mare.......	r. de Paris.
17	Lévis (pl. de)......	r. de Lévis.........	r. du Bac-d'Asnières.
17	Lévis (r. de).......	b. de Batignolles....	r. Cardinet.
18	Lévisse (r. de).....	r. des Poissonniers...	r. Marcadet.
12	Libert (r.)........	r. du Commerce.....	b. de Bercy.
4	Licorne (r. de la)...	r. des Marmousets...	r. St-Christophe.
13	Liégat (ch. du).....	r. du Chevaleret.....	fortifications.
11	Lilas (imp. des).....	petite rue St-Pierre...	
19	Lilas (r. des)......	r. de Crimée.......	b. Serrurier.
7	Lille (r. de)	r. des Saints-Pères...	r. de Bourgogne.
14	Lille (r. de).......	b. d'Enfer..........	r. de la Pépinière.
1	Limace (r. de la)...	r. des Déchargeurs...	r. des Bourdonnais.
1	Lingerie (r. de la)..	r. St-Honoré........	r. aux Fers.
5	Linné (r.)	r. Cuvier..........	r. St-Victor.
15	Linois (r.)........	pont de Grenelle.....	r. des Entrepreneurs.
4	Lions (r. des)	r. du Petit-Musc.....	r. St-Paul.
8	Lisbonne (r. de)...	r. de Malesherbes....	r. de Messine.
4	Lobau (r. de)......	q. de la Grève......	r. de Rivoli.
6	Lobineau (r.)......	r. de Seine.........	r. Mabillon.
19	Loire (q. de la)....	r. d'Allemagne......	r. de Marseille.
1-4	Lombards (r. des).	r. St-Martin........	r. St-Denis.
9	Londres (pass. de).	r. St-Lazare	r. de Londres.

ARR.	VOIES PUBLIQUES.	TENANTS.	ABOUTISSANTS.
8-9	Londres (r. de)....	r. de Clichy..........	pl. d'Europe.
16	Longchamp (b. de).	r. de Longchamp.....	r. Franklin.
16	Longchamp (r. de).	av. de l'Empereur....	av. du Roi-de-Rome.
16	Longchamp (r. de).	b. de Longchamp....	r. Spontini.
14	Longue-Av. (imp.)..	r. du Faub.-S¹-Jacques	
8	Lord-Byron (r.)....	r. de Chateaubriand..	r. du Bel-Respiro.
18	Louis (imp. S¹-)....	r. S¹-Louis	
4	Louis (pass. S¹-)....	r. S¹-Paul	
20	Louis (pass. S¹-)...	r. des Amandiers	ch. de fer de ceinture.
15	Louis (pl. S¹-)......	r. S¹-Louis..........	r. du Théâtre.
12	Louis (r. S¹-)......	av. du Petit-Château..	r. Léopold.
15	Louis (r. S¹-)......	b. de Grenelle.......	r. de Javel.
14	Louis (r. S¹-)......	r. de Constantine....	r. de l'Ouest.
4	L.-en-l'Ile (r. S¹-)..	q. de Béthune.......	q. d'Orléans.
11	Louis (pass. S¹-)...	r. du Faub.-S¹-Antoine	r. Louis-Philippe.
2	Louis-le-Gr. (r.)....	r. N⁰-des-Pet.-Champs	b. des Capucines.
4	Louis-Phil. (p¹)....	q. de la Grève.......	q. Napoléon.
11	Louis-Philippe (r.).	r. de la Roquette....	r. de Charonne.
5-13	Lourcine (r. de)....	r. Mouffetard........	r. de la Santé.
15	Lourmel (r.)........	b. de Grenelle.......	b. Victor.
19	Louvain (r. de)....	pl. de l'Eglise........	r. d'Hautpoul.
17	Louvain (r. de)....	r. Laugier	b. de Neuilly.
2	Louvois (pl.).......	r. de Richelieu	r. Rameau.
2	Louvois (r. de)....	r. Lulli............	r. S¹⁰-Anne.
1	Louvre (q. du)....	r. du Louvre.......	q. des Tuileries.
1	Louvre (r. du)....	q. du Louvre.......	r. S¹-Honoré.
15	Lowendal (av.)....	av. de Tourville......	bar. de l'Ec.-Militaire.
16	Lubeck (r. de).....	r. de la Croix-Boissière	b. de Passy.
2	Lulli (r.)........	r. Rameau	r. de Louvois.
2	Lune (r. de la)....	b. Bonne-Nouvelle ...	r. Poissonnière.
19	Lunéville (r. de)....	r. du Dépotoir.......	r. d'Allemagne.
1	Luxembourg (r. de)	r. de Rivoli	b. de la Madeleine.
12	Lyon (r. de).......	b. Mazas	pl. de la Bastille.
5	Lyonnais (r. des)..	r. de Lourcine.......	r. des Charbonniers.

M

6	Mabillon (r.).......	r. du Four........	r. S¹-Sulpice.
19	Macdonald (boul.).	canal de l'Ourcq	p¹⁰ d'Aubervilliers.
12	Mâcon (r. de)......	port de Bercy........	r. de Bercy.
5	Maçons (r. des)....	r. des Ecoles........	pl. Sorbonne.
6	Madame (r. de)....	r. de Mézières.......	r. de l'Ouest.
20	Madame (r. de)	r. de Paris..........	r. S¹-Germain.
1-8-9	Madeleine (b. de la)	r. de Luxembourg ...	pl. de la Madeleine.
8	Madeleine (g. de la)	pl. de la Madeleine...	r. Boissy-d'Anglas.
8	Madeleine (p. de la)	pl. de la Madeleine...	r. de l'Arcade.
8	Madeleine (pl. de la)	r. Royale	r. Tronchet.
15	Mademoiselle (r.) ..	r. des Entrepreneurs.	r. Cambronne.
8	Madrid (r. de).....	pl. d'Europe........	r. de Malesherbes.
16	Magdebourg (r. de).	q. de Billy..........	b. de l'Empereur.
10	Magenta (b. de)....	pl. du Château-d'Eau.	r. du Faub.-Poissonn.
2	Mail (r. du)	pl. des Petits-Pères..	r. Montmartre.

ARR.	VOIES PUBLIQUES.	TENANTS.	ABOUTISSANTS.
11	Main-d'or (c. de la)	r. du Faub.-St-Antoine	r. de Charonne.
13	Maindron (pass.)...	r. Gaudon............	r. de Fontainebleau.
15	Maine (av. du).....	b. du Montparnasse..	pl. du Maine.
14-15	Maine (ch. du).....	b. de Vaugirard.....	r. d'Orléans.
15	Maine (imp. du)...	av. du Maine........	
20	Mairie (pl. de la)..	r. de Paris..........	(Charonne).
15	Mairie (pl. de la)..	r. du Commerce.....	(Grenelle).
18	Mairie (pl. de la)..	r. de l'Abbaye.......	(Montmartre).
14	Mairie (pl. de la)..	r. de Monthyon......	(Montrouge).
16	Mairie (pl. de la)...	Gr.-r. de Passy......	
15	Mairie (r. de la)...	r. Blomet...........	Gr. r. de Vaugirard.
18	Mairie (r. de la)...	pl. de l'Abbaye.......	r. Gabriel.
14	Maison-Dieu (r.)....	ch. du Maine........	r. de Vanves.
20	Maison-Neuve (cit.)	r. des Panoyaux.....	(Belleville).
18	Maistre (r. De)....	av. de St-Ouen......	r. Lepic.
5	Maitre-Albert (r.)..	q. de la Tournelle....	pl. Maubert.
16	Malakoff (av.)......	b. de Longchamp....	av. de la Gr.-Armée.
6	Malaquais (q.).....	r. de Seine..........	r. des Sts-Pères.
7	Malar (r.)..........	q. d'Orsay..........	r. St-Dominique.
8-17	Malesherbes (b.)...	pl. de la Madeleine..	b. Berthier.
8	Malesherbes (r. de).	b. de Malesherbes....	r. de Valois-du-R.
4	Malher (r.)........	r. de Rivoli.........	r. Pavée-au-Marais.
13	Malmaisons (r. de).	r. de Choisy........	r. Gandon.
11	Malte (r. de)......	r. Oberkampf.......	r. du Faub.-du-Temp.
2	Mandar (r.)........	r. Montorgueil.....	r. Montmartre.
12	Mandé (av. de St-).	r. de Picpus.......	b. de Picpus.
18	Manoir (r. du).....	r. Marcadet........	r. des Portes-Blanc.
9	Mansart (r.).......	r. Fontaine.........	r. Blanche.
14	Marais (imp. des)..	r. de Châtillon.	
10	Mar.-du-T. (r. des).	r. de la Douane.....	r. du Faub.-St-Martin.
8	Marbeuf (av.)......	r. Marbeuf.........	av. des Ch.-Élysées.
8	Marbeuf (r.).......	r. Bizet............	av. des Ch.-Élysées.
2	Marc (r. St-)......	r. Feydeau.........	r. Favart.
18	Marcadet (r.).....	Gr.-r. de la Chapelle..	r. de la F.-au-But.
5	Marcel (b. St-)....	b. de l'Hôpital......	r. de Lourcine.
13	Marcel (r. St-)....	pl. de la Collégiale...	r. Mouffetard.
18	Marché (imp. du)..	r. de la Tournelle....	Marché.
18	Marché (pl. du)....	r. du Bon-Puits......	la Chapelle.
18	Marché (r. du).....	r. de la Tournelle....	r. du Bon-Puits.
15	Marché (r. du).....	r. de la Croix-Nivert.	r. du Commerce.
16	Marché (r. du).....	r. de la Fontaine.....	pl. de la Mairie.
8	M.-d'Aguess.(r. du)	r. d'Aguesseau.......	r. des Saussaies.
12	M.-Beauv. (pl. du)	r. Cotte.	
4	M.-d.-Bl.-Mant.(r.d.)	r. des Hosp.-St Gerv..	r. Vieille-du-Temple.
4	M.-Ste-Cath. (pl. du)	r. d'Ormesson.......	r. Caron.
1	M.-St-Hon. (r. du)..	r. St-Honoré.......	r. Nve-pes-Petits-Ch.
4	M.-St-Jean (pl. du).	r. de Rivoli........	r. de la Verrerie.
3	M.-St-Mart. (pl. du).	r. de Réaumur.....	r. Montgolfier.
5	M.-d.-Patr. (pl. du).	r. des Patriarches...	r. des Postes.
5	M.-d.-Patr. (r. du)..	longeant 3 façades du	march. des Patriarch.
11	M.-Popincourt(r.du)	bordant 5 côtés du...	marché Popincourt.
13	M.-aux-Percs (p. d.)	r. de Choisy........	r. de Fontainebleau.
4	Marché-Neuf (q. d.)	r. de la Cité........	pt-St-Michel.
3	Marcoul (r. St-)....	r. Bailly...........	r. Conté.

ARR.	VOIES PUBLIQUES.	TENANTS.	ABOUTISSANTS.
20	Mare (r. de la).....	ch. de Ménilmontant .	r. de Paris.
1	Marengo (r. de)....	r. de Rivoli	r. St-Honoré.
11	Marg.-St-A. (r. Ste-)	r. du Faub.-St-Antoine	r. de Charonne.
15	Marguerites (r. d.).	r. Virginie	r. Lourmel.
12	Marguettes (r. d.)..	r. Montempoivre.	
18	Marie (imp. Ste-)...	r. Ste-Marie-Blanche..	(Montmartre).
4	Marie (pt).........	q. des Ormes........	q. d'Anjou.
18	Marie (r. Ste-).....	r. de l'Empereur.....	r. Ste-Marie-Blanche.
14	Marie (r. Ste-).....	r. du Ch.-d'Asile.....	r. de la Rochefouc.
17	Marie (r. Ste-).....	av. de la Gr.-Armée..	b. Pereire.
16	Mar.-à-Chail.(r. Ste-)	r. des Batailles......	r. de Lubeck.
18	Marie-Antoinette(r.)	r. Léonie..........	pl. de la Mairie.
18	Marie-Blanc. (r. Ste-)	r. Lepic............	r. de Maistre.
11	Marie-Pop.(pas. Ste-)	r. de Charonne......	r. Louis-Philippe.
7	MarieSt-Ger.(p.Ste-)	r. du Bac..........	r.des-Des-de-la-Visit.
2	Marie-Stuart (r.)....	r. des Deux-Portes...	r. Montorgueil.
8	Marignan (r. de)...	r. François Ier.......	av. des Ch.-Elysées.
8	Marigny (av. de)...	av. Gabriel..........	r. du Faub.-St-Hon.
4	Marine (imp. Ste-).	r. d'Arcole.	
17	Mariotte (r).......	r. des Dames........	(Batignolles).
2	Marivaux (r. de)...	r. Grétry..........	b. des Italiens.
15	Marmontel (r.).....	r. des Tournelles.....	imp. Fondary.
4	Marmousets (r. des)	r. Chanoinesse......	r. de la Cité.
13	Marmousets (r. des)	r. des Gobelins......	r. St-Hippolyte.
19	Marne (q. de la)...	r. de Marseille.......	q. de la Gironde.
19	Maroc (pl. du).....	r. de Mogador.......	r. de l'Isly.
19	Maroc (r. du)......	r. de Flandre.......	r. d'Aubervilliers.
10	Marqfoy (r.).......	r. du Grand-St-Mich..	r. des Écluses-St-M.
16	Marronniers (r. des)	r. Basse............	r. de Boulainvilliers.
10	Marseille (r. de)...	r. de l'Entrepôt.....	r. des Vinaigriers.
19	Marseille (r. de)...	r. d'Allemagne......	q. de la Marne.
2	Marsollier (r.).....	r. Méhul..........	r. Monsigny.
10	Martel (r.).........	r. des Petites-Ecuries.	r. de Paradis.
6	Marthe (r. Ste-)....	pass. St-Benoît.......	r. Childebert.
7	Martignac (r.).....	pl. de Bellechasse....	r. de Gren.-St-Germ.
18	Martin (r.)........	b. de la Chapelle.....	r. du Département.
3-10	Martin (b. St-).....	r. du Temple........	r. St-Martin.
3	Martin (imp. St-)...	r. de Réaumur.	
3-4	Martin (r. St-).....	q. de Gesvres.......	b. St-Denis.
20	Martin (r. St-).....	r. de la Mare.......	r. des Cascades.
9	Martyrs (r. des)....	r. Lamartine........	boul. Rochechouart.
13	Masséna (boul.)....	porte de la Gare.....	porte d'Italie.
7	Masseran (r.)......	r. Éblé............	r. de Sèvres.
4	Massillon (r.)......	r. Chanoinesse......	r. du Cl.-Notre-De.
18	Masson (pass.).....	r. Tholozé..........	r. de l'Empereur.
4	Masure (r. de la) .	q. des Ormes.......	r. de l'Hôtel-de-Ville.
5	Mathurins (r. des).	r. St-Jacques.......	b. St-Michel.
8	Matignon (av.).....	r.-p. des Ch.-Élysées.	r. Rabelais.
8	Matignon (r.)......	r. Rabelais........	r. du Faub.-St-Hon.
5	Maubert (pl.)......	r. des Grands-Degrés.	boul. St-Germain.
10	Maubeuge (r. de)..	r. de Dunkerque.....	boul. de la Chapelle.
15	Maublanc (r.)......	r. Blomet..........	Gr.-r. de Vaugirard.
4	Maubuée (r.)......	r. du Poirier........	r. St-Martin.
2	Mauconseil (imp)..	r. St-Denis.	

ARR.	VOIES PUBLIQUES.	TENANTS.	ABOUTISSANTS.
1-2	Mauconseil (r.).....	r. St-Denis...........	r. Montorgueil.
10-11	Maur-Popinc. (r.St-)	r. de la Roquette....	r. Grange-aux-Belles.
6	Maur-St-G. (r. St-)..	r. de Sèvres.........	r. de Vaugirard.
3	Maure (r. du)......	r. Beaubourg........	r. St-Martin.
4	Mauv.-Garç. (r. des).	r. de Rivoli.........	r. de la Verrerie.
6	Mayet (r.).........	r. de Sèvres.........	r. du Cherche-Midi.
9	Mayran (r.)........	r. Montholon........	r. Rochechouart.
10	Mazagran (imp. de).	r. de Mazagran.	
10	Mazagran (r. de)...	b. de Bonne-Nouvelle.	r. de l'Échiquier.
13	Mazagran (r. de)...	r. de Fontainebleau .	r. du Bel-Air.
14	Mazagran (r. de)....	r. de Constantine....	r. de l'Ouest.
20	Mazagran (r. de)....	r. de la Duée.......	r. de Calais.
6	Mazarine (r.)......	r. de Seine.........	r. Dauphine.
12	Mazas (b.).........	q. de la Râpée.......	pl. du Trône.
12	Mazas (pass.)......	r. de Reuilly.......	r. du Faub.-St-Ant.
12	Mazas (pl.)........	q. de la Râpée......	pt d'Austerlitz.
19	Meaux (r. de).....	b. de la Villette......	r. d'Allemagne.
14	Méchain (r.).......	r. de la Santé......	r. du Faub.-St-Jacq.
14	Médard (r. St-).....	r. de Constantine....	r. de Vanves.
14	Médéah (r.)........	r. Vandamme.......	r. de Constantine.
6	Médicis (r.)........	r. de Vaugirard......	r. Soufflot.
1	Mégisserie (q. de la)	pt au Change........	pt Neuf.
2	Méhul (r.).........	r. N.-des-Pet.-Ch.....	r. Marsollier.
2	Ménars (r.)........	r. de Richelieu......	r. Grammont.
18	Ménessier (r.).....	r. Véron...........	r. de la Cure.
11	Ménilmontant (b.de)	r. des Rats.........	r. Oberkampf.
11	Ménilmontant(imp.)	r. Oberkampf........	
11	Ménilmontant (p.de)	r. Oberkampf........	boul. Ménilmontant.
20	Ménilmontant (r.de)	b. de la Villette.....	r. de Charonne.
1	Mercier (r.).......	r. de Viarme........	r. des Deux-Ecus.
11	Mercœur (r. de)....	b. du Prince-Eugène.	r. de la Muette.
3	Meslay (r.)........	r. du Temple.......	r. St-Martin.
10	Messageries (r. des)	r. d'Hauteville......	r. du Faub.-Poisson.
1	Messag.-G. (p. d.)..	r. St-Honoré........	r. de Grenelle.
2	Mes.-Impér. (p. des)	r. Montmartre.......	r. Notre-D.-des-Vict.
8	Messine (r. de)....	b. Haussmann.......	r. de Val.-du-Roule.
10	Metz (r. de).......	r. de Strasbourg.....	r. de Nancy.
19	Metz (r. de).......	r. de Crimée........	r. d'Allemagne.
14	Meunier (av.)......	r. de la Procession...	r. du Transit.
12	Meuniers (ch. des).	r. de la Br.-aux-L....	fortifications.
9	Meyerbeer (r.).....	r. de la Ch.-d'Antin..	r. Halévy.
6	Mézières (r. de)....	r. Bonaparte.......	r. Cassette.
5-6	Michel (pl. St-)....	q. St-Michel........	pl. St-And.-des-Arts.
4	Michel (pt St-)....	q. des Orfévres......	q. St-Michel.
5	Michel (q. St-)....	pl. du Petit-Pont....	pl. St-Michel.
5-6	Michel (b. St-)....	pont St-Michel.	av. de l'Observatoire.
16	Michel-Ange (r.)...	Gr.-Rue, *Passy*......	boul. Murat.
15	Michel-Bizot (r.)...	b. de Reuilly........	b. Soult.
3	Michel-le-C. (r.)...	r. du Temple........	r. Beaubourg.
2	Michodière (r. de la)	r. N.-St-Augustin....	b. des Italiens.
6	Mignon (r.).......	r. Serpente.........	r. du Jardinet.
19	Mignottes (r. des)..	r. des Solitaires.....	r. Compans.
9	Milan (r. de)......	r. de Clichy........	r. d'Amsterdam.
4	Milieu-d.-Urs. (r. d.)	q. Napoléon.........	r. Htre-des-Ursins.

ARR.	VOIES PUBLIQUES.	TENANTS.	ABOUTISSANTS.
12	Millaud (av.).......	r. de Bercy..........	r. de Lyon.
3	Minimes (r. des)...	r. des Tournelles....	r. Turenne.
15	Miollis (r.)........	b. de Grenelle.......	r. Cambronne.
2	Miracles (c. des)...	r. de Damiette.......	r. des Forges.
8	Miroménil (r. de)..	r. du Faub.-S¹-Hon...	r. de Val.-du-Roule.
9	Mogador (r.).......	r. N°-des-Mathurins..	r. S¹-Nicolas.
20	Mogador (r.).......	b. de Ménilmontant..	r. Duris.
1	Moineaux (r. des)..	r. des Orties........	r. S¹-Roch.
17	Moines (r. des).....	pl. de l'Église......	ch. des Bœufs.
3	Molay (r.)..........	r. des Enfants-Rouges	r. de Bretagne.
16	Molière (av.)......	av. Despréaux.......	(Auteuil).
3	Molière (pass.).....	r. S¹-Martin........	r. Quincampoix.
6	Molière (r.)........	pl. de l'Odéon......	r. de Vaugirard.
16	Molière (r.)........	r. de Versailles.....	r. Boileau.
8-17	Monceau (b. de)....	r. de Lévis.........	r. de Courcelles.
8	Monceau (r. de)....	r. du Faub.-S¹-Honoré	b. de Courcelles.
17	Moncey (r.)........	av. de S¹-Ouen......	les champs.
9	Moncey (r.)........	r. Blanche.........	r. de Clichy.
1	Mondétour (r. de)..	r. de Rambuteau....	r. Mauconseil.
1	Mondovi (r. de)....	r. de Rivoli........	r. du Mont-Thabor.
12	Mongénot (r.)......	b. Soult............	av. du Bel-Air.
19	Monjol (r.).........	r. Asselin..........	r. Legrand.
1	Monnaie (r. de la)..	r. des P.-S¹-G. l'Aux.	r. de Rivoli.
7	Monsieur (r.)......	r. de Babylone......	r. Oudinot.
6	Monsieur-le-P. (r.).	carr. de l'Odéon.....	b. Saint-Michel.
2	Monsigny (r.)......	r. Marsollier........	r. N°-S¹-Augustin.
5	M°-S¹°-Gen. (r. de la)	r. S¹-Victor.........	pl. S¹°-Geneviève.
20	Montagnes (r. des).	b. de Belleville......	r. des Couronnes.
17	Montagnes (r. des).	av. des Ternes......	b. Gouvion-S¹-Cyr.
8	Montaigne (av.)....	r. Bizet............	r.-p. des Ch.-Elysées.
8	Montaigne (r.).....	r.-p. des Ch.-Elysées	r. du Faub.-St-Honoré.
5	Montebello (q. de)..	p. de l'Archevêché...	pl. du Petit-Pont.
12	Montempoiv. (r. d).	r. de la Voûte-du-C..	b. Soult.
19	Monteneg.(pas. du).	r. de Romainville....	r. de Pantin.
1	Montesq. (pass.)...	cl. S¹-Honoré........	r. de Montesquieu.
1	Montesquieu (r.)...	r. Cr.-des-Pet.-Ch...	r. des Bons-Enfants.
6	Montfaucon (r.)....	r. de l'Ecole-de-Méd..	r. Clément.
12	Montgallet (r.).....	r. de Charenton.....	gr. r. de Reuilly.
3	Montgolfier (r.)....	r. Conté...........	r. du Vertbois.
9	Montholon (r.)....	r. du Faub.-Poissonn.	r. Rochechouart.
12	Montmartel (r.)....	p. de Bercy.........	r. Nicolaï.
2-9	Montmartre (b.)....	r. Montmartre.......	r. do Richelieu.
1-2	Montmartre (r.)....	p¹° S¹-Eustache......	b. Montmartre.
16	Montmor. (av. de..)	r. Neuve...........	b. de Montmorency.
16	Montmor. (b. de)..	r. de l'Assomption...	p. d'Auteuil.
3	Montmorency (r. de)	r. du Temple	r. S¹-Martin.
1-2	Montorgueil (r.)....	r. Montmartre.......	r. S¹-Sauveur.
6-14-15	Montpar. (b. de ...	r. de Sèvres........	r. d'Enfer.
6	Montp. (imp. du)...	b. du Montparnasse.	
6-14	Montparn. (r. du)..	r. Notre-D. des Ch...	r. Delambre.
1	Montpensier (r.)....	r. de Richelieu......	r. de Beaujolais.
20	Montplaisir (av.)...	b. Ménilmontant.	
11	Montreuil (r. de)...	r. du Faub.-S¹-Ant ..	b. de Charonne.
20	Montreuil (r. de)..	b. de Charonne.....	fortifications.

ARR.	VOIES PUBLIQUES.	TENANTS.	ABOUTISSANTS.
14	Mont-Souris (imp.).	r. de la Tombe-Iss.	
1	Mont-Thabor (r. du)	r. d'Alger.............	r. de Mondovi.
9	Montyon (r. de)....	r. de Trévise........	r. du Faub.-Montm.
11	Morand (r.).........	r. des Tr.-Couronnes.	r. de l'Orillon.
12	Moreau (r.).........	r. de Bercy.........	r. de Charenton.
14	Morère (r.).........	r. Friant...........	av. de Châtillon.
11	Moret (r.)..........	r. Oberkampf.......	r. des Trois-Couronn.
15	Morillons (r. des)..	ch. du Moulin.......	au Vieux-Morillon.
4	Morland (b.)......	q. Henri IV.........	r. de Sully.
4	Mornay (r.).........	r. Sully...........	r. de Crillon.
8	Morny (r. de)......	b. de l'Empereur....	r. du Faub.-St-Hon.
11	Mortagne (imp. de).	r. de Charonne.	
20	Mortier (b.)........	pte de Bagnolet......	pte de Romainville.
8	Moscou (r. de).....	r. de Berlin........	r. de Hambourg.
7-15	Mothe-Piq. (av. de).	av. de Latour-Maub...	b. de Grenelle.
5-13	Mouffetard (r.).....	r. des Fos.-St-Victor.	b. de l'Hôpital.
11	Mouffle (pass.)....	r. du Chemin-Vert ..	q. de Jemmapes.
15	Moulin (ch. du)....	r. de Dombasle......	fortifications.
14	Moul.-de-B. (r. du).	r. de Vandamme....	r. de Constantine.
13	M.-de-la-P. (r. du).	route d'Italie........	b. Kellermann.
14	Moul.-de-la-V. (r. d.)	r. Decrès..........	r. de Vanves.
15	Moulin-d.-P. (r. du).	route d'Italie.......	r. de la Butte-aux-C.
15	Moulin-d.-P. (s. du)	r. de la Butte-aux-C..	r. Vendrezanne.
13	Moulinet (imp.)....	route d'Italie.	
11	Moulins (r. des)....	gr.-r. des Batignolles.	
19	Moulins (r. des)....	r. de Paris.........	r. Fessart.
18	Moulins (r. des)....	r. Lepic...........	r. des Brouillards.
12	M.-Reuilly (r. des).	b. de Reuilly........	r. de Picpus.
1	M.-St-Roch (r. des).	r. des Orties.......	r. N.-des Petits-Ch.
4	M. ssy (r. de).....	r. de la Verrerie.....	r. St.-Cr.-de-la-Bret.
14	Mouton-Duvernet(r.)	r. d'Orléans.........	ch. du Maine.
16	Muette (ch. de la)..	r. de la Pompe......	av. Raphaël.
11	Muette (r. de la)...	r. de Charonne......	r. de la Roquette.
1	Mulets (r. des).....	r. d'Argenteuil......	r. des Moineaux.
19	Mulhouse (pass. de).	r. de Meaux........	r. d'Allemagne.
2	Mulhouse (r. de)...	r. de Cléry.........	r. des Jeûneurs.
18	Muller (r.).........	r. Ramey..........	r. Feutrier.
16	Municipal. (r. de la)	r. Jouvenet.........	r. Claude-Lorrain.
16	Murat (boul.)......	pte d'Auteuil........	pte de Billancourt.
5	Mûrier (r. du)......	r. St-Victor........	r. Traversine.
16	Musset (r. de).....	r. Jouvenet.........	r. Boileau.
18	Myrha (r.).........	r. des Poissonniers..	r. Poulet.

N

17	Naboulet (imp.)....	chemin des Bœufs.	
10	Nancy (r. de)......	r. du Faub.-St-Martin.	r. de Metz.
19	Nancy (r. de)......	r. de Marseille.......	r. d'Allemagne.
11	Nanettes (imp. des).	b. de Ménilmontant..	
19	Nantes (r. de).....	q. de l'Oise.........	r. de Flandre.
8	Naples (r. de).....	pl. d'Europe	b. Malesherbes.
15	Napoléon (pass.)...	r. Blomet..........	r. de Vaugirard.

ARR.	VOIES PUBLIQUES.	TENANTS.	ABOUTISSANTS.
1	Napoléon (pl.)	Louvre	pl. du Carrousel.
4	Napoléon (q.)	r. du Cloître-N.-D...	r. de la Cité.
12	Napoléon III (pont).	q. de Bercy	q. de la Gare.
20	Napoléon (sq.)	r. des Montagnes.	
18	Nation (r. de la)	r. des Poissonniers..	ch. de Clignancourt.
13	Nationale (r.)	b. d'Ivry	r. du Chât.-des-Rent.
9	Navarin (r. de)	r. des Martyrs	r. Bréda.
4	Necker (r.)	r. d'Ormesson	r. Jarente.
11	Nemours (r. de)	r. Oberkampf	r. d'Angoulême.
17	Neuilly (b. de)	b. de Monceau	b. Gouvion-St-Cyr.
11	Neuve (r.)	av. de la Gr.-Armée...	av. de l'Impératrice.
13	Neuve (r.)	r. de Choisy	r. de Fontainebleau.
3	Ne-St-Anastase (r.)	r. Saint-Paul	r. Charlemagne.
2	Ne-St-Augustin (r.)	r. de Richelieu	b. des Capucines.
1	Ne-d.-Bons-Enf. (r.)	r. des Bons-Enfants..	r. Ne-des-Pet.-Ch.
11	Ne-des-Boulets (r.)	r. des Boulets	r. de Nice.
3	Ne-Bourg-l'Abbé (r.)	r. Saint-Martin	b. de Sébastopol.
1-2	Ne-d.-Capucines (r.)	pl. Vendôme	r. de Luxembourg.
2	Ne-St-Etienne (r.)	r. Beauregard	b. de Bonne-Nouvelle.
5	Ne-St-Et.-du-Mt (r.)	r. Lacépède	r. de la Contrescarpe.
16	Ne-de-la-Croix (r.)	r. Decamps	r. de la Tour.
9	Ne-Coquenard (r.)	r. Lamartine	r. de la Tour-d'Auv.
1-2	Ne-det-Pet.-Ch. (r.)	r. Ne-des-Bons-Enf.	r. de la Paix.
3-4	Ne-Ste-Catherine (r.)	r. du Val-Ste-Catherine	r. Pavée.
9	Ne-Fontaine (r.)	r. Duperré	b. de Clichy.
18	Ne-de-la-G.-d'Or (r.)	b. de la Chapelle	r. de la Goutte-d'Or.
6	Ne-Guillemin (r.)	r. du Four-St-Germ.	r. du Vieux-Colombier
11	Neuve-Lappe (r.)	r. de Charonne	r. de la Roquette.
14	Ne-du-Maine (r.)	r. de la Gaîté	ch. du Maine.
8-9	Ne-des-Mathur. (r.)	r. de la Ch.-d'Antin	b. Malesherbes.
5	Ne-St-Médard (r.)	r. Gracieuse	r. Mouffetard.
4	Neuve-St-Merri (r.)	r. du Temple	r. Saint-Martin.
2	Ne-de-Montmor. (r.)	r. Feydeau	r. Saint-Marc.
4	Ne-Notre-Dame (r.)	parvis Notre-Dame	r. de la Cité.
16	Ne-de-la-Pelouse (r.)	r. de Bellevue	av. de la Porte-Maillot
11	Ne-Popincourt (r.)	r. Oberkampf	pass. Popincourt.
12	Ne-de-Reuilly (r.)	r. de Reuilly	b. Mazas.
14	Ne-de-la-T.-Iss. (r.)	r. de la Tombe-Issoire	r. de Magenta.
7	Ne-de-l'Univers. (r.)	r. de l'Université	r. Perronet.
7	Ne-de-la-Vierge (r.)	r. de Grenelle-St-G...	av. de la Mothe-Picq.
6	Nevers (imp.)	r. de Nevers.	
6	Nevers (r. de)	q. de Conti	r. d'Anjou.
8	Newton (r. de)	av. Joséphine	av. d'Iéna.
18	Ney (b.)	pte d'Aubervilliers	pte de St-Ouen.
11	Nice (r. de)	r. Neuve-des-Boulets.	
15	Nice (r. de)	r. de Brancion	r. de Palestro.
12	Nicolaï (r.)	q. de Bercy	r. des Meuniers.
19	Nicolas (imp. St-)	r. de Cambronne	
8-9	Nicolas d'Ant. (r. St-)	r. de la Ch. d'Antin.	r. de l'Arcade.
3	Nic.-des-C. (cl. St-)	r. au Maire.	
5	Nic.-du-Ch. (r. St-)	r. St-Victor	r. Traversine.
4	Nicolas Flamel (r.)	r. de Rivoli	r. des Lombards.
12	Nicolas (r. St-)	r. de Charenton	r. du faub.-St-Antoine.
17	Nicolet (r.)	q. d'Orsay	r. de l'Université.

ARR.	VOIES PUBLIQUES.	TENANTS.	ABOUTISSANTS.
8	Nicolet (r.).........	r. Ramey............	r. Bachelet.
16	Nicolo (r.).........	Gr.-Rue, *Passy*......	r. de la Pompe.
7	Nicot (r.).........	q. d'Orsay..........	r. S¹-Dominique.
14	Niepce (r.).........	r. Brezin...........	r. du Ch.-d'Asile.
17	Nollet (r.).........	r. des Dames........	r. Cardinet.
4	Non.-d'Hyèr. (r. des)	q. des Ormes........	r. de Jouy.
18	Nord (pass. du)....	p¹ᵉ rue S¹-Denis......	r. de la Glacière.
19	Nord (pass. du)....	r. du Dépotoir.	
3	Normandie (r. de)..	r. de Périgueux.....	r. Charlot.
4	Notre-Dame (parv.).	r. d'Arcole.	
4	Notre-Dame (p¹)....	q. le Pelletier.......	q. Napoléon.
18	Notre-Dame (r.)....	r. S¹-Denis.........	r. de la Saussaie.
2	N.-D.-de-B°-N° (r.)..	r. Beauregard.......	b. Bonne-Nouv.
8	N.-D.-de-Grâce (r.)..	r. Pasquier........	r. d'Anjou.
9	N.-D.-de-Lor. (r.)..	r. S¹-Lazare........	r. Pigalle.
3	N.-D.-de-Nazar. (r.)..	r. du Temple........	r. S¹-Martin.
2	N.-D.-de-Rec. (r.)..	r. Beauregard.......	b. Bonne-Nouvelle.
6	N.-D.-des-Ch. (r.)..	r. de Vaugirard.....	carr. de l'Observato
2	N.-D.-des-V. (r.)...	pl. des Petits-Pères..	r. Montmartre.
5	Noyers (r. des).....	r. de la Mont.-S¹ᵉ-Gen.	r. S¹-Jacques.
11	Nys (r.).........:	r. de l'Orillon......	b. de Belleville.

O

11	Oberkampf (r.).....	b. du Temple.......	b. de Belleville.
1	Oblin (r.).........	r. de Viarme........	r. Coquillière.
14	Observ. (av. de l')..	b. du Montparnasse..	Observatoire.
5-6	Observ. carr. de l').	r. de l'Est........	b. du Montparnasse
6	Odéon (carr. de l').	r. de l'Ecole-de-Méd..	r. Monsieur-le-Prin
6	Odéon (pl. de l')...	r. de l'Odéon.......	r. Racine.
6	Odéon (r. de l')....	r. Monsieur-le-Prince.	pl. de l'Odéon.
14	Odessa (cité d')....	r. du Départ.	
8	Odiot (cité).......	r. de Berry.........	r. de l'Oratoire.
19	Oise (q. de l').....	pl. de l'Hôtel-de-Ville.	canal de l'Ourcq.
5	Oiseaux (r. des)....	marché des Enfants-R.	r. de Beauce.
5-15	Olier (r.)..........	r. Desnouettes.......	Gr. r. de Vaugirar
7	Olivet (r. d').......	r. Vanneau.........	r. Traverse.
15	Olivier-de-Serres(r.)	r. d'Alleray........	r. Vaugelas.
9	Ollivier (r.)	r. du Faub.-Montm...	r. S¹-Georges.
11	Omer-Talon (r.)....	r. Merlin..........	r. Servan.
9	Opéra (pass. de l').	b. des Italiens......	r. Drouot.
10	Opport. (imp. S¹ᵉ)..	r. Lancry.	
1	Opportune S¹ᵉ- (r.)..	r. des Fourreurs.....	r. de la Ferronne
18	Oran (r. d').......	r. Ernestine........	r. des Poissonnier
5	Orangerie (r. de l')	r. Daubenton........	r. Censier.
8	Orat.d.C.-El.(r.d.l')	av. des Champs-Elys..	r.du Faub.-S¹-Hon
1	Orat.-d.-L. (r. de l')	r. de Rivoli........	r. S¹-Honoré.
1	Orfévres (q. des)...	p¹ S¹-Michel........	pont Neuf.
1	Orfévres (r. des)...	r. S¹-Germ.-l'Auxerr..	r. Jean-Lantier.
12	Orient (pass. d')....	r. de Bercy.........	r. de Lyon.
18	Orient (r. de l')....	r. Lepic...........	(Montmartre).
11	Orillon (r. de l')...	r. S¹-Maur-Popinc...	boul. de Belleville.

ARR.	VOIES PUBLIQUES.	TENANTS.	ABOUTISSANTS.
20	Orillon (r. de l')...	b. de Belleville......	r. de Tourtille.
15	Orléans (cité d')...	av. de Clichy........	(Batignolles..
15	Orléans (r. d').....	r. des Tournelles....	(Vaugirard).
4	Orléans (q. d')...	p' de la Tournelle....	p' de la Cité.
14	Orléans (route d')..	b. S'-Jacques........	boul. Brune.
12	Orléans (r. d')...	port de Bercy.......	r. de Bercy.
12	Orleans (imp. d')...	r. de Mâcon.........	(Bercy).
19	Orléans (r. d')...	r. d'Allemagne.......	q. de la Loire.
1	Orl.-S'-Hon. (r. d').	r. S'-Honoré........	r. des Deux-Ecus.
4	Orme (r. de l')...	r. Mornay..........	r. S'-Antoine.
11	Orme (r. de l').....	r. de Romainville....	
11	Ormeaux (r. des)...	pl. du Trône........	r. de Montreuil.
20	Ormeaux (r. des)...	b. de Charonne.......	r. de Montreuil.
4	Ormes (q. des).....	q. S'-Paul..........	r. Geoffroy-Lasnier.
15	Orne (r. de l')...	r. de la Procession...	route du Transit.
7-15	Orsay (q. d')...	r. du Bac..........	q. de Grenelle.
1	Orties (r. des).....	r. d'Argenteuil......	r. S'-Anne.
3	Oseille (r. de l')...	r. Turenne.........	r. Vieille-du-Temple.
20	Ottoz (villa).......	r. Piat.	
7	Oudinot (r.).......	r. Vanneau.........	b. des Invalides.
17-18	Ouen (av. de S'-)..	Grande-Rue........	b. Bessières.
18	Ouen (ch. de S')...	r. du Poteau.......	boul. Ney.
19	Ouen (ch. de S'-)...	r. S'-Denis.........	ch. d'Aubervilliers.
6	Ouest (r. de l')...	r. de Vaugirard.....	carref. de l'Observat.
14	Ouest (r. de l').....	ch. du Maine.......	route du Transit.
1-2-3	Ours (r. aux)......	r. S'-Martin........	r. S'-Denis.

P

1-2	Pagevin (r.).......	r. Jean-J.-Rousseau..	pl. des Victoires.
5	Paillet (r.)........	r. Soufflot........	r. Saint-Jacques.
19	Paix (cité de la)...	r. de Meaux.........	(la Villette).
2	Paix (r. de la).....	r. N°-des-Pet.-Champs	b. des Capucines.
17	Paix (r. de la).....	av. de Clichy.....	r. Dulong.
18	Pajol (r.).........	boul. de la Chapelle..	r. de la Cr.-de-l'Evang.
16	Pajou (r.)........	r. des Vignes.......	r. de l'Assomption.
7	Pal. Bourbon (pl.)..	r. de Bourgogne.....	r. de l'Université.
7	Pal.-Bourb. (p. du).	r. de l'Université.	
4	Palais (boul. du'...	p. Saint-Michel......	p. au Change.
1	Pal.-Royal (pl. du).	r. S'-Honoré.......	r. de Rivoli.
6	Palatine (r.).......	r. Garancière.......	pl. S'-Sulpice.
2	Palestro (r. de)...	r. de Turbigo........	r. du Caire.
20	Pali-Kao (r. de)...	b. de Belleville......	r. des Montagnes.
13	Palmyre (r.).......	r. Hélène.	
2	Panoram. (pass. d.)	r. S'-Marc..........	b. Montmartre.
20	Panoyaux (imp. des)	r. des Panoyaux.	
20	Panoyaux (r. des)..	b. Ménilmontant.....	r. des Amandiers.
5	Panthéon (pl. du)..	r. Soufflot.	
6	Paon (imp. du)....	r. Larrey.	

ARR.	VOIES PUBLIQUES.	TENANTS.	ABOUTISSANTS.
5	Paon (r. du)	r. St-Victor	r. Traversine.
4	Faon-Blanc (r. du)	q. des Ormes	r. de l'Hôtel-de-Vi
9	Papillon (r.)	r. Bleue	r. Lafayette.
15	Papin (r.)	q. d'Austerlitz	r. de la Gare.
3-4	Paradis-au-Mar. (r.)	r. Vieille-du-Temple	r. du Chaume.
10	Par.-l'oiss. (r. de)	r. du Faub.-St-Denis	r. du Faub.-Poisso
5	Parchemin. (r. de l.)	r. St-Jacques	r. de la Harpe.
3	Parc-Royal (r. du)	r. Turenne	r. des Trois-Pavillo
17	Paris (r. de)	b. de Courcelles	r. Cardinet.
19-20	Paris (r. de)	b. de la Villette	r. de Romainville.
20	Paris (r. de)	b. de Charonne	pl. de la Mairie.
9	Parme (r. de)	r. de Clichy	r. d'Amsterdam.
11	Parmentier (av.)	pl. du Prince-Eugène.	r. St-Ambroise.
10	Parmentier (r.)	r. Corbeau	r. Alibert.
20	Partants (ch. des)	r. des Partants	r. de Charonne.
20	Partants (r. des)	r. des Amandiers	ch. des Partants.
5-13	Pascal (r.)	r. Moufetard	r. du Ch.-de-l'Al.
3-4	Pas-de-la-M. (r. du)	r. Turenne	r. des Tournelles.
8	Pasquier (r.)	boul. Malesherbes	r de la Pépinière.
16	Passy (q. de)	r. Beethoven	p' de Grenelle.
5	Pastourelle (r.)	r. du Grand-Chantier	r. du Temple.
5	Patriarches (r. des)	r. Daubenton	r. de l'Epée-de-Boi
16	Pâtures (ch. des)	route de Versailles	r. Hérold.
4	Paul (r. St-)	q. St-Paul	r. St-Antoine.
15	Paul (r. St-)	q. de Javel	av. St-Charles.
14	Paul (r. St-)	vieille route d'Orléans.	r. du Chemin-Vert
4	Paul (q. St-)	q. des Célestins	q. des Ormes.
4	Paul-Lelong (r.)	r. N.-D. des Victoires.	r. de la Banque.
16	Pauq.-de-Vill. (r.)	r. de Chaillot	av. d'Iéna.
16	Pauvres (imp. des)	r. Boileau.	
4	Pavée-au-Mar. (r.)	r. de Rivoli	r. des Francs-Bourg
1	Pavillons (pass. d.)	r. de Beaujolais	r. N.-des-Petits-Ch
3	Paxent (r. St-)	r. Bailly	r. Conté.
15	Payen (imp.)	r. de Javel.	
5	Payenne (r.)	r. des Francs-Bourg.	r. du Parc-Royal.
10	Péchouin (r.)	b. de la Villette	r. Asselin.
15	Péclet (r.)	r. Cambronne	r. Roussin.
4	Pecquay (pass.)	r. des Blancs-Mant.	r. de Rambuteau.
2	Peintres (imp. des)	r. St-Denis.	
11	Pelée (imp.)	petite r. St-Pierre	
1	Pélerins-St-J. (r.)	r. St-Jacques-l'Hopit.	r. de Mondétour.
1	Pélican (r. du)	r. de Grenelle-St-Hon.	r. Croix-des-Pet.-C
16	Pelouse (r. de la)	r. Neuve	r. N-de-la-Pelouse
8	Penthièvre (r. de)	r. de Cambacérès	r. du Faub.-St-Hon
8	Pépinière (r. de la)	r. de l'Arcade	r. du Faub.-St-Hon
14	Pépinière (r. de la)	route d'Orléans	ch. du Maine.
4	Percée-St-Ant. (r.)	r. Charlemagne	r. St-Antoine.
14	Perceval (r.)	r. Vandamme	r. de l'Ouest.
16	Perchamps (pl. d.)	r. des Perchamps	r. de Magenta.
16	Perchamps (r. des)	r. de la Fontaine	r. Molière.
5	Perche (r. du)	r. Vieille-du-Temple	r. Charlot.
8	Percier (av.)	r. de la Pépinière	av. de Munich.
17	Pereire (boul.)	av. des Ternes	av. de la Gr.-Armé
6-7	Pères (r. des St-)	q. Malaquais	r. de Sèvres.

Arr.	VOIES PUBLIQUES.	TENANTS.	ABOUTISSANTS.
16	Pergolèse (r.)......	av. de l'Impératrice...	av. de la Grande-Arm.
7-15	Pérignon (r.)......	av. de Saxe.........	ch. de l'Ecole-Militaire
3	Perle (r. de la)....	r. de Thorigny.......	r. V°-du-Temple.
4	Pernelle (r.).......	r. St-Bon...........	b. de Sébastopol.
14	Pernety (r.).......	r. de Constantine.....	r. de l'Ouest.
4	Perpignan (r. de)..	r. des Marmousets...	r. de Constantine.
3	Perrée (r.)........	r. Caffarelli.........	r. du Temple.
14	Perrel (r.)........	r. Blottière........	r. de Constantine.
7	Perronet (r.)......	r. des Saints-Pères...	r. N°-de-l'Université.
15	Petel (r.).........	r. Lecourbe........	r. Blomet.
8	Pétersbourg (r. St).	pl. d'Europe.......	b. des Batignolles.
19	Petit (r.)..........	r. de Meaux.......	b. Serrurier.
12	Pet.-Château(av.du)	r. Laroche........	r. de Bercy.
2	Petit-Carreau (r. du)	r. St-Sauveur......	r. de Cléry.
13	Petit-Champ (r. du)	r. du Champ-de-l'Al.	r. de la Glacière.
10	Pet.-Hôtels (r. des)	b. de Magenta......	pl. de Lafayette.
2	Petit-Hurleur(r. du)	b. de Sébastopol.....	r. St-Denis.
2	Petit-Lion (r. du)	r. St-Denis..........	r. Montorgueil.
5	Petit-Moine(r. du)	r. Scipion.........	r. Mouffetard.
4	Petit-Musc (r. du)	q. des Célestins......	r. St-Antoine.
2	Pet.-Pères (pas. des)	pl. des Petits-Pères...	r. de la Banque.
2	Pet.-Pères (pl. des).	r. N.-D.-des-Victoires.	
2	Petits-Pères (r. des)	r. de la Banque......	pl. des Petits-Pères.
5	Petit-Pont (r. du)..	r. de la Bûcherie.....	r. Galande.
6	Pet.-Bouch.(pas.d.l.)	r. de l'Abbaye........	pl. Gozlin.
10	Pet.-Ecur. (cour des)	r. du Faub.-St-Denis..	r. d'Enghien.
10	Pet.-Ecuries (r. des)	r. du Faub.-St-Denis..	r. du Faub.-Poisson.
1	Pet.-Truand. (r.d.l.)	r. de Mondétour......	r.de la Grand.-Truand.
16	Pétrarque (r.)......	r. Scheffer.........	
9	Pétrelle (r.).......	r. du Faub.-Poisson.	r. Rochechouart.
13	Peupliers (ch. des).	r. de Font-à-Mulard..	b. Kellermann.
3	Phélipeaux (r.)....	r. du Temple.......	r. Volta.
16	Philibert (av. St-).	r. Singer...........	r. des Vignes.
11	Philippe-Aug° (a.:)	pl. du Trône.......	r. de Montreuil.
2	Philippe (r.).......	r. d'Aboukir........	r. de Cléry.
10	Philip.d.-Girard (r.)	r. de Lafayette.....	Gr.-r. de la Chapelle.
8	Phil.-de-R. (pas.St-)	r. du Faub.-St-Honoré	r. de Courcelles.
20	Piat (r.)..	r. Vilin..........	r. de Paris.
13	Picart (r.)........	q. de la Gare.......	r. du Chevaleret.
16	Picot (r.)..........	av. Dugoaud........	av. de l'Impératrice.
16	Picpus (b. de).....	r. de Picpus........	av. de St-Mandé.
12	Picpus (r. de)......	r. du Faub.-St-Antoine	b. de Reuilly.
18	Piemontesi (pass.).	pass. de l'Elysée.	
5	Pierre (imp. St-)...	r. Villehardouin.	
4	Pierre (pass. St-)..	r. St-Antoine.......	r. St-Paul.
18	Pierre (pass. St-)..	Grande-r. des Batign.	b. de Clichy.
11	Pierre (pet. r. St-).	r. du Chemin-Vert...	b. de Beaumarchais.
18	Pierre (pl. St-)....	r. des Carrières......	r. de Virginie.
7	Pierre (villa St-)...	r. Cler.	
13	Pierre-Assis. (r.)...	r. Mouffetard........	r. St-Hippolyte.
4	Pierre-au-Lard (r.).	r. N°-St-Merri.......	r. du Poirier.
4	Pierre-d.-Arc (r. St)	r. Gervais-Laurent...	r. du Marché-aux-Fl.
11	Pierre-Levée (r.)..	r. des Trois-Bornes..	r. de la Font.-au-Roi.
5	Pierre-Lombard (r.)	pl. de la Collégiale...	r. Mouffetard.

ARR.	VOIES PUBLIQUES.	TENANTS.	ABOUTISSANTS.
1	Pierre-Lescot (r.)..	r. des Innocents.....	r. de Rambuteau.
2	Pierre-M. (r. S'-)...	r. Montmartre.......	r. Notre-Dame-des-V.
11	Pierre-Pop.(pas.S'-)	r. S'-Pierre-Popinc...	q. Valmy.
11	Pierre-Pop. (r. S'-).	r. S'-Sébastien......	r. Oberkampf.
6	Pierre-Sarrazin (r.)	boul. S'-Michel......	r. Hautefeuille.
9	Pigalle (r.)........	r. Blanche.........	pl. Pigalle.
13	Pinel (r.).........	r. Campo-Formio.....	b. de l'Hôpital.
1	Pirouette (r.).....	r. de Rambuteau.....	r. Mondétour.
19	Place (r. de la)....	r. de Beaune........	r. Compans.
6	Placide (r. S'-)....	r. de Sèvres........	r. de Vaugirard.
20	Plaine (r. de la).	r. des Quatre-Jardins.	(Charonne)
17	Plaine (r. de la)....	r. de l'Arc-de-Triomp.	av. des Ternes.
3	Planchette (imp. d.)	r. S'-Martin.	
12	Planchette (r. de la)	b. de Bercy.........	r. Libert.
12	Planch. (ruelle de la)	ch. de Bercy.......	r. de Charenton.
1	Plat-d'Etain (r. du).	r. des Lavandières...	r. des Déchargeurs.
4	Plâtre-au-Mar. (r.).	r. de l'Homme-Armé.	r. du Temple.
15	Plumet (r.)........	r. de la Procession...	r. Bargue.
14	Poinsot (r.)........	r. N°-du-Maine......	b. de Montrouge.
16	Point-du-Jour (pl.).	r. de Versailles......	r. Lemarrois.
1	Pointe-S'-Eustache.	r. de Rambuteau.....	Halles.
14	Poirier (r. du)....	r. N°-S'-Merri.......	r. Maubuée.
18	Poirier (r. du).....	r. Berthe..........	r. du Vieux-Chemin.
18	Poiriers (r. des)....	Gr.-r. de la Chapelle.	r. du Nord.
17	Poisson (r.).......	av. de la Gr.-Armée..	r. S'-Ferdinand.
4	Poissonn.(imp.de la)	r. Jarente.	
2-9	Poissonnière (b.) ..	r. Poissonnière......	r. Montmartre.
2	Poissonnière (r.)..	r. de Cléry........	b. Poissonnière.
18	Poissonniers (r. d.)	b. de la Chapelle....	r. Marcadet.
5	Poissy (r. de).....	q. de la Tournelle...	r. S'-Victor.
6	Poitevins (r. des)...	r. Hautefeuille.......	r. Serpente.
7	Poitiers (r. de)	q. d'Orsay.........	r. de l'Université.
3	Poitou (r. de)	r. Vieille-du-Temple.	r. Charlot.
5	Poliveau (r. de)....	b. de l'Hôpital.......	r. Geoffroy-S'-Hilair.
8	Polonceau (r.)	r. de Jessaint.......	r. des Poissonniers.
18	Pompe (r. de la)...	r. du Ruisseau......	(Montmartre).
16	Pompe (r. de la)...	Gr.-r. de Passy......	av. de la Gr.-Armée.
16	Pompe à feu (pass.)	q. de Billy..........	r. de Chaillot.
2	Ponceau (pass. du).	b. de Sébastopol.....	r. S'-Denis.
2	Ponceau (r. du)....	r. S'-Martin........	r. S'-Denis.
4-5	Pont (petit)........	r. de la Cité........	q. S'-Michel.
4	Pont-L.-Phil. (r. du)	q. de la Grève.......	r. François-Miron.
5	Pont-aux-Biches (r.)	r. Censier..........	r. Fer-à-Moulin.
3	Pont-aux-Choux (r.)	b. Beaumarchais.....	r. Turenne.
6	Ponthieu (r. de) ...	av. Matignon........	r. de Berri.
5	P'-aux-Bich. (r. du)	r. Censier..........	r. du Fer-à-Moulin.
3	P'-aux-Choux (r.du)	b. de Beaumarchais..	r. Turenne.
6	Pont-de-Lodi (r.du)	r. des Gr.-Augustins.	r. Dauphine.
1	Pont-Neuf (r. du)..	q. de la Mégisserie...	Halles centrales.
1-6	Pont Neuf........	q. de la Mégisserie...	q. des Grands-Augu.
6	Pont-Neuf (pas. du).	r. Mazarine.........	r. de Seine.
1	Pont-Neuf (pl. du).	q. de l'Horloge......	q. des Orfévres.
5	Pontoise (r. de)....	q. de la Tournelle...	r. S'-Victor.
1-7	Pont-Royal........	q. des Tuileries	q. d'Orsay.

ARR.	VOIES PUBLIQUES.	TENANTS.	ABOUTISSANTS.
11	Popincourt (pass.)..	r. Popincourt........	r. Neuve-Popincourt.
11	Popincourt (r.)....	r. de la Roquette.....	r. Oberkampf.
17	Port St-Ouen (r.du)	av. de Clichy........	b. Bessières.
3	Portefoin (r.)......	r. des Enf.-Rouges...	r. du Temple.
18	P.-Blanches (r. des)	r. des Poissonniers...	r. du Ruisseau.
2	Port-Mahon (r. d.)	r. Neuve-St-Augustin.	r. Louis-le-Grand.
5-14	Port-Royal (r. de).	r. du Faub.-St-Jacques	r. d'Enfer.
5	Port-Royal (b. de).	r. de Lourcine.......	
17	Port-St-Ouen (r de).	av. de Clichy........	b. Bessières.
16	Possoz (pl.).......	r. Guichard.........	r. St-Clair.
5	Postes (r. des).....	r. de la V.-Estrapade.	r. de l'Arbalète.
13	Pot-au-Lait (r. du).	r. de la Glacière.....	fortifications.
5	Pot-de-Fer (r. du).	r. Mouffetard........	r. des Postes.
18	Poteau (r. du).....	r. du Ruisseau......	b. Ney.
4	Poterie (r. de la)..	r. de Rivoli.........	r. de la Verrerie.
1	Poterie-des-H. (r.).	r. de la Lingerie....	r. de la Tonnellerie.
1	Potier (pass.)......	r. de Montpensier....	r. de Richelieu.
5	Poules (r. des)....	r. de la Vieille-Estrap.	r. du Puits-qui-Parle.
18	Poulet (r.)........	r. Ramey............	r. des Poissonniers.
4	Poulletier (r.).....	q. de Béthune.......	q. d'Anjou.
16	Poussin (r.).......	b. de Montmorency...	r. des Vignes.
19	Pradier (r.).......	r. Fessart..........	r. Rébéval.
1	Prêcheurs (r. des).	r. St-Denis	r. Pierre-Lescot.
18	Pré-Maudit (r. du).	Gr.-r. de la Chapelle..	ch. des Fillettes.
19	Pré (r. du)........	r. de Paris..........	b. Serrurier.
8	Presbourg (r. de)..	av. des Champs-Elys..	av. de la Gr.-Armée.
18	Pressoir (pl. du)..	r. St-Denis..........	(Montmartre).
20	Pressoir (r. du)..	r. de Constantine	r. des Couronnes.
14	Prêtres (ch. des)..	r. Darreau..........	b. Jourdan.
5	P.-St-Et.-d.-M.(r.d.)	r. Descartes........	r. de la Mont.-Ste-Gen.
1	P.-St-G.-l'Aux.(r.d.)	pl. des Trois-Maries..	pl. du Louvre.
5	P.-St-Séverin (r.des)	r. St-Séverin........	r. de la Parcheminer.
11	Prince-Eugène (b.).	pl. du Trône........	b. du Temple.
17	Prince-Jérôme (av)	pl. de l'Etoile........	pl. de Courcelles.
2	Princes (pass. des).	r. Richelieu.........	b. des Italiens.
6	Princesse (r.)	r. du Four	r. Guisarde.
18	Procession (ch. de)	r. de la Glacière.....	r. des Portes-Blanch.
15	Process. (ch. de la)	voie des Morillons....	fortifications.
15	Process. (pass. de la)	ch. des Fourneaux...	pass. des Fourneaux.
14-15	Process. (r. de la).	Gr.-r. de Vaugirard..	r. de Vanves.
20	Progrès (pass. du).	r. Robineau.........	r. des Poiriers.
17	Promenade (pl.d.la)	r. des Moines.......	r. Cardinet.
18	Propriétaires (r. d.)	r. Marcadet	r. des Poissonniers.
1	Prouvaires (r. des).	r. St-Honoré.......	les Halles.
1	Provençaux (imp.d.)	r. de l'Arbre-Sec.	
9	Provence (r. de)...	r. du Faub.-Montm...	r. de la Ch.-d'Antin.
16	Prudhon (av.).....	av. Raphaël........	b. Suchet.
19	Puebla (r. de).....	b. de la Villette.....	r. de Meaux.
18	Puget (r.).........	b. de Clichy........	r. Coustou.
19	Puits (imp. du)...	pass. du Puits.......	(Belleville).
19	Puits (pass. du)...	r. Rébéval..........	r. Lauzin.
5	Puits-de-l'Her. (r.)	r. du Battoir ...'....	r. Gracieuse.
5	P.-qui-parle (r. du)	r. Neuve-Ste-Genev...	r. des Postes.
8	Puteaux (pass.)....	r. de l'Arcade.......	r. Pasquier.

ARR.	VOIES PUBLIQUES.	TENANTS.	ABOUTISSANTS.
2	Renard (pass. du).	r. St-Denis..........	r. du Renard.
19	Renard (pass. du)..	r. de Paris..........	r. Rébéval.
4	Renard-St-Merri (r.)	r. de la Verrerie.....	r. Neuve-St-Merri.
2	Ren.-St-Sauv. (r.).	r. St-Denis	r. des Deux-Portes.
14	Renault (cité)......	r. de Vanves .	
12	Rendez-Vous (r. du)	b. de Picpus	av. du Bel-Air.
6	Rennes (r. de).....	r. N.-D.-des-Champs..	b. du Montparnasse.
17	Rennequin (r.)....	r. des Dames........	r. de Louvain.
16	Réservoirs (imp. d.)	r. de Chaillot........	
16	Réservoirs (r. des).	b. de Longchamp....	r. Pétrarque.
5	Restaut (r.).......	r. Victor Cousin	r. Gerson.
12	Reuilly (b. de).....	r. de Charenton......	r. de Picpus.
12	Reuilly (r. de)....	r. du Faub.-St-Antoine	pl. de Reuilly.
5	Réunion (pass. d. la)	r. du Maure	r. St-Martin.
20	Réunion (pl. de la).	r. du Centre........	r. de la Réunion.
20	Réunion (r. de la)..	r. de Montreuil......	pl. de la Réunion.
20	Riblette (r.).......	r. de Vincennes.....	r. St-Germain.
9	Ribouté (r.).......	r. Bleue..........	r. Papillon.
11	Richard-Lenoir (r.)	r. de Charonne......	b. du Prince-Eugène.
11	Richard-Lenoir (b.)	recouvrant le canal.	
1-2	Richelieu (r. de)...	r. St-Honoré.........	b. des Italiens.
1-8	Richepanse (r.)....	r. St-Honoré........	r. Duphot.
9	Richer (r.).......	r. du Faub.-Poissonn.	r. du Faub.-Montmart.
10	Richerand (av.)....	q. de Jemmapes.....	r. Bichat.
18	Richomme (r.).....	r. des Gardes......	r. Polonceau.
18	Rigny (r.)........	b. Malesherbes....	r. St-Jean-Baptiste.
20	Rigoles (cité des)..	r. des Rigoles.......	(Belleville).
20	Rigoles (r. des)...	r. de Calais........	r. de Paris.
18	Riquet (r.).......	Gr.-rue, la Chapelle..	q. de la Seine.
10	Riverin (cité).....	r. de Bondy........	r. du Chât.-d'Eau.
20	Rivière (pass.).....	r. des Cendriers.....	r. des Panoyaux.
1	Rivoli (pl. de)	r. de Rivoli.........	r. des Pyramides.
1-4	Rivoli (r. de)	r. St-Antoine.......	pl. de la Concorde.
18	Robert (imp.)	r. d'Aubervilliers....	(La Chapelle.)
18	Robert (r.)........	r. Doudeauville......	r. Marcadet.
1	Roch (pass. St-)....	r. St-Honoré........	r. d'Argenteuil.
1	Roch (r. St-)	r. St-Honoré........	r. Nr-des-Pet.-Ch.
9-18	Rochechouart (b.)..	b. Poissonnière.....	r. des Martyrs.
9	Rochechouart (r.) ..	r. Lamartine	b. Rochechouart.
8	Rocher (r. du).....	r. de la Pépinière....	b. de Courcelles.
10	Rocroi (r. de)	r. d'Abbeville.......	b. de la Chapelle.
9	Rodier (r.)........	r. de la Tour-d'Auv..	av. Trudaine.
11	Roger (r.)........	r. du Champ-d'Asile..	r. de la Pépinière.
1	Rohan (r.)	r. de Rivoli	r. St-Honoré.
6	Rohan (cour de) ...	r. du Jardinet.......	pass. du Commerce.
16	Roi-de-Rome (av. d.)	pl. de l'Arc-de-Tr ...	av. de l'Empereur.
4	Roi-de-Sicile (r. du)	r. Malher..........	r. Vieille-du-Temple.
5	Roi-Doré (r. du) ...	r. Turenne.........	r. St-Gervais.
1	Rollin-p.-G. (imp.).	r. d. Lavand.-Sr-Op.	
6	Romain (r. St-)....	r. de Sèvres........	r. du Cherche-Midi.
19	Romainville (r. de)	r. du Parc..........	pl. des 5 Communes.
5	Rome (imp. de) ...	r. Volta.	
20	Ronce (imp........	r. des Amandiers .. .	(Charonne).
20	Ronce (pass.)......	r. des Couronnes .	

ARR.	VOIES PUBLIQUES.	TENANTS.	ABOUTISSANTS.
8	Roquépine (r. de)..	r. Cambacérès.......	b. Malesherbes
11	Roquette (av. de la)	r. de Charonne......	r. de la Roquette.
11	Roquette (r. de la)..	pl. de la Bastille.....	b. Ménilmontant.
20	Rosiers (pass. des).	r. des Cendriers.....	r. des Panoyaux.
4	Rosiers (r. des)....	r. Malher,..........	r. Vieille-du-Temple.
18	Rosiers (r. des)....	Gr.-Rue de la Chapel..	ch. de la Croix-de-l'É.
18	Rosiers (r. des)....	r. de Fontenelle	r. St-Denis.
19	Rossini (r.).......	r. de la Gr.-Batelière.	r. Laffitte.
5	Rot. du Temple (pl.)	r. du Forez........	r. du Petit-Thouars.
10	Roubaix (pl.)......	r. de Dunkerque.....	g. du ch. de fer d. Nord
11	Roubo (r.)........	r. du Faub.-St-Antoine	r. de Montreuil.
15	Rouelle (r.).......	q. de Grenelle.......	r. Lourmel.
19	Rouen (r. de)	q. de la Seine.......	r. de Flandre.
9	Rougemont (r.)....	b. Poissonnière......	r. Bergère.
1	Roule (r. du)......	r. de Rivoli.........	r. St-Honoré.
17	Roussel (r.).......	r. Cardinet..........	r. Guyot.
7	Rousselet (r.).....	r. Oudinot..........	r. de Sèvres.
17	Routhier (cité).....	b. des Batignolles.	
19	Rouvet (r.)........	r. de Flandre........	q. de la Gironde.
17	Roux (imp.).......	r. Rennequin........	(Neuilly).
5-4	Royale (pl.)........	r. Royale...........	r. des Vosges.
19	Royale (r.)........	q. de l'Oise.........	r. de Flandre.
8	Royale-St Hon. (r.).	pl. de la Concorde ...	pl. de la Madeleine.
5	Royer-Collard (r.)..	r. St-Jacques	boul. St-Michel.
15	Rubens (r.).......	Gr.-r. de Vaugirard..	r. du Transit.
18	Ruisseau (r. du)..	r. Marcadet..........	r. du Poteau.

S

11	Sabin (r. St-)......	r. Daval............	r. de la Roquette.
11	Sabin (pass. St-)...	r. St-Sabin.	
14	Sablière (r. de la)..	r. Chauvelot	r. Bénard.
15	Sablonnière (r.de la)	r. Mademoiselle......	r. Lecourbe.
6	Sabot (r. du)......	r. Bernard-Palissy...	r. du Four-St-Germ.
3	Saintonge (r. de)..	r. du Perche........	b. du Temple.
5	Salembrière (imp.).	r. St-Séverin.	
17	Salneuve (r.)......	r. Saussure.........	r. Legendre.
3	Salom.-de-Caus (r.).	r. St-Martin.........	b. de Sébastopol.
19	Sambre (q. de la)..	gare circulaire.......	boul. Macdonald.
13	Samson (r.).......	r. Jonas.	
9	Sandrié (imp.).....	pass. Sandrié.	
9	Sandrié (pass.)....	r. Basse-du-Rempart.	r. Neuve-des-Math.
13	Santé (imp. de la)..	r. des Portes-Blanch..	(Montmartre).
14	Santé (r. de la)....	r. des Bourguignons..	b. St-Jacques.
13	Santé (r. de la)....	boul. d'Italie........	r. de la Glacière.
14	Sarrazin (r.)......	ch. des Prêtres	r. de la Tombe-Is-oire.
1	Sartine (r. de).....	r. de Viarme........	r. Coquillière.
9	Saulnier (pass.)....	r. Richer...........	r. de Lafayette.
20	Saumon (imp.).....	r. des Amandiers ...	(Belleville).
2	Saumon (pass. du).	r. Montorgueil......	r. Montmartre.
8	Saussaies (r. des)..	pl. Beauveau	r. de Suresnes.
18	Saussaye (r. de la).	r. Trainée...........	ch. de r. St-Vincent.

ARR.	VOIES PUBLIQUES.	TENANTS.	ABOUTISSANTS.
17	Saussure (r.)......	r. des Dames........	boul. Berthier.
19	Sauvage (pass.)....	r. d'Allemagne.......	r. de Meaux.
1	Sauval (r.).........	r. St-Honoré........	r. de Viarmes.
2	Sauveur (r. St-)....	r. St-Denis.........	r. Montmartre.
6	Savoie (r. de)......	r. Séguier..........	r. des Gr.-Augustins.
7-15	Saxe (av. de)......	pl. de Fontenoi......	r. de Sèvres.
7	Saxe (imp. de)....	av. de Saxe.	
16	Scheffer (r.).......	r. Vineuse.........	r. de la Pompe.
4	Schomberg (r. de)..	b. Morland.........	r. de Sully.
14	Schomer (r.)	r. de Constantine....	r. de Vanves.
5	Scipion (pl.).......	r. Scipion..........	r. du Fer-à-Moulin.
5	Scipion (r.).......	r. des Francs-Bourg..	pl. Scipion.
9	Scribe (r.)........	b. des Capucines.....	r. N.-des-Mathurins.
11	Sébastien (r. St-) ..	b. des Filles-du-Calv..	r. Popincourt.
11	Sébastien (pass. St-)	r. St-Pierre-Popinc...	q. de Valmy.
11	Sébastien (imp. St-)	r. St-Sébastien.	
1-2-3-4	Sébastopol (b.)...	pl. du Châtelet......	b. St-Denis.
11	Sedaine (r.).......	r. St-Sabin........	av. Parmentier.
19	Sedan (r. de)......	r. d'Allemagne.......	q. de la Sambre.
6	Séguier (r.).......	q. des Gr.-Augustins.	r. St-André-des-Arts.
17	Seguin (r.)........	boul. Pereire.......	boul. Berthier.
7	Ségur (av. de).....	pl. Vauban........	av. de Saxe.
19	Seine (q. de la)....	r. de Flandre.......	r. de Bordeaux.
6	Seine (r. de)......	q. Malaquais........	r. St-Sulpice.
2	Sentier (r. du).....	r. de Cléry	b. Poissonnière.
5	Sept-Voies (r. des).	r. de l'Ec.-Polytechn..	pl. Ste-Geneviève.
6	Serpente (r.)......	b. St-Michel........	r. de l'Eperon.
6	Servandoni (r.)....	r. Palatine.........	r. de Vaugirard.
5-6	Séverin (r. St-)....	r. St-Jacques.......	pl. St-André-des-Arts.
6-7-15	Sèvres (r. de).....	r. du Cherche-Midi...	boul. du Montparn.
10	Sibour (r.)........	r. du Faub.-St-Martin.	b. de Strasbourg.
18	Simart (r.)........	r. Labat............	r. Marcadet.
4	Simon-le-Franc (r.)	r. du Temple........	r. du Poirier.
16	Singer (r.)........	r. Basse............	r. des Vignes.
16	Singer (cité).......	r. Singer..........	r. des Vignes.
4	Singes (pass. des)..	r. Vieille-du-Temple..	r. des Singes.
4	Singes (r. des).....	r. Ste-Croix-de-la-Br..	r. des Blancs-Mant.
19	Soissons (r. de) ...	r. de Flandre........	q. de la Seine.
1-7	Solferino (pt de)...	q. des Tuileries	q. d'Orsay.
19	Solitaires (r. des)..	r. d'Hautpoul.......	r. de Beaune.
1-2	Soly (r.)..........	r. de la Jussienne...	r. des Vieux-August.
5	Sorbonne (pass. d.la)	r. Sorbonne........	r. des Maçons.
5	Sorbonne (pl.).....	r. de Cluny.........	b. St-Michel.
5	Sorbonne (r. de la).	r. des Mathurins.....	pl. Sorbonne.
5	Soufflot (r.).......	pl. du Panthéon.....	b. St-Michel.
12	Soulage (r.).......	q. de Bercy........	r. de Bercy.
16	Source (r. de la)....	r. Decamps.........	r. des Vignes.
1	Sourdière (r. de la).	r. St-Honoré.......	r. de la Corderie.
2	Spire (r. St-)......	r. des Filles-Dieu ...	r. Ste-Foy.
16	Spontini (r.)......	r. de la Tour.......	av. de l'Impératrice.
6	Stanislas (r.)......	r. N.-D. des Champs..	b. Montparnasse.
8	Stockholm (r. de)..	r. d'Amsterdam......	r. de Londres.
10	Strasbourg (b. de).	b. St-Denis........	r. de Strasbourg.
10	Strasbourg (r. de).	r. du Faub.-St-Martin.	r. du Faub.-St-Denis.

ARR.	VOIES PUBLIQUES.	TENANTS.	ABOUTISSANTS.
7-15	Suffren (av. de)....	q. d'Orsay...........	av. de Lowendal.
6	Suger (r.).........	pl. St-André-des-Arts.	r. de l'Eperon.
4	Sully (r. de)......	r. de Schomberg.....	b. Morland.
6	Sulpice (pl. St-)...	r. Férou...........	r. Bonaparte.
6	Sulpice (r. St).....	r. de Condé.......	pl. St-Sulpice.
8	Surène (r. de).....	pl. de la Madeleine...	r. des Saussaies.

T

4	Tacherie (r. de la).	q. le Pelletier........	r. de Rivoli.
4	Taille-Pain (r.)....	r. du Cloître-St-Merri.	r. Brisemiche.
11	Taillebourg (av. de)	pl. du Trône.........	b. de Charonne.
9	Taitbout (r.).	b. des Italiens........	r. d'Aumale.
16	Talma (r.)........	r. Bois-le-Vent......	r. Singer.
19	Tanger (r.).......	b. de la Villette......	r. de l'Isly.
6	Taranne (r.)......	r. de l'Egout........	r. des Saints-Pères.
17	Tarbé (r.)........	r. Saussure.........	r. Cardinet.
8	Téhéran (r. de)....	b. Haussmann.......	r. de Valois.
20	Télégraphe (r. du).	r. St-Fargeau......	r. du Parc.
18	Télégraphe (r. du).	r. Léonie.........	r. Berthe.
16	Télégraphe (r. du).	av. du Roi-de-Rome..	r. Lauriston.
3-11	Temple (b. du)....	r. des Filles-du-Calv..	r. du Temple.
3-4	Temple (r. du).....	r. de Rivoli.........	b. St-Martin.
3	Temple (sq. du)....	r. du Temple.......	r. de Bretagne.
14	Tenailles (imp.)....	ch. du Maine.......	
11	Ternaux (r.).......	r. Popincourt.......	r. Jacquard.
17	Ternes (av. des)...	b. de l'Etoile.......	b. Gouvion-St-Cyr.
17	Terrasse (r. de la)..	r. de Lévis.........	b. de Malesherbes.
12	Terres-Fort. (r. des)	r. Contrescarpe......	r. Moreau.
14	Terrier-aux-L. (r.).	r. du Château-du-M.	pass. Léonidas.
18	Tertre (pl. du).....	r. St-Denis........	r. Traînée.
5	Théâtre (r. du).....	q. de Grenelle.......	r. de la Croix-Nivert.
18	Théâtre (r. du)....	b. Rochechouart.....	pl. Dancourt.
5	Thénard (r.)......	r. des Noyers.......	r. des Ecoles.
1	Thérèse (r.)......	r. Ste-Anne.........	r. Ventadour.
17	Thérèse (r. Ste-)...	av. de Clichy.......	r. Lemercier.
5	Thermes (sq. des).	b. St-Germain......	r. des Mathurins.
14	Thermopyles (pass.)	r. du Ch.-des-Plantes.	r. de Vanves.
2	Thévenot (r.)......	r. St-Denis.........	r. du Petit-Carreau.
14	Thibaud (r.).......	r. d'Orléans......	ch. du Maine.
15	Thiboumery (r.)...	r. d'Alleray.........	r. du Transit.
11	Thiéré (pass.).....	r. de Charonne......	r. de la Roquette.
19	Thierry (r.).......	r. Compans........	r. du Pré.
19	Thionville (r. de)...	r. de Marseille.......	(Villette).
19	Thionv. (imp. de)..	r. de Thionville.	
18	Tholozé (r.).......	r. de la Cure......	r. Lepic.
7	Thom.-d'A. (pl. St-).	r. St-Thomas.......	r. de Gribeauval
7	Thom.-d'A. (r. St-).	pl. de ce nom......	r. St-Dominique.
5	Thom.-d'Enf. (r. St-)	r. Paillet...........	b. St-Michel.
3	Thorigny (r. de)...	r. de la Perle......	r. des Cout.-St-Gerv.
13	Thiers (r.)........	r. Gérard..........	r. Butte-aux-Cailles.
5	Thouin (r.)........	r. des Fossés-St-Vict.	r. Descartes.

ARR.	VOIES PUBLIQUES.	TENANTS.	ABOUTISSANTS.
18	Tilleuls (av. des)...	r. Lepic............	(Montmartre).
8	Tilsitt (r. de)......	av. des Ch.-Elysées.	av. de Wagram.
15	Tiphaine (r.)......	r. du Commerce.....	r. Violet.
1-2	Tiquetonne (r.)....	r. Montorgueil......	r. Montmartre.
4	Tiron (r.........	r. de Rivoli........	r. François-Miron.
13	Titien (r.)........	r. du Banquier.....	b. de l'Hôpital.
9	Tivoli (pass. de)...	r. St-Lazare	r. de Londres.
9	Tivoli (r. de)......	r. de Clichy.......	r. de Londres.
8	Tocanier (pass.)...	r. de Reuilly.......	
14	Tombe-Iss. (r. de la)	b. St-Jacques.......	b. Jourdan.
5	Toullier (r.)......	r. Cujas	r. Soufflot.
16	Tour (r. de la).....	carr. de la Montagne.	b. Lannes.
9	Tour d'A. (r. de la).	r. Rochechouart.....	r. des Martyrs.
16	Tour-de-la-F. (r.)..	r. Molière	r. de la Fontaine.
9	Tour-des-Dam. (r.).	r. la Rochefoucauld ..	r. Blanche.
14	Tour-d.-V. (pass.)..	ch. du Maine.......	r. du Château.
20	Tourelles (r. des)..	r. Haxo	b. Mortier.
5	Tournefort (r.)....	r. Thouin	r. des Postes.
4-5	Tournelle (p' de la).	q. de la Tournelle....	q. de Béthune.
5	Tournelle (q. de la)	b. St-Germain	q. de Montebello.
3-4	Tournell. (r. des)..	r. St-Antoine	b. Beaumarchais.
12	Tourneux (r. des) ..	ch. de Reuilly	r. Michel-Bizot.
6	Tournon (r. de) ...	r. St-Sulpice........	r. de Vaugirard.
15	Tournus (pass.) ...	r. Fondary........	r. du Théâtre.
20	Tourtille (r. de)....	r. Napoléon	r. de Paris.
20	Tourtille (imp. de) .	r. de Tourtille.......	(Belleville).
7	Tourville (av. de)..	b. des Invalides.....	av. de la Motte-Piq
13	Touss.-Fér. (pass.).	route d'Italie........	route de Choisy.
6	Toustain (r.)	r. de Seine.........	r. Félibien.
13	Toutay (imp.).....	b. d'Italie..........	(Gentilly).
20	Touzet (imp.)......	r. des Amandiers.....	(Belleville.)
2	Tracy (r. de)......	b. Sébastopol.......	r. St-Denis.
18	Traeger (cité)	r. des Poissonniers.	
1	Traînée (r.).......	r. Montmartre.......	r. du Jour.
18	Traînée (imp.).....	r. Traînée..........	(Montmartre).
18	Traînée (r.).......	pl. du Tertre	r. de la Saussaie.
16	Traktir (r. de).. ..	r. Lauriston........	av. de l'Impératrice.
15	Transit (r. du)....	pourtour de l'Eglise..	r. de la Croix-Nivert.
14-15	Transit (r. du)	Gr.-Rue, *Vaugirard*..	r. de Vanves.
7	Traverse (r.)......	r. Oudinot	r. de Sèvres.
12	Traversière (r.)....	q. de la Râpée.......	r. du Faub.-St-Ant.
5	Traversine (r.)....	r. d'Arras	r. Montagne-St-Gen.
12	Treilhard (cité)....	b. Mazas	r. Traversière.
6	Treille (pass. de la)	r. de l'Ecole-de-Méd..	r. Clément.
9	Trévise (r. de).....	r. Bergère..........	r. de Lafayette.
9	Trévise (cité de)....	r. Richer..........	r. Bleue.
17	Trézel (r.)........	av. de Clichy.......	r. Davy.
2	Trinité (pass. de la)	r. de Palestro.......	r. St-Denis.
9	Trinité (r. de la)...	r. Blanche.........	r. de Clichy.
5	Triperet (r.)	r. de la Clef.......	r. Gracieuse.
16	Trocadéro (r. du)..	r. des Batailles......	av. Ste-Marie.
11	Trois-Bornes (r. des)	r. Folie-Méricourt...	r. St-Maur.
4	Trois-Can. (r. des).	r. St-Christophe.....	r. de la Licorne.
11	Trois-Cour. (r. des)	r. St-Maur.........	ch. de Ménilmontant.

ARR.	VOIES PUBLIQUES.	TENANTS.	ABOUTISSANTS
20	Trois-Comm.(pl.des)	r. de Bagnolet......	
12	Trois-Chand. (r.des)	r. des Quatre-Chem..	r. Montgallet.
18	Trois-Frères (r.des)	r. Léonie	r. Tholozé.
1	Trois-Maries(pl.des)	q. de l'Ecole........	r.d. P.-S¹-G.-l'Auxerr.
3	Trois-Pavill. (r.des).	r. des Francs-Bourg..	r. du Parc-Royal.
5	Trois-Portes (r. des)	pl. Maubert.........	r. de l'Hôtel-Colbert.
14	Trois-Sœurs (r.des)	r. Deprez...........	r. de la Procession.
3	Trois-Visag.(imp.d.)	r. des Bourdonnais...	
8	Tronchet (r.)......	pl. de la Madeleine...	r. N°-des-Math.
11-12	Trône (pl. du)....	r. du Faub.-S¹-Ant...	b. de Charonne.
9	Trudaine (av.)	r. Rochechouart......	r. des Martyrs.
17	Truffault (r.)	r. des Dames........	r. Cardinet.
16	Tuilerie (r. de la)..	av. de Boulainvilliers.	r. de la Fontaine.
1	Tuileries (q. des)..	q. du Louvre........	pl. de la Concorde.
1-2-3	Turbigo (r. de).....	r. S¹-Denis..........	b. du Temple.
3-4	Turenne (r.)........	r. S¹-Antoine........	r. Charlot.
9	Turgot (r.)........	r. Rochechouart......	av. Trudaine.
9	Turgot (cité)	r. Turgot.	
8	Turin (r. de)......	r. de Berlin........	b. des Batignolles.

U

5	Ulm (r. d').......	pl. du Panthéon.....	r. des Feuillantines.
15	Universelle (cité) ..	r. de la Croix-Nivert.	
7	Université (r. de l')	r. des Saints-Pères...	av. de la Bourdonn.
5	Ursulines (r. des)..	r. d'Ulm	r. S¹-Jacques.

V

7	Valadon (cité)	r. de Grenelle-S¹-G....	r. du Champ-de-Mars.
5	Val-de-Grâce (r. du)	r. S¹-Jacques........	b. S¹-Michel.
5	Valence (r. de)	r. Mouffetard........	r. Pascal.
18	Valence (r. de)....	r. des Cinq-Moulins..	r. Affre.
10	Valenciennes (pl.de)	b. de Magenta.......	r. de Lafayette.
10	Valenciennes (r. de)	r. de S¹-Quentin......	b. de Magenta.
12	Vallée d. Féc. (r¹¹).	r. de la Brèche-aux-L..	r. de la Croix.
10-11	Valmy (q. de)	b. de Beaumarchais..	b. de la Villette.
8	Valois-du-Roule (r.)	r. de Courcelles.....	r. du Rocher.
1	Valois-P.-Royal (r.)	r. S¹-Honoré	r. de Beaujolais.
14	Vandamme (r.)....	r. de la Gaîté	r. du Chemin-de-fer.
13	Vandrezanne (r.)...	r. de Fontainebleau ..	r. de la Butte-aux-C.
7	Vanneau (r.)......	r. de Varenne........	r. de Sèvres.
1	Vannes (r. de).....	r. des Deux-Ecus....	r. de Viarme.
14	Vanves (r. de).....	ch. du Maine	b. Brune.
7	Varennes (r. de) ..	r. de la Chaise.......	b. des Invalides.
7	Vauban (pl.)......	av. de Tourville.	
11	Vaucanson (pass.).	r. de Charonne......	r. de la Roquette.
3	Vaucanson (r.)....	r. de Breteuil........	r. du Vertbois.
15	Vaugelas..........	ch. de la Poterne....	r. Lacretelle.
6-15	Vaugirard (r. de) ..	r. Monsieur-le-Prince.	ch. de r. d. Fourneaux

ARR.	VOIES PUBLIQUES.	TENANTS.	ABOUTISSANTS.
15	Vaugirard (b. de)..	Gr.-Rue de Vaugirard.	r. Lecourbe.
1	Vauvilliers (r.).....	r. St-Honoré.........	r. de Viarmes.
6	Vavin (r.).........	r. de l'Ouest.........	b. Montparnasse.
1	Vendôme (pl.).....	r. St-Honoré........	r. Nve-des-Capucines.
4	Venise (r. de).....	r. Beaubourg.......	r. Quincampoix.
1	Ventadour (r.)....	r. Thérèse........	r. Nve-des-Pet.-Ch.
9	Verdeau (pass.)....	r. de la Gr.-Batelière..	r. du F.-Montmartre.
1	Verderet (r.)......	r. Grande-Truanderie.	r. Mauconseil.
16	Verderet (r.)......	pl. d'Aguesseau.....	r. du Buis.
7	Verneuil (r. de)...	r. des Saints-Pères...	r. de Poitiers.
16	Vernet (r.).......	r. Basse	r. Boulainvilliers.
17	Vernier (r.).......	boul. Gouvion-St-Cyr.	r. Bayen.
1	Véro-Dodat (pass.).	r. de Grenelle......	r. du Bouloi.
18	Véron (r.)........	r. des Beaux-Arts....	r. Lepic.
4	Verrerie (r. de la)..	pl. du March.-St-Jean.	r. St-Martin.
5	Versailles (imp. de)	r. Traversine.	
16	Versail. (route de)..	pont de Grenelle.....	boul. Murat.
3	Vert-Bois (r. du)..	r. du Temple........	r. St-Martin.
8	Verte (petite r.)...	r. du Faub.-St-Honoré..	r. de Penthièvre.
3	Vertus (r. des).....	r. des Gravilliers.....	r. Phélipeaux.
8	Vézelay (passage)..	r. de Lisbonne.	
15	Viala (r.).........	b. de Grenelle.......	r. de l'Entrepôt.
1	Viarmes (r. de)...	entourant la Halle au blé.	
10	Vicq-d'Azyr (r.)....	r. Grange-aux-Belles.	boul. de la Villette.
9	Victoire (r. de la)..	r. du Faub.-Montmart.	r. Joubert.
1-2	Victoires (pl. des)..	r. Croix-d.-Pet.-Ch...	r. Pagevin.
15	Victor (b.)........	porte de Versailles...	porte du Bas-Meudon.
5	Victor (r. St-).....	r. de Lacépède......	r. Monge.
5	Victor (pl. St-).....	r. St-Victor.	
5	Victor-Cousin (r.).	r. Gerson...........	r. Soufflot.
4	Victoria (av.)......	pl. de l'Hôtel-de-Ville	r. des Lavandières.
2	Vide-Gousset (r.)..	pl. des Victoires.....	r. des Petits-Pères.
8	Vienne (r. de).....	r. du Rocher........	pl. d'Europe.
7	Vierge (r. de la)...	q. d'Orsay........	r. St-Dominique.
18	Vierge (r. de la)...	r. des Francs-Bourg..	r. des Rosiers.
15	Vierge (r. de la)...	r. de la Croix-Nivert..	r. de Sèvres.
5	V.-Estrap. (r. d. la).	r. N.Ste-Geneviève...	r. des Postes.
1	V.-Etuv.-St-H. (r.d.)	r. St-Honoré........	r. des Deux-Ecus.
4	V.-Et.-St-M. (r. des)	r. Beaubourg........	r. St-Martin.
3	Vieill.-Haudr. (r.d.)	r. du Chaume.......	r. du Temple.
3-4	Vieille-du-Temp.(r.)	r. St-Antoine........	r. Turenne.
1-2	Vieux-August.(r. d.)	r. Coquillière........	r. Montmartre.
6	Vieux-Colomb.(r.d.)	r. Bonaparte........	r. du Cherche-Midi.
18	Vieux-Marché (r. du)	r. de la Cure.......	r. des Moulins.
2	Vigan (pass. du)..	r. des Vieux-August..	r. d'Aboukir.
5	Vignes (imp. des)..	r. des Postes.	
16	Vignes (r. des)....	r. Neuve-Boileau....	r. de la Source.
15	Vignes (ruelle des).	route du Transit.....	ch. des Fourneaux.
20	Vilin (r.)	r. des Couronnes....	r. Piat.
7	Villars (av. de)....	pl. de Vauban.......	r. d'Estrées.
1	Villedo (r.)........	r. de Richelieu......	r. Ste-Anne.
3	Villehardouin (r.)..	r. St-Gilles..........	r. Turenne.
13	Villejuif (r. de)....	r. Pinel............	boul. de la Gare.
16	Villejust (r. de)....	b. du Roi-de-Rome...	av. Malakoff.

ARR.	VOIES PUBLIQUES.	TENANTS.	ABOUTISSANTS.
10-19	Villette (b. de la) ..	r. du Faub.-du-Temple	r. du Château-Landou.
17	Villiers (r. de).....	av. des Ternes......	boul. Gouvion-St-Cyr.
13	Villiot (r.)	q. de la Râpée.......	r. de Bercy.
10	Vinaigriers (r. des)	r. de Marseille.......	r. du Faub.-St-Martin.
12-20	Vincenn. (cours de).	b. de Picpus........	boul. Soult.
20	Vincennes (r. de)..	r. au Maire.........	r. de Bagnolet.
19	Vincent (r.)........	r. de Paris........	r. Rébéval.
10	Vinc.-de-P. (r. St-).	r. de Belsunce.......	r. Ambroise-Paré.
1	Vindé (cité).......	b. de la Madeleine.	
16	Vineuse (r.).......	b. de Longchamp....	Gr.-r. de Passy.
1	Vingt-Neuf-J. (r. du)	r. de Rivoli........	r. St-Honoré.
9	Vintimille (pl. de)..	r. de Vintimille.....	r. de Douai.
9	Vintimille (r. de)..	r. de Clichy........	pl. de Vintimille.
20	Violet (imp.)......	r. des Arts	
10	Violet (pass.).....	r. d'Hauteville.......	r. du Faub.-Poissonn.
15	Violet (pl.)........	r. des Entrepreneurs.	b. de Grenelle.
15	Violet (r.).........	b. de Grenelle.......	pl. Violet.
16	Virgile (av.)......	r. de la Pompe......	r. Spontini.
15	Virginie (r.).......	r. de Javel........	r. St-Paul.
18	Virginie (r.).......	b. Rochechouart.....	pl. St-Pierre.
6	Visconti (r.)......	r. de Seine........	r. Bonaparte.
16	Vital (r.)..........	Gr.-r. de Passy......	r. Nicolo.
20	Vitruve (r.).......	pl. de la Réunion....	r. St-Germain.
2	Vivienne (r.)......	r. Neuve-des-Pet.-Ch..	b. Montmartre.
2	Vivienne (pass.)...	r. Neuve-des-Pet.-Ch.	r. Vivienne.
14	Voie-Verte (r. de la)	r. de la Tombe-Issoire.	b. Jourdan.
15	Volontaire (ruelle)..	Gr.-r. de Vaugirard...	ch. des Fourneaux.
3	Volta (r.).........	r. au Maire........	r. N.-D. de Nazareth.
7	Voltaire (q.)	r. des Saints-Pères...	r. du Bac.
16	Voltaire (imp.).....	av. Despréaux........	av. Molière.
18	Vosges (r. des).....	b. Beaumarchais.....	r. Turenne.
12	Voûte-du-C. (ch.)..	av. du Bel-Air.......	r. Michel-Bizot.
12	Voûte-du-C. (r.)....	b. Soult............	av. du Bel-Air.
1	Vrillière (r. de la)..	r. C. des Pet.-Champs.	r. de la Feuillade.

W

8-17	Wagram (av. de)...	pl. de l'Etoile.......	b. Malesherbes. '
7	Wagram (pl. de)...	b. de Neuilly........	av. de Wagram.
5	Walhubert (pl.)....	pont d'Austerlitz....	Jardin des Plantes.
13	Watt (r.)..........	q. d'Austerlitz.......	r. de la Gare.
10	Wauxhall (cité du)..	r. du Château-d'Eau..	r. des Marais.
16	Wilhem (r.).......	route de Versailles...	ruelle du Roc.

X

13	Xaintrailles (r.)....	r. de la Croix-Rouge.	pl. Jeanne-d'Arc.

ARR.	VOIES PUBLIQUES.	TENANTS.	ABOUTISSANTS.

Y

12	Yonne (r. de l')....	port de Bercy........	r. de Bercy.
15	Yvart (r.).........	r. d'Alleray.........	

Z

5	Zacharie (r.).......	q. St-Michel........	r. St-Séverin.
15	Zouaves (sent. des).	Voie de Vanves......	r. Militaire.

ENVIRONS DE PARIS

Les environs de Paris sont dignes en tous points des splendeurs de la capitale. Citons seulement Versailles, Saint-Cloud, Saint-Germain, Saint-Denis et Fontainebleau.

Versailles.

Musée visible tous les jours, excepté le lundi.

La première origine de Versailles est incertaine. Cette ville, qui avant Louis XIV n'était encore qu'un pauvre petit village, a une église dont on fait remonter la date à l'an 1084 de notre ère. Ce lieu n'était qu'un rendez-vous de chasse au sein des forêts qui l'entourent, et qui s'étendent d'un côté jusqu'à celle de Saint-Germain, de l'autre à celle de Rambouillet.

De 1660 à 1672 s'élèvent, par ordre du grand roi et sous la direction de Mansart et de Le Nôtre, les magnificences du palais et du parc de Versailles. C'est à dater de cette époque que la ville prend une importance considérable. Après la mort de Louis XVI, le fastueux château fut abandonné par la cour, et, depuis cette époque, il n'a plus été habité. Louis-Philippe y a créé un musée magnifique, consacré à toutes les gloires de la patrie. Il a fait revivre sur la toile tous les hommes, toutes les actions, toutes les batailles qui ont illustré les annales françaises, depuis le berceau de la monarchie jusqu'à nos jours. C'est, en un mot, un *Musée national*, qui se compose de tableaux, de portraits, de bustes et de statues, de vues de châteaux et de marines.

Outre cette magnifique collection et les riches appartements du palais, citons encore le jardin du palais et ses vastes bassins, ses allées ombragées, son orangerie et les deux *Trianons*, charmantes retraites qu'affectionnaient Louis XVI et Marie-Antoinette. Nous ne parlerons point de la ville de Versailles proprement dite ; les voyageurs pourront, sans nous, admirer ses belles avenues, ses boulevards, ses grandes rues, son église, son théâtre, sa bibliothèque, et le monument élevé sur une de ses places à la mémoire du général Hoche, le pacificateur de la Vendée. Quant aux grandes eaux de Versailles, on sait qu'elles jouent dans certaines occasions que les journaux ont soin de faire connaître au public.

La route et la porte de Satory conduisent au bois de ce nom, situé sur une colline. Un vaste plateau y sert d'hippodrome pour les courses de chevaux. Près de Versailles se trouvent encore la ferme-école de Grignon et l'école militaire de Saint-Cyr.

Saint-Cloud.

Le palais est visible sur billets du ministère d'État.

Le château de Saint-Cloud, situé à l'extrémité d'une avenue qui commence près du pont, et sur le penchant méridional de la colline où se développe le bourg, date du milieu du dix-septième siècle. Le parc est une des magnificences pittoresques des environs de Paris. La célèbre foire de Saint-Cloud, en septembre, se tient dans ce parc, où l'on admire, à une petite distance du château, une cascade célèbre par sa beauté, et qui peut jouer tous les quinze jours trois heures de suite, et quatre heures en laissant vider les bassins. Près de cette cascade, du milieu d'un vaste bassin entouré d'un rideau de grands arbres, s'élance à 42 mètres un jet d'eau surnommé le Géant.

Les appartements du palais sont décorés avec un luxe et un goût exquis. Napoléon affectionnait cette résidence, et elle fut la dernière de Charles X, qui la quitta le 1ᵉʳ août 1830, pour Rambouillet, afin d'aller s'embarquer à Cherbourg et de là se rendre à Édimbourg, au château d'Holyrood.

Une large pelouse qui s'étend devant la grille gravit le coteau, au sommet duquel s'élève la lanterne de Démosthènes, vulgairement de Diogène. De ce point l'on découvre sur Paris et la Seine un immense horizon.

Près de Saint-Cloud se trouve le château de la Marche, dans le parc duquel ont lieu chaque année des courses de chevaux.

Saint-Germain.

La ville de Saint-Germain et son château sont situés sur une montagne au pied de laquelle coule la Seine; on y compte 14,283 habitants.

La ville, remarquable par la beauté de sa situation et recherchée à cause de la pureté de l'air qu'on y respire, est assez vivante, et les maisons y sont bien bâties; les rues, pour la plupart, sont larges et bien pavées; elle a plusieurs places, une paroisse, un hôpital, une halle et un théâtre. Le bourg du Pecq s'étend sur la pente de l'escarpement du coteau de Saint-Germain et le long de la Seine; il semble être un faubourg de la ville même de Saint-Germain. Le chemin de fer aboutit à l'esplanade du château, d'où l'on découvre un admirable panorama; les bateaux à vapeur de Rouen et du Havre passent aussi au-dessous. La forêt de Saint-Germain, une des plus belles de France, couvre tout le plateau élevé qu'entoure la Seine jusqu'à Poissy. Presque au milieu de cette forêt, on trouve la maison des Loges, succursale de celle de Saint-Denis, pour l'éducation des orphelines de la Légion d'honneur. Là se tient, le dimanche qui suit le 31 août, une foire ou fête champêtre extrêmement vivante et qui attire une affluence du beau monde de Paris et de ses environs, surtout de Versailles et de Saint-Cloud, dernier endroit que nous allons visiter en reprenant le chemin de fer.

Saint-Denis.

Caveaux visibles sur billets du ministère d'État.

Les caveaux de l'église de Saint-Denis renferment les tombes des rois de France, classées par ordre chronologique, depuis Clovis jusqu'à Louis XVIII. Ces monuments religieux attirent avec raison les regards de l'étranger, qui peut, à cette vue, suivre les diverses phases de notre histoire. La ville de Saint-Denis, peuplée seulement de 22,000 âmes, n'offrirait par elle-même qu'une médiocre importance ; mais la basilique et les tombes royales suffisent pour exciter le plus vif intérêt. Il y a aussi la maison impériale de la Légion d'honneur, où 400 jeunes filles, sœurs, nièces ou cousines de légionnaires, sont élevées aux frais de l'État ; elles doivent être âgées de six à douze ans, au moment de leur entrée, et elles en sortent à dix-huit ans. Cet établissement tout à fait national occupe les bâtiments de l'ancienne abbaye, qui fut supprimée en 1792.

La ville de Saint-Denis est à l'entrée de la vallée de Montmorency.

Fontainebleau.

Palais visible sur billets du ministère d'État.

La ville de Fontainebleau est surtout célèbre par son château et sa forêt qui sont magnifiques. En entrant dans le palais, nous voyons la cour du Cheval-Blanc, devenue fameuse par les adieux de Napoléon à sa vieille garde ; elle sert d'entrée principale. Il s'y trouvait primitivement une statue équestre de Marc Aurèle, qui fut brisée en 1626 ; mais la cour en a gardé le nom. La grande grille qui la ferme y fut placée par Napoléon. Le grand bâtiment à droite, appelé l'aile neuve, a succédé à la galerie d'Ulysse. A gauche sont les appartements du régisseur. L'escalier du fer à cheval, regardé comme un chef-d'œuvre de difficulté vaincue, sert d'entrée principale au palais, dont la façade se compose de cinq pavillons. L'intérieur contient une suite de galeries et de grands et petits appartements meublés et décorés avec magnificence; il serait trop long de les décrire. La bibliothèque renferme plus de 20,000 volumes.

Le parc du château est divisé en deux parties par un canal long de 1,200 mètres, creusé sous Henri IV. — La treille du roi s'étend au nord de la pièce d'eau ; elle produit chaque année de 3 à 4,000 kilog. d'excellent chasselas.

La forêt, d'une superficie de 17,000 hectares et de 80 kilomètres de circuit, toute hérissée de rochers de grès, très-accidentée, très-agreste, offre aux voyageurs et aux artistes les sites pittoresques qu'on ne retrouve qu'aux pays de montagnes.

TABLE DES MATIÈRES

PARIS. — IMP. SIMON RAÇON ET COMP., RUE D'ERFURTH, 1.

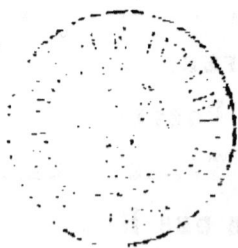

EXTRAIT DU CATALOGUE

GARNIER FRÈRES

6, rue des Saints-Pères, et Palais-Royal, 215

GUIDES POLYGLOTTES
MANUELS DE LA CONVERSATION ET DU STYLE ÉPISTOLAIRE

A l'usage des voyageurs et de la jeunesse des écoles, par MM. CLIFTON, VITALI, CORONA BUSTAMANTE, EBELING, CAROLINO DUARTE. Grand in-32, format dit Cazin, papier satiné et élégamment cartonné. Prix, le vol. . . . . **2 fr.**

Jolie reliure toile. . . . . **50 c. par vol. en plus.**

FRANÇAIS-ANGLAIS. 1 vol. in-32.
FRANÇAIS-ITALIEN. 1 vol. in-32.
FRANÇAIS-ALLEMAND. 1 vol. in-32.
FRANÇAIS-ESPAGNOL. 1 vol. in-32.
FRANÇAIS-PORTUGAIS. 1 vol. in-32.
ESPAÑOL-FRANCÉS. 1 vol. in-32.
ENGLISH-FRENCH. 1 vol. in-32.
ENGLISH-PORTUGUESE. 1 vol. in-32.
ESPAÑOL-INGLÉS. 1 vol. in-32.
ANGLAIS-ALLEMAND. 1 vol. in-32.
ESPAÑOL-ITALIANO. 1 vol. in-32.
PORTUGUEZ-FRANCEZ. 1 vol. in-32.
PORTUGUEZ-INGLEZ. 1 vol. in-32.

GUIDE EN SIX LANGUES. — Français-Anglais-Allemand-Italien-Espagnol-Portugais. 1 fort vol. in-16 de 550 pages. Prix. . . . . **5 fr.**

Nous appelons d'une manière toute spéciale l'attention sur nos *Guides polyglottes*. Le soin intelligent et scrupuleux qui en a dirigé l'exécution leur assure, parmi les livres de ce genre, une incontestable supériorité. Le texte original a été fait et préparé, avec beaucoup d'adresse et d'habileté, par un

maître de conférences à l'école normale supérieure. Les besoins de la conversation usuelle y sont très-heureusement pré-
vus. Les dialogues, au lieu de se traîner dans l'ornière des
banalités ennuyeuses, ont un à-propos, une vivacité, un sel,
qui amusent et réveillent le lecteur. L'auteur a eu l'art de
joindre l'*agréable* à l'*utile*. Les traducteurs se sont acquittés
de leur tâche avec beaucoup d'exactitude et de fidélité, et leur
travail mérite toute confiance.

NOUVEAU DICTIONNAIRE
ANGLAIS-FRANÇAIS ET FRANÇAIS-ANGLAIS

Contenant : Tout le vocabulaire de la langue usuelle et donnant la prononciation figurée de tous les mots anglais, et
celle des mots français dans les cas douteux et difficiles,
à l'usage de tous ceux qui étudient et qui parlent la langue
anglaise, par M. CLIFTON. 1 fort vol. gr. in-32 jésus imprimé
avec le plus grand soin. . . . . 4 fr. 50.

NOUVEAU DICTIONNAIRE
ALLEMAND-FRANÇAIS ET FRANÇAIS-ALLEMAND

Du langage littéraire, scientifique et usuel ; contenant à leur
ordre alphabétique tous les mots usités et nouveaux de ces
deux idiomes ; les noms propres de personnes, de pays, de
villes, etc. La solution des difficultés que présentent la prononciation, la grammaire et les idiotismes ; et suivi d'un
tableau des verbes irréguliers, par K. ROTTECK (de Berlin).
1 fort vol. grand in-32 jésus (édition galvanoplastique). 4 fr. 50

NOUVEAU DICTIONNAIRE DE POCHE
FRANÇAIS-ESPAGNOL ET ESPAGNOL-FRANÇAIS

Avec la prononciation dans les deux langues, rédigé d'après
les matériaux réunis par D. VICENTE SALVA ; et les meilleurs
dictionnaires parus jusqu'à ce jour. 1 fort vol. grand in-32,
format dit Cazin, d'environ 1,100 pages.. . . . . . . 5 fr.
Reliure percaline, tr. jaspée, de chacun de ces trois dictionnaires. 1 fr.

GRAND DICTIONNAIRE
ESPAGNOL-FRANÇAIS ET FRANÇAIS-ESPAGNOL

Avec la prononciation dans les deux langues, plus exact et plus complet que tous ceux qui ont paru jusqu'à ce jour, rédigé, d'après les matériaux réunis par D. Vicente Salva et les meilleurs dictionnaires anciens et modernes, par F. DE P. Noriega et Guim. 1 fort volume grand in-8 jésus. d'environ 1,600 pages à 3 colonnes. . . . . 18 fr.

DICTIONNAIRE NATIONAL
OUVRAGE ENTIÈREMENT TERMINÉ

Souscription permanente, 100 livraisons de 3 à 4 feuilles très-grand in-4 à 50 centimes

On peut retirer une ou plusieurs livraisons par semaine au choix des souscripteurs,

MONUMENT ÉLEVÉ A LA GLOIRE DE LA LANGUE
ET DES LETTRES FRANÇAISES

Le grand Dictionnaire classique de la langue française contient, pour la première fois, outre les mots mis en circulation par la presse, et qui sont devenus une des propriétés de la parole, les noms de tous les peuples, anciens, modernes ; de tous les Souverains de chaque État ; des Institutions politiques ; des Assemblées délibérantes ; des Ordres monastiques, militaires ; des sectes religieuses, politiques, philosophiques ; des grands Événements historiques : Guerres, Batailles, Sièges, Journées mémorables, Conspirations ; Traités de paix, Conciles ; des Titres, Dignités, Fonctions, des Hommes ou Femmes célèbres en tout genre ; des Personnages historiques de tous les pays et de tous les temps : Saints, Martyrs, Savants, Artistes, Écrivains ; des Divinités, Héros et personnages fabuleux de tous les Peuples ; des Religions et Cultes divers ; Fêtes, Jeux, Cérémonies publiques, Mystères, Livres sacrés ; enfin la Nomenclature de tous les Chefs-lieux, Arrondissements, Cantons, Villes, Fleuves, Rivières, Montagnes et Curiosités naturelles de la France et de l'étranger ; avec les Étymologies grecques, latines, arabes, celtiques, germaniques, par M. Bescherelle aîné, auteur de la *Grammaire nationale*, du *Dictionnaire des verbes*, etc., etc. 2 magnifiques vol. in-4 de 3,400 pages à 4 colonnes, lettres ornées, etc., imprimés en caractères neufs et très-lisibles, sur papier grand raisin, glacé et satiné, renfermant la matière de plus de 300 volumes in-8. . 50 fr.

Demi-reliure chagrin. . . . . 10 »
— avec les plats en toile. . . . . 12 »

GRAMMAIRE NATIONALE

Ou Grammaire de Voltaire, de Racine, de Bossuet, de Fénelon, de J. J. Rousseau, de Bernardin de Saint-Pierre, de Chateaubriand, de Casimir Delavigne, et de tous les écrivains les plus distingués de la France; par MM. Bescherelle frères et Litais de Gaux. 1 fort vol. in-8. . . . . 10 fr.

PETIT DICTIONNAIRE NATIONAL

Contenant la définition très-claire et très-exacte de tous les mots de la langue usuelle; l'explication la plus simple des termes scientifiques et techniques; la prononciation figurée dans tous les cas douteux ou difficiles, etc., etc., à l'usage de la jeunesse, des maisons d'éducation et de tous ceux qui ont besoin de renseignements prompts et précis sur la langue française; par Bescherelle aîné, auteur du *Grand Dictionnaire national*, etc. 1 fort vol. in-32 jésus de plus de 600 pages. . . . . 2 fr. 25

Élégamment relié en percaline à l'anglaise. . . 3 fr. »
Cartonné, dos toile. . . . . 2 fr. 75

DICTIONNAIRE USUEL DE TOUS LES VERBES FRANÇAIS

Tant réguliers qu'irréguliers; par MM. Bescherelle frères 3e édition. 2 forts vol. in-8 à 2 colonnes. . . . 12 fr. »

Ce livre est indispensable à tous les écrivains et à toutes les personnes qui s'occupent de la langue française, car le verbe est le mot qui, dans les discours, joue le plus grand rôle; il entre dans toutes les propositions, pour être le lien de nos pensées et y répandre la clarté et la vie; aussi les Latins lui avaient donné le nom de *verbum*, pour exprimer qu'il est le mot

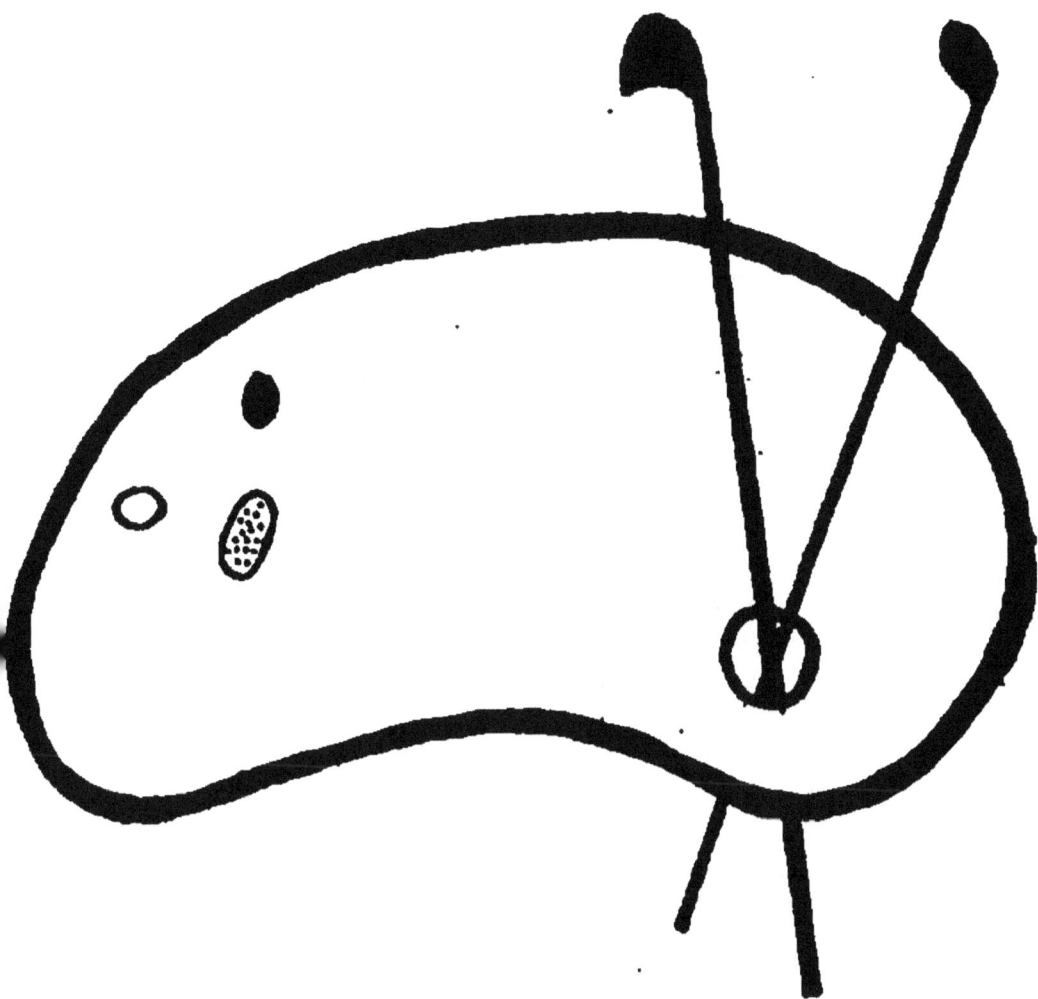

ORIGINAL EN COULEUR
Nº Z 43-120-8

PLAN DE PARIS ILLUSTRÉ 1867.